놀이,
즐거움의
발견

놀이,
즐거움의
발견

스튜어트 브라운 지음
윤철희 옮김

옮긴이 윤철희

연세대학교 경영학과와 동 대학원을 졸업하고,
영화 전문지에 기사 번역과 칼럼을 기고하고 있다.
옮긴 책으로는 『고양이: 그 생태와 문화의 역사』,
『개: 그 생태와 문화의 역사』, 『돼지: 그 생태와 문화의 역사』,
『알코올의 역사』, 『로저 에버트: 어둠 속에서 빛을 보다』,
『위대한 영화』, 『스탠리 큐브릭: 장르의 재발명』,
『클린트 이스트우드』, 『히치콕: 서스펜스의 거장』,
『제임스 딘: 불멸의 자이언트』, 『런던의 역사』,
『도시, 역사를 바꾸다』, 『지식인의 두 얼굴』,
『샤먼의 코트』 등이 있다.

놀이, 즐거움의 발견

2021년 8월 20일 초판 1쇄 인쇄
2021년 8월 25일 초판 1쇄 발행

지은이 | 스튜어트 브라운
옮긴이 | 윤철희
펴낸이 | 권오상
펴낸곳 | 연암서가

등록 | 2007년 10월 8일(제396-2007-00107호)
주소 | 경기도 고양시 일산서구 호수로 896, 402-1101
전화 | 031-907-3010
팩스 | 031-912-3012
이메일 | yeonamseoga@naver.com
ISBN 979-11-6087-083-1 03180

값 16,000원

우리 아이들에게

나에게 조율된 즐거움을 안겨주고
　계속 가르침을 주는 카렌Caren,
놀이와 즐거움에서 힘을 얻어 살아가는 콜린Colin,
동정심과 놀이를 절묘하게 결합시키면서 우리 모두에게
　영감을 주는 배리Barry,
이타적인 마음가짐으로 창의적이고 재미있게 생활하면서
　인생이 놀이터가 될 수 있다는 것을 보여주는 로렌Lauren,

그리고 이 아이들 모두를 사랑으로 뒷받침하는
　아이들의 어머니 조앤Joan에게

놀이다움:
멍게 사회가 되어가고 있는
한국 사회를 위하여

산업혁명 이후에 등장한 근대사회의 업무 방식은 여러 사회적인 문제를 초래하였으며 이러한 어두운 결과는 마르크스가 체계적으로 발전시킨 '소외'라는 개념이나 찰리 채플린의 영화 〈모던타임스〉의 영상에서도 잘 드러난다.

세계 최장의 업무(또는 공부) 시간을 견디어 온 한국 사회에서 최근에 회자된 해결책 중의 하나는 '일과 삶의 밸런스'를 뜻하는 워라밸이다. 워라밸은 일단 일과 삶(가정을 포함한 사생활)을 분리한 후에, 가능하면 일과 삶이 서로의 영역을 침범하지 않도록 분리시키는 개념으로 쓰인다. 업무는 공식적으로 수행해야만 하는 시간에 해치우는 대상이며, 삶을 즐기기 위한 재원을 마련하는 수단일 뿐이다. 하지만 이 책은 '일'과 '일이 아닌 놀이'의 절대적인 구분은 불가능하며 실제로는 일 안에도 놀이다움이 살아 있어야 하고 놀이에도 일다움이 존재하고 있어야 함을, 그리고 그런 경우에만 일이 일다워지고 놀이도 놀이다워짐을 보여준다.

놀이는 대부분의 고등동물에서 발견되는, 장구한 세월에 걸친 진화의 결과이며 '뚜렷한 목적이 없고', '자발적'이며, '몰아지경'에 빠지게 되는 특징을 가지고 있다. '놀이다움'은 따분한 환경이나 정해진 절차를 따르지 않고, 독특한 문제와 끊임없이 모호함을 던지는 환경에서 자발적으로 몰아지경의 상황에서 창의성을 발휘하도록 우리를 내모는 것이다. 개부터 돌고래까지 포유동물 15종의 뇌의 크기를 각 동물의 신체의 크기를 감안해서 조정했을 때, 그렇게 조정한 후의 뇌의 크기는 놀이 활동의 양에 비례했다. 또한 놀이는 뇌의 편도체, 배외측 전전두피질, 신경영상인자 등을 선택적으로 자극하며, 뇌 스스로를 더 창의적이고 적응력 있도록 재조직화하는 것처럼 판단된다. 우리 인류가 현재의 위치까지 진화한 것은 놀이를 통한 뇌의 진화가 큰 역할을 했을 수 있음을 짐작하게 한다.

저자인 스튜어트 브라운 박사에 따르면 멍게는 어려서는 바다를 탐구하면서 보내다가 성체가 되고 나면 바위나 선박 선체, 말뚝에 영원히 붙어서 살게 되는데, 이는 지나가는 해류가 생존에 충분한 영양분을 제공해주기 때문이다. 더 이상은 세상을 관찰할 필요가 없어지게 되자 순전히 수동적인 자세로 살아가는 것이다. 이때 멍게는 자신의 뇌를 먹어서 소화한다. 세상을 탐구하거나 생존에 필요한 영양분을 찾아낼 필요가 없어진 멍게는 자신의 뇌신경절(cerebral ganglia)을 먹어 치우는 것이다. 순전히 비유이기는 하지만, 대학 입학을 위해 어린 시절부터 객관식 문제를 이골이 나게 풀고, 대학에 입학해서는 다시 취업을 위해 수험서들을 암기하다가, 정작 취직을 하고 나면 워라밸에 따라 업무를 해치워야 할 하나의 수단으로 수행하는 것이 한국에서는 성공하는 삶이라고 한다면 그러한 한국은 멍게 사회가 아닐까 생각해본다.

놀이다움이 빠진, 창의성과 몰아지경이라고는 찾을 수 없는 업무를 해치우고 나서 밀린 숙제하듯이 즐기는 삶이 풍요로울 것이라고는 믿지 않는다. 반대로, 새로운 상황에 대한 호기심과 영감이 빠진, 중독만을 일으키는 일부 놀이 문화가 우리에게 안식이 될 것이라고도 믿지 않는다. 일에서 놀이다움을 불러일으키고, 놀이에서 일다움을 보존하는 과제는 개개인이 아니라 우리 사회의 여러 제도가 함께 그 방향으로 전환을 모색해야 하는 과제이다. 그런 점에서 이 책은 학생이나 선생님, 부모, 기업체 관리자 등 일과 놀이에 관련된 모든 분들에게 도움이 될 것이다.

2021년 8월 12일 신촌(新村)에서
연세대학교 사회학과 정교수
연세대학교 언더우드 특훈교수
염유식

차례

1부

왜

놀이인가?

놀이가 가진
가능성

네바다와 유타의 사막을 가로지르는, 타이어를 녹여버릴 것 같은 고속도로에서 다섯 시간 넘게 운전을 한 나는 지칠 대로 지쳐 있었다. 노란색 래브라도인 우리 개 제이크의 상태도 나랑 다를 게 없었다. 제이크는 뒷좌석에 철퍼덕 엎드려서는 거칠게 헐떡거렸다. 우리 여행의 마지막 16킬로미터는 내 사촌 앨(Al)의 목장으로 이어지는 울퉁불퉁한 비포장도로였다. 나는 30분을 더 달린 끝에야 엔진을 껐고, 그러자 내내 우리를 쫓아오던 흙먼지가 우리 차를 덮었다.

그러더니 기적 같은 일이 벌어졌다.

제이크가 내릴 수 있게 문을 열어줬지만, 제이크는 엄청나게 예민하게 굴면서 꼼짝도 하지 않았다. 제이크는 그 자세로 재빨리 전체적인 상황을 파악했다. 8월의 화창한 날, 4에이커가 넘는 목초지, 말 10여 마리, 내 사촌 앨, 그의 네 아이, 그리고 개 두 마리. 사시나무 이파리들을 바스락거리게 만든 부드러운 산들바람이 건초 냄새와 말에서 나는 냄새를 유타의 목장 사방으로 퍼뜨렸다. 이곳이야말로 개를 위한 천국이었다.

　제이크는 눈 깜짝할 사이에 차문 밖으로 튀어나갔다. 흐릿한 노란색 형체가 목초지 쪽으로 쌩하니 날아간 것이다. 제이크는 전속력으로 질주하더니 방향을 돌려 돌아왔다. 제이크가 미끄러지며 방향을 틀 때마다 놈의 네 발은 흙먼지를 피워냈다. 제이크는 그러다가 반대 방향으로 몸을 돌려서는 한껏 속도를 높였다. 쩌억 벌린 주둥이의 양 모퉁이가 뒤로 당겨지자 개 특유의 미소가 드러났다. 혀는 주둥이 한쪽에 늘어져 있었다.

　제이크는 동물들 틈으로 주저 없이 질주해 들어갔다. 말들이 어떤 반응을 보일지 걱정됐는데, 다행히 말들은 겁을 먹지는 않았다. 말들은 곧바로 껑충껑충 점프하며 뛰어다녔다. 제이크가 놀이의 즐거움에 사로잡혀 있다는 것을 그 자리에 있는 어른들, 아이들, 개들, 말들 모두가 알아챈 것처럼 보였다. 우리 모두는 그 순간에 몰두해 있었다.

　제이크는 게임을 주도했다. 모두가 리더(leader)가 하는 행동을 따라하며 난장판을 벌이는 게임을. 제이크는 말 옆에 있다가 순식간에 사람에게로, 개에게로, 조랑말에게로, 다시 사람에게로 쏜살같이 튀어갔다가는 스피드와 운동신경, 순수한 활기를 생생하게 뿜어내며 말에게로 되돌아갔다. 어깨로 다른 개의 어깨를 들이받아 그 개를 날려 보냈다. 제이크는 그런 짓을 하면서도 속도를 조금도 줄이지 않았고, 상대방 개는 곧바로 자세를 바로잡고는 제이크를 추격했다. 8자 모양을 그리며 달리는 제이크를 쫓아다니면서 즐거움을 주체하지 못한 아이들은 꺄악꺄악 소리를 질렀다. 얼마 지나지 않아 어른들도 함성을 지르며 뜀박질을 시작했다. 이 광경을 지켜보는 까치 몇 마리조차 분위기에 사로잡혀서는 아수라장 위로 급강하했다.

전혀 예상하지 못했던, 신나고 매혹적인 순간은 순식간에 지나갔다. 30초 후, 말들은 흩어졌고 개들은 헐떡거리며 풀밭에 엎드려 몸을 식혔다. 즐거움에 흠뻑 젖은 우리는 모두 잔뜩 상기돼 있었다. 우리는 숨을 고르며 폭소를 터뜨렸다. 내 어깨를 짓누르던 장시간 운전에 따른 긴장과 피곤함은 온데간데없었다. 아이들은 키득거리고 있었다. 그날의 남은 시간 동안, 나는 오랫동안 못 느껴본 가뿐함과 편안함을 느꼈다.

그날, 제이크는 내가 학술적 연구와 임상적 연구를 통해 몇 년에 걸쳐 배웠던 놀이의 힘이 어떤 것인지를 압축적으로 실연(實演)해 보여줬다. 제일 분명했던 건, 그 시간은 엄청나게 즐거운 시간이었다는 것이다. 놀이는 우리의 기운을 북돋아주고 우리에게 활력을 불어넣어줬다. 우리가 느끼는 온갖 부담을 덜어줬다. 우리가 타고난 낙천적인 기분을 일깨워주고 우리를 위해 새로운 가능성의 문을 열어줬다.

하나같이 놀랍고 감탄스러우며 소중한 특징들이다. 그런데 이것은 이야기의 시작에 불과하다. 지금은, 신경과학자와 발달생물학자, 심리학자, 사회과학자, 그 외에 과학계의 모든 분야에 속한 연구자들이 놀이가 심오한 생명 활동의 과정이라는 것을 안다. 놀이는 많은 동물 종(種)에서 장구한 세월에 걸쳐 진화해 왔다. 생존 가능성을 증대시키기 위해서였다. 놀이는 뇌의 형성에 영향을 끼치고, 동물을 더 영리하게, 적응력이 더 뛰어나게 만든다. 놀이는 고등동물이 공감(共感) 능력을 발전시키면서 복잡한 사회적 집단을 형성하는 것을 가능하게 만들어준다. 우리 인간의 경우, 놀이는 창의력과 혁신의 핵심에 자리하고 있다.

인간은 동물 종들을 통틀어 규모가 제일 큰 놀이꾼(player)이다. 우리는 놀이를 하도록 만들어진 존재이자, 놀이를 통해 만들어진 존재다. 우리는 놀이를 할 때 지극히 순수한 인간성을 표출하는 행위에, 우리의 개성을 참되게 표출하는 행위에 빠져든다. 살아있다는 활력을 한껏 느낄 때가, 우리에게 최상의 기억을 안겨주는 때가 놀이에 몰두했을 때인 경우가 잦은 것은 놀라운 일일까?

내가 2001년 9월 11일에 일어난 세계무역센터 테러로 목숨을 잃은 이들의 부고를 읽으면서 강한 인상을 받았던 점이 바로 그거였다. 나는 그 사람들의 사연이 나의 마음을 사로잡는 무척이나 가슴 아픈 사연이라는 이유로 그들의 사연을 취합하기 시작했다. 오래지 않아, 사람들이 세상을 떠난 이들에 대해 제일 잘 기억하는 것은 고인(故人)들이 놀던 순간이나 놀면서 하던 활동이라는 것을 깨달았다. 예를 하나 들면, 2002년 3월 31일에 〈뉴욕타임스〉에는 다음과 같은 헤드라인이 달린 부고가 실렸다.

"스피트볼(spitball, 종이를 뭉쳐서 만든 공-옮긴이)을 쏘는 임원."

"프랭크 자파(Frank Zappa, 미국의 가수-옮긴이)의 팬."

"잔디밭의 왕(Lawn King), 진심에서 우러난 짓궂은 장난을 친 장난꾼."

"웃음을 좋아한 사람."

이런 헤드라인 아래 실린 프로필들이 보여주는 두드러진 특징은 무척 많은 사랑을 받은 이들이 놀이에 빠져 있을 때에 대한 추억들로, 그 추억들은 그들의 삶을 하나로 꿰어주는 기쁨의 실처럼 추억들을 엮어내며 그것들을 정서적으로 묶어주고 있었다.

  나는 놀이를 평생 연구했고, 그러는 동안 대중에게 놀이의 과학을 전파하고 〈포천(Fortune)〉 500대 기업에게 놀이를 업무에 통합하는 법에 대한 자문을 해줬다. 임상 차원에서 우울증에 시달리는 사람들을 돕기 위해 놀이요법을 활용했다. 자녀들이 건전하게 노는지 걱정하며 자녀들과 갈등을 겪는 부모 집단과 대화를 자주 가졌다. 내가 놀이 이력(play history)이라고 부르는 사례연구 수천 건을 취합하고 분석했다. 놀이라는 것이 대체 무엇인지를 기억하는 것이야말로, 그리고 놀이를 우리 일상생활의 일부분으로 만드는 것이야말로 우리를 성취감을 느끼는 인간으로 만들어주는 제일 중요한 요인일지도 모른다는 걸 알게 됐다. 놀이하는 능력은 행복해지기 위해서 뿐만이 아니라, 사회적 관계를 지속해나가며 창의적이고 혁신적인 사람이 되는 데도 중요하다.

  이게 너무 거창한 주장인 것 같다면, 놀이가 없는 세상은 어떤 곳이 될지를 숙고해보라. 그런 세상은 게임이나 스포츠가 존재하지 않는 수준의 세상이 아니다. 놀이가 없는 삶은 책이 없는 삶이고, 영화와 미술, 음악, 농담, 극적인 에피소드들이 없는 삶이다. 사람들과 시시덕거리지 않는, 백일몽을 꾸지 않는, 코미디가 없는, 아이러니가 없는 세상을 상상해보라. 무척이나 암울한 세상일 것이다. 넓게 보면, 놀이는 사람을 따분한 일상에서 건져내주는 활동이다. 나는 때때로 놀이를 산소(酸素)에 비교하고는 한다. 놀이는 온 세상에 있지만, 사람들은 대체로 그게 없어지고 나서야 그것의 존재를 알아차리거나 고마워하게 된다.

그런데 우리의 삶에 내재한 놀이에 무슨 일이 벌어진 걸까? 거의 모든 사람이 놀이를 꽤나 자연스럽게 시작한다. 어린아이는 어떻게 놀아야 하는 건지에 대한 설명을 들을 필요가 없다. 그냥 즐거운 놀거리를 찾아내서는 그걸 실행에 옮긴다. 놀이를 할 때 적용되는 '규칙'이 무엇이건, 놀이 친구로부터 그걸 배운다. 그리고 우리는 놀이를 통해 세상이 돌아가는 방식을, 친구들과 교류하는 방법을 배운다. 세상이 트리하우스(tree house)나 낡은 타이어 그네에, 크레용 상자에 담아둘 수 있는 미스터리와 짜릿함을 놀이를 통해 배운다.

그런데 우리는 나이를 먹고 어느 시점이 되면 노는 것에 죄책감을 느끼게 된다. 노는 것은 비생산적이라는 말을, 시간 낭비라는 말을, 심지어는 죄를 짓는 짓이라는 말을 듣는다. 우리에게는 대단히 체계적이고 엄격하며 경쟁적인 리그 스포츠(league sports) 같은 놀이만 남는다. 우리는 항상 생산적인 사람이 되는 걸 추구한다. 어떤 활동이 우리에게 기술(skill)을 가르쳐주지 않거나 돈을 벌어주지 않거나 윗사람에게 좋은 인상을 심어주지 않을 경우, 우리는 그런 짓은 해서는 안 되는 일이라고 느낀다. 우리가 순전히 일상생활의 요구 때문에 노는 능력을 빼앗기는 것처럼 보이는 때도 가끔 있다.

내 강의를 듣는 청중 중에 회의적인 사람은 이런 말을 할 것이다. "쯧쯧. 물론 주구장창 놀기만 하면 행복하겠죠. 그런데 경제적 여유가 있는 사람이나 은퇴한 사람이 아니면, 또는 양쪽에 다 해당되는 사람이 아니면 놀면서 보낼 여유시간은 눈곱만큼도 없어요." 아니면, 이런 말을 할지도 모른다. 사람들이 자유로이 놀면서 즐거움을 경험하고픈 욕망에 진심으로 무릎을 꿇으면, 세상에 되는 일은 하나도 없을 거라고.

그런데 실상은 그렇지 않다. 성취감을 느끼는 사람이 되기 위해 주구장창 놀아야 할 필요는 없다. 진실은, 대부분의 경우, 놀이는 촉매라는 것이다. 진정한 놀이에 빠져드는 짬을 갖는 것에서 유발되는 유익한 효과는 우리의 삶 전반으로 퍼질 수 있고, 그러면서 우리가 하는 모든 일에서 우리를 더 생산적이고 행복한 사람으로 만들어줄 수 있다.

성공적인 부동산회사 CEO인 로렐(Laurel)이 그런 사례에 해당한다. 로렐은 20대 후반에 결혼해 두 아이를 뒀고, 그 와중에도 사업을 탄탄히 다졌다. 부부관계는 끈끈하고 좋았고, 그녀는 열 살과 네 살인 아이들을 사랑했다. 그녀는 자신을 복 받은 행운아로 봤다.

그녀의 하루하루는 경주용 자동차의 엔진처럼 요란하게 굴러갔다. 5시에 일어난 그녀는 홀수 날에는 6.4~8킬로미터를 달리고 짝수 날에는 수영과 웨이트 트레이닝을 하는 게 보통이었다. 주말에는 일을 쉬면서 외조를 잘하는 남편과 아이들, 절친한 친구들과 함께 '느긋한 여유시간'을 보내기에 충분할 정도의 기력을 따로 챙겨두고는 했다.

그녀는 자신이 노는 시간과 일하는 시간을 적절한 비율로 섞어서 쓰고 있다고 느꼈다. 그런데 그녀는 마흔 살을 넘기고부터는 자기 일정에 두려움을 느끼기 시작했다. 아직까지는 몰두하고 있는 일을 중단하거나 몰입 정도를 완화할 필요성을 느끼지 않았지만, 남편과 아이들과 함께 재미있는 시간을 보내고 자신의 일에 대한 열정도 여전히 품고 있음에도, 그에 따른 즐거움을 놓치고 있다는 기분이 서서히 커져갔다.

그래서 로렐은 그 즐거움이 사라진 곳이 어디인지를 찾아내는 작업에 착수했다. 예전의 즐거웠던 기억들을 더듬어본 그녀는 그 기억들의 중심에 말(馬)이 있다는 걸 깨달았다. 자신의 놀이 이력을 재구성해 본 그녀는 자신이 말을 처음 본 순간부터 말에 사로잡혔다는 걸 깨달았다. 그녀는 걸음마를 걸을 때도 목마를 타고 앞뒤로 흔들거리는 것을 무척 좋아했다. 그녀가 제일 좋아하는 기억 중 하나가 일곱 살 때 동네 뒷마당에 있는 말과 친해지면서 사람들 모르게 그 말을 탔던 거였다. 당근을 가지고 말을 울타리로 유인한 그녀는 말을 잘 달래서는 안장도 없지 않은 맨 등에 올라탔다. 마주(馬主)나 그녀의 부모 모두 그 사실을 전혀 알지 못했다. 일곱 살짜리 아이가 이런 식으로 말을 타는 건 위험한 일이었기 때문에, 로렐은 이렇게 말을 타면서 자신이 가진 능력에 자부심을 느꼈다. 나중에 그녀는 마구간을 뻔질나게 드나들면서 우수한 여자 기수가 되어 선수로 활동하기도 하였다. 그러다가 점차 말을 타는 것에 매력을 느끼지 못하고는 결혼생활과 사업에 정착했다.

그런데 지금 그녀는 자신이 '말 타는 것 자체'를 갈망하고 있다는 걸 깨달았다. 로렐은 말을 타기로 결심했다. 임대하는 말을 찾아낸 그녀는 다시 말을 타기 시작했다. 말에 처음 올랐을 때 느꼈던 즐거움과 흥분이 되돌아왔다. 이제 그녀는 일주일에 한 번씩 말을 타는 시간을 갖는다.

그녀가 승마라는 순수한 놀이를 생활에 다시 통합시킨 이후로 제일 놀란 것은, 이제 그녀는 생활의 다른 모든 분야에 대단히 철저한 만족감을 느낀다는 것이다. 정기적으로 말을 타면서, 심지어는 지역에서 열리는 소규모 경마대회에 다시 출전하면서 경험한, 한없이 피어난 '터무니없는 행복감'은 그녀의 가정생활과 직장생활에까지 번졌다. 일상생활을 하는 와중에 겪는 사소한 귀찮은 일들도 더 이상은 힘들게 느껴지지 않았다.

남편과 관계가 미묘하게 변했다는 사실도 놀라웠다. 로렐은 말했다. "남편과 사이가 지금은 더 편해졌어요. 이제는 더 많은 대화를 고대하고 있어요." 승마를 기반으로 한 놀이를 재발견하기 전까지만 해도, 그녀는 상의할 일이 있어 남편에게 다가갈 때면 이런저런 어려움이 있을 거라는 예상 때문에, 또는 해야 할 여러 일에 대한 생각 때문에 주눅이 들고는 했었다. "부부라기보다는 업무를 공유하는 동료처럼 느껴지는 경우가 더 많았어요."

놀이를 성공의 중요한 요소로 바라보는 인식이 갈수록 보편화되고 있다. 내가 지금 한 얘기는 휴게실에 탁구대를 설치하는 수준의 얘기가 아니다. 직장생활과는 별개인 생활 전반에 걸쳐 놀이에 참여하고는 업무에 그 감정을 도입한 직원은 언뜻 보기에 놀이하고는 아무런 연관이 없는 것처럼 보이는 직무 관련 과업을 더 잘 수행할 수 있다.

다음은 그걸 보여주는 사례다. 캘리포니아공과대학의 제트추진연구소(JPL, Jet Propulsion Laboratory)는 70년 넘게 미국 제일의 항공우주 연구시설이었다. JPL의 과학자와 엔지니어들은 우리 시대의 모든 유인 및 무인 우주비행 임무의 주요 부품을 설계하고 관리했으며, 화성에 착륙해 화성 표면을 탐구한 로봇 같은 복잡한 프로젝트들을 구상하고 구축하고 운영하는 책임을 오랫동안 전적으로 짊어져 왔다. JPL이 우주시대를 개척했다고 말해도 무방하다. 연구자들은 아무리 거창하고 야심찬 목표가 제시되더라도 "우리는 그걸 해낼 수 있습니다."라는 말에 항상 의지할 수 있었다.

그런데 1990년대 말, 연구소 운영진은 이런 말을 하고 있었다. "우리 JPL에는 문제가 있습니다." 인류를 달에 착륙시키고 태양계를 탐험할 로봇 탐사선을 제작했던 주인공인, 1960년대에 연구소에 합류한 엔지니어와 과학자 무리가 새로운 세기가 다가오는 동안 대규모로 은퇴하고 있었다. 그런데 JPL은 그들을 대신할 인력을 찾느라 애를 먹고 있었다. JPL이 MIT와 스탠퍼드, 심지어 캘리포니아공과대학 같은 정상급 공과대학의 우수한 졸업생들을 고용했음에도, 신입 직원들은 무엇인가가 부족하기 일쑤였다. 그들은 직무 수행에 대단히 중요한 특정 유형의 문제해결 능력이 썩 뛰어난 편이 아니었다. 경험 많은 관리자들은 새로 들어온 엔지니어들이 첨단 공학 분야에 속한 이론적·수학적 문제를 다루는 솜씨는 탁월할지 모르지만, 복잡한 프로젝트를 이론에서 현실로 옮기는 데 따르는 현실적인 어려움에 잘 대처하지는 못한다는 걸 알게 됐다. 젊은 엔지니어들은, 선배들과는 달리, 작업 중인 복잡한 시스템에서 중요한 결함을 포착하지 못했고, 동료들과 문제해결 방안을 논의하지 못했으며, 문제를 조목조목 분할해서 분석하지도 못했고, 문제의 중요한 요소들을 가지런히 정리하지도 못했으며, 해법으로 이어질 혁신적인 방식으로 그 요소들을 재배열하지도 못했다.

JPL은 어째서 그릇된 부류의 엔지니어들을 채용한 걸까? JPL이 영입한 인력들은 최고 명문 학교에서 최우등 성적을 받은 사람들이었다. 그러나 학업에서 보인 탁월함이 학부생의 문제해결 능력을 보여주는 제일 중요한 척도가 아닌 것은 분명했다. 우수한 엔지니어 입장에서 문제를 분석해 본 JPL 운영진은 자신들이 선발과 고용 과정에서 엉뚱한 데이터를 살펴보고 있었다는 결론을 내리고는, 올바른 측정 방법을 찾아낼 경우 문제해결 능력이 뛰어난 구직희망자와 그런 능력이 없는 희망자를 구분할 수 있을 거라고 믿었다.

JPL의 당시 수장은 네이트 존스(Nate Jones)를 찾아냈다. 정밀함이 요구되는 자동차 레이싱과 포뮬러 원(Formula One)에 특화된 기계공장을 운영하는 존스는 그의 공장에 일하러 오는 많은 신입 청년들도 문제를 해결하는 능력이 없다는 걸 알게 됐다. 존스, 그리고 학교 선생님인 그의 아내는 무엇이 달라진 것인지 의아했다. 존스는 오랫동안 재직한 직원들과 신입 직원들에게 질문을 던지고 대답을 들은 후, 자라는 동안 손을 써서 일해보고 놀아본 사람은 손을 써서 일해 본 적이 없는 사람이 보지 못하는 '문제를 볼' 수 있다는 걸 발견했다. 존스는 발견 내용에 대한 글을 썼고, 그 글 덕에 JPL 운영진은 그를 주목하게 됐다.

연구소에서 퇴직한 엔지니어들을 다시 살펴본 JPL 운영진은 비슷한 패턴을 발견했다. 운영진이 젊었던 시절에, 문제를 해결하려고 달려든 선배 직원들은 시계가 어떻게 작동하는지 알아보려고 시계를 분해해보거나, 어린이용 조립자동차 경주(soapbox derby)에 출전

할 자동차를 만들거나, 하이파이(hi-fi) 스테레오를 만들거나 가전제
품을 수리했던 사람들이라는 걸 발견한 것이다. 직접 손을 써서 이
런 일들을 해봤던 젊은 공과대학 졸업생들도 운영진이 추구하는 종
류의 문제해결에 능숙했던 반면, 그런 경험이 없는 졸업생들은 대체
로 그렇지 않았다. 그 시점부터, JPL은 구직희망자에게 어렸을 때 수
행했던 프로젝트와 놀이에 대해 묻는 것을 취업 인터뷰의 표준적인
과정으로 정했다.

로렐이 경험을 통해 발견한 것, 그리고 JPL 운영진이 조사를 통해
발견한 것은 다음과 같다. 놀이에는 일종의 마력(魔力) 같은 게 존재
한다. 바보 같거나 유치해 보이는 활동도 최종적으로는 유익하다.
약간 '비생산적인' 활동이 어떤 사람을 생활의 다른 측면들에서 엄청
나게 더 생산적이고 활기찬 사람으로 만들어줄 수 있다는 것은 모순
적으로 보인다. 승마가 로렐에게 그렇게 해줬듯, 어떤 활동이 한 사
람의 내면 깊숙한 곳에 있는 진실에 말을 걸어 그걸 깨워낸다면, 그
활동은 촉매가 돼서는 그 외의 모든 것을 더 활기차게 만든다.

놀이가 자신에게 유익함을 안겨준다는 것을 이해한 사람들은 생
활에 짜릿함과 모험 의식을 불어넣는 법을 배울 수 있고, 업무를 놀
이 생활의 연장으로 만들 수 있으며, 그들이 사는 세계에 한껏 몰입
할 수 있다.

놀이가 우리의 인생을 구해 줄 수 있다는 말은 지나치게 과한 말
은 아니라고 생각한다. 놀이에는 사람을 구해내는 데 필요한 요소
가 있는 게 확실하다. 놀이가 없는 생활은 생존을 위해 필수적인 일
들을 수행하는 것 위주로 조직된, 한없이 계속되는 기계적인 생활이

다. 놀이는 음료수를 젓는 빨대다. 모든 예술과 게임, 책, 스포츠, 영화, 패션, 재밋거리, 경이로움의 기초다. 요약하면, 우리가 문명이라고 생각하는 것의 기초다. 놀이는 삶을 삶답게 만드는 필수적인 요소다. 놀이는 삶을 활기차게 만든다.

　사람들이 자기 자신의 핵심적인 진실을 파악하고는 내가 '놀이 성격(play personality)'이라고 부르는 것과 조화를 이루며 살아갈 경우, 그 결과물은 항상 믿기 힘들 정도의 위력과 품위를 갖춘 인생이다. 영국의 교육자 켄 로빈슨 경(Sir Ken Robinson)은 뮤지컬 〈캣츠(Cats)〉와 〈오페라의 유령(Phantom of the Opera)〉의 안무가였던 무용가 질리언 린(Gillian Lynne)의 삶에서 그런 위력과 품위를 발견한 것에 대한 얘기를 한 적이 있다. 로빈슨은 사람들이 자신의 인생 행로를 어떻게 찾아내는지를 다룬 저서 『에피파니(Epiphany)』를 위해 그녀와 인터뷰했다. 린은 1930년대에 영국에서 자라던 시절에 대한 얘기를 들려줬다. 그녀의 학교생활은 끔찍했는데, 그녀가 잠시도 가만히 있지를 못하면서 수업에 전혀 관심을 기울이지 않았기 때문이다. "요즘 세상이었다면 그녀는 주의력 결핍 및 과잉행동장애(ADHD)가 있다는 말을 들었을 겁니다. 그런데 그 시절의 사람들은 아이들이 그런 것에 시달릴 수도 있다는 걸 몰랐죠." 로빈슨은 비꼬는 투로 말했다. "당시에는 그런 진단을 내리는 게 가능하지 않았으니까요."

　그러는 대신, 학교 당국은 린의 부모에게 린에게는 정신적인 장애가 있다고 말했다. 린과 어머니는 전문가를 만나러 갔다. 전문가가 학교생활에 대해 묻는 동안, 어린 질리언은 두 손을 허벅지 아래 깔고 앉아서는 꼼지락거리지 않으려 애썼다. 20분 후, 의사는 린의 어머니에게 복도에서 둘이서만 얘기를 하자고 청했다. 의사는 라디오를 켜고 사무실을 나섰다. 문을 닫고 복도로 나온 의사는 창문을 통해 사무실 안을 가리켰다. "보세요." 그는 말하면서 어머니의 시선을 질리언에게로 돌렸다. 질리언은 두 사람이 방에서 나가기 무섭게 자리에서 일어나 음악에 맞춰 몸을 움직이기 시작했다. "린 부인." 의사는 말했다. "따님은 아픈 게 아닙니다. 저 아이는 댄서입니다."

의사는 딸을 댄스 스쿨에 입학시키라고 권했다. 그 학교에 입학한 질리언은 자신과 비슷한 사람들로 가득한 방을, 린 자신이 설명했듯 "몸을 움직여야만 생각을 할 수 있는 사람들로" 가득한 방을 찾아낸 것이 한없이 기뻤다. 린은 로열 발레단의 수석무용수가 됐고, 나중에는 자신의 무용단을 창설했으며, 결국에는 앤드루 로이드 웨버(Andrew Lloyd Webber) 및 다른 제작자들과 작업하기 시작했다.

"역사상 가장 성공적인 뮤지컬 여러 편을 제작하는 데 힘을 보태고, 수백만 명의 관객에게 기쁨을 안겨줬으며, 수백만 달러의 재산을 가진 여성이 여기 있습니다." 로빈슨은 그렇게 말하고는 덧붙였다. 그녀가 요즘 아이였다면, "누군가는 그녀에게 약을 먹이면서 얌전히 있으라고 말했을 겁니다."

로빈슨이 들려준 린에 대한 이야기는 자기 본연의 모습에, 그러니까 음악에 맞춰 몸을 놀리는 삶을 살아가는 것이 그녀에게 갖는 의미에 부합되게 살아가는 것의 위력과 아름다움에 대한 이야기였다. 부모와 선생님이 그녀를 엔지니어로 키우려 애썼다면, 린은 불행한 삶을 살았을 것이고 성공하지도 못했을 것이다.

이 책이 다루는 궁극적인 내용은 놀이의 역할을 이해하는 것, 그리고 우리 내면의 핵심적인 진실을 찾아내 표출하는 데 그걸 활용하는 것이다. 수백만 년에 걸친 진화를 통해 우리 내면에 구축된 힘(force)을, 우리가 우리의 제일 본질적인 자아를 발견하고 우리가 사는 세상을 확장시킬 수 있게 해주는 힘을 활용하는 방법을 배우게 해주는 것이다. 우리는 놀이를 통해 존재의 목적을 실현하고 창의적으로 성장하는 법을 찾아내도록 설계된 존재다.

2장

놀이는 무엇이고,
우리는 왜 놀이를 하나?

놀이는 무엇인가?

우리는 놀이에 대한 얘기를 할 때 무엇에 대한 얘기를 하고 있는 걸까? 나는 수십 년간 놀이를 연구해 온 사람이면서도 놀이에 대한 확고한 정의를 내리는 건 오랫동안 반대해 왔다. 놀이는 대단히 다양하기 때문이다. 못이 박힌 거친 손가락 몇 개만으로 온몸을 지탱하면서 지상 수십 미터 높이의 화강암 절벽에 매달리는 것은 어떤 사람에게는 황홀감을 안겨주는 행위이지만, 다른 사람에게는 눈앞이 깜깜해지는 공포다. 정원을 가꾸는 건 어떤 사람에게는 놀라울 정도로 재미있는 일일지 모르지만, 다른 사람에게는 비지땀에 젖게 만드는 따분한 짓거리일 것이다.

놀이를 정의하는 데 반대하는 또 다른 이유는, 제일 근본적인 차원까지 파고들어 본 놀이는 대단히 원초적인 활동이기 때문이다. 놀이는 전의식(前意識, preconscious)적인 행위이자 말을 배우기 이전부터

(preverbal) 하는 행위이다. 놀이는 우리의 의식이나 언어 구사 능력이 생기는 것보다 앞서 존재하는 유서 깊은 생물학적 구조에서 생겨난다. 예를 들어, 한배에서 태어난 새끼고양이 동기들끼리 벌이는 몸싸움은 특별한 이유 없이 그냥 일어나는 일이다. 우리 인간의 경우에도, 놀이는 "오케이, 나는 지금부터 놀 거야."라는 의식적인 결정을 내리는 일 없이도 일어날 수 있는 일이다. 소화(消化)와 수면(睡眠)이 그러는 것처럼, 제일 원초적인 형태의 놀이는 복잡한 지적(知的) 체계가 관여되지 않은 채로 진행된다.

결국, 나는 놀이를 정의하는 걸 싫어한다. 놀이는 놀이를 직접 경험하는 것을 통해 진가(眞價)를 제일 잘 알아볼 수 있는 근사한 행위이기 때문이다. 놀이를 정의하는 것은, 내 눈에는, 늘 어떤 농담을 설명하는 행위처럼 보였다—농담을 분석하는 행위는 농담이 안겨주는 즐거움을 앗아간다.

그런데 내 동료이자 친구인 성공한 비즈니스 컨설턴트 래니 빈센트(Lanny Vincent)는 그런 내 입장을 바꿔 놨다. 래니와 나는 휼렛패커드(Hewlett-Packard)의 엔지니어 집단을 상대로 프레젠테이션을 준비하던 중이었다. 래니는 강연을 시작하기 직전인 나한테 놀이의 정의를 어떻게 제시할 계획이냐고 물었다.

나는 평소 견지하던 학문적 입장을 밝혔다. "나는 확고한 정의는 절대로 사용하지 않아." 내가 말했다. "놀이는 무척 다양해. 놀이는 우리가 언어를 배우기도 전에 하는 행위이고, 전의식적인 행위야……"

래니의 입장은 내 입장하고는 전혀 달랐다. "놀이에 대한 정의도 없이 저기에 나가서는 안 돼. 이 사람들은 엔지니어야. 기계를 설계하는 사람들이라고. 산처럼 쌓여 있는 명세서(spec)를 잘근잘근 씹어 먹으면서 강물처럼 몰려오는 데이터에 몸을 씻는 사람들이란 말이야. 네가 마땅한 정의를 내놓지 않으면 저 사람들은 너를 산채로 잡아먹을 거야."

엔지니어를 기술 분야의 위협적인 폴 버니언(Paul Bunyan, 미국의 전설에 등장하는 거인 나무꾼-옮긴이)으로 묘사한 것은 래니의 허풍이었지만, 본질적으로는 옳은 말이었다. 엔지니어는 전문적인 회의론자들이다. 그들 입장에서 보면, 우수한 물건과 유용한 아이디어는, 자연의 법칙들처럼, 오래간다. 엔지니어들은 규명된 사실(fact)들이 똘똘 뭉쳐 만들어진 기반암을 토대로 삼는다. 그들은 어떤 시스템의 감정적인 요소는 유용하게 써먹기에는 지나치게 모호한 것으로 여기는 게 보통이다. 그런데 놀이에는 불가피하게 감정이 잔뜩 들어 있는 맥락이 있고, 그 맥락은 놀이를 이해하는 데 필수적인 것이다. 내가 기초적인 정의를 제시하지 않으면, 엔지니어들은 놀이라는 분야를 매우 질척거리는 늪 같은 토질이라 건물을 짓기 힘든 곳으로 볼 거라는 걸 알 수 있었다.

운 좋게도, 나는 과학적인 훈련을 받은 사람이었고, 그 덕에 뛰어난 차트가 필요할 거라는 걸 알고 있었다. 테크랜드(Techland)의 불만 가득한 원주민들을 달래는 데는 차트와 그래프, 데이터만 한 게 없었다. 나는 그 점을 유념하면서 놀이의 특성을 제시하는 슬라이드 몇 장을 잽싸게 만들어냈다. 다음은 내가 그들에게 보여준 내용이다.

놀이의 특성

- 아무런 목적이 없는 게 분명하다(놀이는 순전히 놀기 위해서 노는 것이다).
- 자발적이다.
- 고유한 매력이 있다.
- 시간 가는 줄 모르게 만든다.
- 몰아지경에 빠뜨린다.
- 가능성 있는 대안들을 임기응변으로 내놓게 해준다.
- 계속 놀고 싶다는 욕망을 일으킨다.

이것들은 무슨 의미일까? 내가 엔지니어들에게 설명했듯, 다른 활동들과 구별되는 놀이의 첫 특성은 **아무런 목적 없이 하는 짓인 게 분명한 행위**라는 것이다. 놀이 활동에 생존에 기여하는 가치가 있는 것처럼은 보이지 않는다. 놀이는 돈이나 식량을 버는 데에는 도움이 되지 않는다. 실용적인 가치를 얻기 위해 행해지지 않는다. 순전히 놀이 자체를 위해 행해진다. 그것이 놀이를 시간 낭비로 생각하는 사람들이 존재하는 이유다. 놀이는 **자발적인 행위**이기도 하다. 의무감에서 비롯된 행위나 의무가 강요하는 행위가 아니다.

놀이에는 **고유한 매력**도 있다. 놀이는 재미있다. 놀이를 하는 당사자를 기분 좋게 해준다. 놀이는 심리적 각성(psychological arousal, 감정적인 자극을 받았을 때 보이는 정서적인 반응의 하나로, 심리적으로 활발해진 상태를 가리킨다─옮긴이)을 제공한다. 놀이는 지루함을 치유하는 치료제다.

놀이는 **시간 가는 줄 모르게 만든다**. 우리는 놀이에 푹 빠졌을 때는 시간 감각을 잃는다. 또한 우리는 **몰아지경에 빠진다**. 우리는 우리 모습이 괜찮은지 꼴불견인지, 영리하게 보이는지 멍청하게 보이는지 여부에 대해 걱정하는 것을 그친다. 우리가 생각하는 중이라는 사실에 대해 생각하는 것을 그친다. 우리는 심지어 상상 놀이(imaginative play)를 할 때면 다른 **자아(self)**가 될 수도 있다. 우리는 그 순간에 푹 빠지고, 몰아지경에 빠진다. 우리는 심리학자 미하이 칙센트미하이(Mihaly Csikszentmihalyi)가 '몰입(flow)'이라고 부른 것을 경험하고 있다.

놀이의 또 다른 특징은, **가능성 있는 대안들을 임기응변으로 내놓게 해 준다**는 것이다. 놀이를 하는 사람은 어떤 일을 수행하는 엄격한 방식에 얽매이지 않는다. 놀이하는 사람은 세렌디피티(serendipity, 흥미롭거나 귀중한 것을 우연히 발견하거나 창조하게 해주는 행운─옮긴이)를, 우연을 순순히 받아들인다. 우리는 상관없는 것처럼 보이는 요소들을 놀이에 기꺼이 받아들인다. 놀이 행위 자체는 '정상적인(normal)' 활동 영역 외부에 존재할 수도 있다. 그 결과는, 우리가 새로운 행동과 사고(思考), 전략, 운동, 존재 방식을 우연히 맞닥뜨리는 것이다. 우리는 상황을 다른 방식으로 보면서 신선한 통찰을 얻는다. 예를 들어, 해변을 찾은 아티스트나 엔지니어는 모래성을 쌓던 중에 업무에 대한 참신한 아이디어를 얻을지도 모른다. 티파티(tea party)를 여는 소꿉놀이를 하는 아이들은 훌륭한 매너와 사회적 관습이 상대방에게 불쾌한 상황을 강요하는 것이 아니라 안전과 권력을 제공할 수 있다는 것을 이해하게 될지도 모른다. 그런 통찰을 얻자고 그런 놀이를 한 것은 아닐 테지만, 아무튼 놀이를 하는 사람들은 그런 결론에 도달한다. 우리는 이후로 어떤 일이 벌어지게 될지를 결코 알지 못하면서 놀이를 한다.

마지막으로, 놀이는 **계속 놀고 싶다는 욕망**을 부추긴다. 우리는 계속 놀고 싶다는 욕망을 느끼고, 그 경험에 수반되는 쾌감은 그 욕망을 부채질한다. 우리는 놀이를 계속할 수 있는 방법을 찾아낸다. 무엇인가가 놀이의 재미를 중단시키려는 위협을 가하면, 놀이가 끝나는 일이 없도록 새로운 규칙이나 조건을 즉흥적으로 만들어낸다. 그리고 놀이가 끝났을 때, 우리는 다시 놀기를 원한다.

내가 보기에는, 이런 특성들이 놀이를 자유의 본질(essence of freedom)로 만든다. 우리를 제일 심하게 얽매거나 제약하는 것들은 제거된다. 우리를 제약하는 것은 우리더러 실용적인 사람이 돼서 확립된 규칙을 따르면서 남들을 기분 좋게 해주고 시간을 유익하게 활용하는 게 필요하다는 관념인데, 남들의 시선을 의식하면서 느끼는 죄책감에 둘러싸인 그런 관념이 제거되는 것이다. 놀이 자체가 놀이에 대한 보상이고, 놀이의 존재 이유다.

나는 엔지니어들에게 스콧 에버를(Scott Eberle)이 고안한, 놀이를 위한 프레임워크도 보여줬다. 뉴욕 로체스터 소재 스트롱 미국놀이박물관(Strong National Museum of Play)의 지적인 놀이역사가이자 설명 담당 부관장인 에버를은 대부분의 사람들은 놀이를 할 때 6단계의 과정을 거친다고 생각한다. 그도 나도 모든 놀이꾼이 정확히 다음에 소개한 순서대로 단계들을 거쳐 간다고는 믿지 않지만, 놀이를 이런 식으로 생각하는 것은 유용한 일이라고 생각한다. 에버를은 놀이에는 다음과 같은 것들이 관련된다고 말한다.

예상(anticipation) 기대감을 품고 기다리기, 무슨 일이 생길지 궁금해하기, 호기심, 재미를 압도할 정도로 엄청나게 큰 정도는 아닌 약간의 불확실성이나 리스크가 관련돼 있기 때문에 느끼게 되는 약간의 불안감(야구공을 때려서 안전하게 진루할 수 있을까?). 여기에서 이어지는 다음 단계는……

놀라움(surprise) 예상하지 못한 것, 새로운 발견, 새로운 센세이션(sensation) 이나 아이디어, 또는 달라지는 관점. 이 단계가 낳는 것은……

쾌감(pleasure) 뛰어난 농담의 펀치 라인(punch line, 농담에서 듣는 이의 급소 를 찌르는 구절-옮긴이)에 담긴 예상치 못한 반전을 접하면서 느끼는 쾌감 과 비슷한 유쾌한 기분. 그다음 단계는……

이해(understanding) 새로운 지식의 습득, 각각 별개인 개념들의 융합, 예전 에는 낯선 것이었던 아이디어들의 통합. 이것들이 이어지는 단계는……

힘(strength) 건설적인 경험과 이해에서 비롯된 장악력, 무시무시한 경험 을 무사히 겪어내면서 얻은, 세상이 돌아가는 방식에 대해 더 많이 알게 되 면서 얻은 권한. 최종적으로 이 단계가 낳는 것은……

균형감(poise) 품위, 만족감, 평정심, 삶에 대한 균형 잡힌 감각.

에버를은 바퀴(wheel) 그림을 그려서 이것을 설명했다. 균형감에 도달한 우리는 예상을 낳는 새로운 출처를 향해 떠날 준비를 갖추면 서 이 모든 과정을 처음부터 다시 겪기 시작한다.

나는 스크린에 이 슬라이드들을 비추면서 엔지니어들이 편안해 하는 모습을 볼 수 있었다. 그들은 길을 잃고 헤매던 끝에 이제야 친 숙한 랜드마크를 포착하게 된 사람들처럼 보였다. 남은 강연 시간은 매우 매끄럽게 진행됐고, 강연이 끝나자 그들 중 많은 사람이 놀이를 새로운 관점에서 보게 됐다고 나한테 말했다.

네덜란드 역사학자 요한 하위징아(Johan Huizinga)는 놀이에 대한 또 다른 훌륭한 정의를 내놨다. 그는 놀이를 다음과 같이 묘사했다. "'일상적인(ordinary)' 생활의 영역 외부에 '심각하지 않은(not serious)'

존재로 서서 꽤나 의식적으로 행하는, 그와 동시에 놀이꾼을 완전히 강렬하게 몰입시키는 자유로운 활동. 물질적인 이해(利害)와는 아무런 관련이 없고, 그것으로부터 어떤 이득도 얻을 수 없는 활동. 놀이는 정해진 규칙에 따라, 시간과 공간의 적절한 경계 내부에서 질서 정연하게 진행된다. 놀이는 자신들의 주위를 비밀(secrecy)로 에워싸는 경향이 있는 사회적 집단화(social grouping)의 형성을 고취한다."

　내가 사용한 정의와 많은 면에서 유사한 정의다. 나는 '규칙'이 정해져야 한다거나 애초에 규칙이라는 게 있어야만 한다고 생각하지는 않지만 말이다. 나는 놀이가 사회적 교류를 촉진시키는 경우가 잦고 어떤 무리를 남들과 별개의 존재로 만들어주는 새로운 용어와 관습을 발전시킨다는 의견에는 전적으로 동의한다. 하지만 놀이가 비밀스러운 상태를 고취해야 하는 것은 아니다. 정말이지, 놀이의 특성 중 하나는 **누구나** 놀이를 할 수 있다는 것이다.

내가 보기에, 이 모든 정의는 결국에는 불완전하다. 나는 도해와 차트, 정의가 가득 담긴 파워포인트 슬라이드를 1천 장이라도 만들어낼 수 있지만, 놀이가 안겨주는 느낌을 떠올리지 않으면서 놀이를 진정으로 이해하는 방법은 존재하지 않는다. 우리가 놀이가 안겨주는 감정을 과학의 영역 밖으로 밀어낸다면, 그건 만찬 파티를 개최하고는 손님들에게 음식을 찍은 사진을 대접하는 것과 비슷한 일이다. 그런 상황에서 손님들이 이해할 수 있는 거라고는 음식의 모양새는 어떻고 맛은 어떤지에 대한 묘사를 듣는 것이 전부일 뿐이다. 손님들은 자기들 입에 실제 음식이 들어가기 전까지는 그 음식의 진정한 가치를 결코 제대로 알아보지 못할 것이다.

나는 사방치기 놀이를 하는 아이들이나 줄을 갖고 노는 고양이, 물건을 던지면 물어오는 놀이를 하는 개의 모습을 담은 슬라이드 몇 장만으로도 세상에서 행해지는 모든 통계적 분석을 통해 얻을 수 있는 것보다 더 많은 인식과 이해를 청중에게서 이끌어낼 수 있다는 것을 때때로 발견하고는 한다.

우리는 왜 놀이를 하는가?

개썰매를 모는 브라이언 라 둔(Brian La Doone)은 몸무게가 500킬로그램이 넘게 나가는 북극곰이 잰걸음으로 눈밭을 가로지르는 것을 보면서 생각했다. 썰매개 허드슨은 이제 시체나 다름없다고. 북극곰은 그의 캠프에서 조금 떨어진 곳에 박은 말뚝에 묶인 썰매개들에게로 직행했다. 그해 11월, 캐나다의 멀리 떨어진 북쪽 지역에 서식하는 북극곰들은 굶주림에 시달렸다. 바다가 아직 얼지 않은 탓에, 얼음 위에서 사냥하는 북극곰들은 바다표범에게 접근하지를 못했다. 라 둔은 인생의 상당 부분을 북극곰 서식지에서 보낸 사람이었다. 그는 그 북극곰을 보면서 지난 몇 달간 굶주림에 시달린 놈이라고 판단했다. 물어뜯는 힘으로는 해골도 으깰 수 있고 거대한 발을 휘둘러 무시무시한 충격을 줄 수도 있는 곰은 그가 기르는 썰매개

한 마리쯤은 몇 초 안에 쉽사리 찢어발길 수 있었다.

그런데 허드슨의 생각은 달랐다. 허드슨은 여섯 살 난 캐나다 에스키모 썰매개로, 라 둔이 기르는 사납게 날뛰는 썰매개 무리의 일원이었다. 허드슨은 북극곰이 다가오는 동안에도 짖거나 도망치지 않았다. 대신, 꼬리를 흔들며 몸을 수그렸다. 전형적인 놀이 신호(play signal)를 보낸 것이다.

그러자 라 둔이 깜짝 놀랄 일이 일어났다. 곰이 개의 요청에 반응한 것이다. 곰과 썰매개는 눈밭을 이리저리 뛰어다니며 즐겁게 놀기 시작했다. 두 놈 다 주둥이를 벌리면서도 이빨은 드러내지 않았고, '부드러운' 시선을 주고받았으며, 털은 곤추세우는 대신 납작 눕힌 상태였다. 하나같이 각자가 상대에게 위협적인 존재가 아니라는 메시지를 전하는 신호였다.

돌이켜보면, 놀이 신호는 양쪽이 가까워지기 훨씬 전부터 전달되기 시작됐다. 곰은 허드슨에게 느릿느릿 다가왔다. 놈의 이동궤적은 공격적인 직선이 아니라 부드러운 곡선을 그렸다. 먹잇감에 몰래 접근하는 포식동물은 먹잇감을 노려보면서 먹잇감을 향해 곧장 질주한다. 그런데 곰과 개는 곰이 접근하는 동안 이런 종류의 곡선 궤적을 그리면서 놀이 신호를 주고받고 있었다.

두 놈은 대단히 활발하게 레슬링을 하며 바닥을 굴러다녔고, 곰은 어느 시점엔가는 배를 까고 바닥에 눕기까지 했다. 동물 왕국에서 이것은 휴식 시간이라는 걸 알리는 보편적인 신호다. 활발히 뛰어다니던 또 다른 어느 시점에, 곰은 동작을 멈추고는 애정이 가득한 포옹으로 허드슨을 껴안기까지 했다.

15분 후, 곰은 정처 없이 떠나갔다. 여전히 허기진 상태로, 그렇지만 그렇게도 필요했던 재미를 만끽한 포만감에 흡족한 듯한 모습으로. 라 둔은 방금 전에 목격한 광경을 믿을 수가 없었다. 그런데 한층 더 놀라운 일이 일어났다. 이튿날 같은 시간에 똑같은 곰이 허드슨과 또다시 즐겁게 날뛰는 시간을 가지려고 돌아온 것이다. 사흘째에, 곰과 개가 종의 경계를 뛰어넘은 레슬링을 한다는 얘기를 들은 라 둔의 동료들 때문에 라 둔의 야영지는 새로 절친이 된 두 친구의 모습을 보려는 손님들로 북적거렸다. 북극곰과 허드슨은 일주일 동안 밤마다 만나 놀면서 데이트를 즐겼다. 결국 만(灣)의 얼음이 충분히 두꺼워지자, 굶주림에 시달렸지만 흥겨운 시간을 보낸 북극곰은 바다표범을 사냥하는 영역으로 돌아갔다.

이 동물들의 본성에 들어 있던, 굶주림과 생존본능을 이겨내기에 충분할 정도로 강력했던 요소는 무엇이었을까? 약간의 오해만 생겨도 치명적인 결과가 빚어질 수 있는 상황에서, 평소에는 평화롭게 교류하는 일이 없는 두 종(種)은 어떻게 서로의 의도를 제대로 읽어내 야단법석을 떨면서 장난 싸움(play-fight)을 하며 놀 수 있었을까? 나는 이런 종류의 의문을 살펴보기 시작하면서, 놀이는 자연 전체에 퍼진 어마어마하게 막강한 힘이라는 걸 확인하기 시작했다. 결국, 놀이는 지각이 있고 지적인 피조물이라는 우리의 존재를 낳는 데 큰 기여를 한 요인이다.

놀이의 생명 작용 이해하기

인간들 사이에서도 북극곰과 캐나다 에스키모 썰매개의 사례와 비슷한 놀이 충동을 확인할 수 있다. 나는 생명 작용에서 놀이가 차지하는 중요성에 대한 최초의 과학적 실마리를 의대생이었을 때 얻었다. 당시 나는 휴스턴의 베일러의과대학 산하 텍사스아동병원 소아과에서 회진 중이었다. 우리는 회진을 위해 이른 시간에 기상하고는 했다. 동틀 무렵의 병동 분위기는 섬뜩했다. 어른은 거의 없고, 입원한 아이들이 내는 소리나 아이들을 연명시켜 주는 기계들이 정기적으로 내는 삑삑 소리나 윙윙 소리 말고는 고요하기 그지없었다.

입원한 아이들은 정말로 심하게 앓는 아이들인 게 보통이었다. 아이들은 선천성 질환이나 대사 장애, 뇌막염 같은 심각한 감염질환에 시달렸다. 내가 특별히 기억하는 아이는 두 살이었는데 림프구성맥락수막염을 앓고 있었다. 그 질환은 항생제로도 치료할 수 없는, 목숨이 위태로운 바이러스 감염질환이었다. 우리는 정맥주사로 아이의 생체기능을 뒷받침하면서 아이를 연명시켜야 했다. 한편으로는 숱한 실험을 해가며 아이의 상태를 계속 모니터했다. 우리는 그러는 동안 아이의 상태가 나빠지지 않고 좋아지기를 바랐다.

아이는 중병(重病)에서 회복되는 아이들 대부분이 그러는 것처럼, 외부 자극에 그리 큰 반응을 보이지 않았다. 그런데 내가 어느 날 아침에 회진을 하러 아이의 병실에 들어가며 "안녕, 이반(Ivan)!" 하고 인사를 건네자 아이가 나를 보며 환한 미소를 짓고는 나한테 팔을 뻗었다. 아이의 미소는 그의 삶에 즐거움이 돌아왔다는 것을 알리는 신호이자, 그 기분을 자신과 함께 느끼자는 요청이었다. 나는 미소로 화답하고는 아이의 손을 잡았다. 그날 나중에, 나는 그 아이의 실험실 테스트 결과를 확인했다. 달라진 것은 하나도 없었다. 그러나 이튿날의 테스트 결과는 아이가 호전됐다는 조짐을 보여줬다.

굉장히 흥미로웠다. 표준적인 의학적 징후들은 변한 게 전혀 없었지만, 이반의 몸에서는 무슨 일인가가 벌어지고 있었다. 그날, 이반은 의학적 테스트로는 측정할 수 없는 방식으로 고비를 넘겼다. 그런데 아이의 몸 상태가 정상으로 복귀했음을 보여준 최초의 표식은

혈당이나 심박수, 혈압, 혈액전해질 수치, 세포계수, 그 외의 다른 25가지 '객관적' 징후 중 하나가 아니었다. 아이에게 제일 먼저 돌아온 것은 미소였다. 그 미소는 몸이 편치 않은 상태를 벗어나면서 느낀 안도감을 드러내는 표시가 아니라, 놀이 신호였다. 다른 사람을 향해 미소를 지으며 두 팔을 뻗는 사람은, 개가 꼬리를 흔들며 몸을 수그리는 동작만큼이나 명확한, 같이 놀자는 신호를 보내고 있는 것이다. 이반이 건강을 되찾고 있다는 것을 보여준 최초의 시각적 징후는 같이 놀자는 요청이었다.

나는 이 놀라운 사실에 주목했지만, 이 사건을 제대로 이해하기 시작한 것은 놀이에 대한 연구를 수행한 지 한참이 지난 후 그때를 돌아봤을 때였다.

나는 이후로 오랫동안 살인자부터 사업가, 사교계 명사, 과학자, 예술가, 심지어 노벨상 수상자까지 온갖 직업의 광범위한 사람들을 연구했고, 그들 개개인의 '놀이 이력'의 지도를 체계적으로 그리면서 어린 시절과 어른이 된 이후에 놀이가 수행한 역할과 그것이 그들의 인생 행로에 끼친 영향을 주의 깊게 검토했다. 나는 연구대상 스펙트럼의 한쪽 끝에 있는 텍사스교도소에 수감된 살인자들을 연구해서 어린 시절에 놀이가 부족했다는 사실이 그들이 범죄를 저지를 것이라는 사실을 예측할 수 있게 해주는 다른 요소들만큼이나 중요하다는 걸 발견했다. 한편으로는 폭력을 쓰는 것을 무척 좋아하는 반사회적 행동을 할 위험성이 있는 학대받은 아이들의 폭력 성향도 놀이를 통해 줄일 수 있다는 것을 입증했다.

동물 왕국의 놀이

나는 1990년대에 놀이를, 그리고 인간에게 놀이가 결여됐을 때 일어나는 일을 광범위하게 연구했다. 그러다가 놀이가 우리에게 무슨 일을 해주는지를 제대로 이해하고 싶다면 다른 동물 종에서 놀이가 어떻게 작동하는지를 알아야만 할 거라는 걸 깨닫기 시작했다. 생물학적인, 그리고 진화적인 맥락에 놀이 행동을 배치해야 했다. 나는 내가 제임스 미치너(James Michener, 미국의 소설가-옮긴이)와 비슷하다는 말을 가끔씩 하고는 한다. 미치너의 소설 『하와이(Hawaii)』는 수백만 년 전에 해저에서 용암이 분출해 올라오는 것으로 시작해서는 호텔에서 훌라춤을 추는 것으로 끝난다. 나는 세밀한 것들에 초점을 맞추기 위해 정말로 큰 그림을 자세히 살펴봐야 했다.

그 당시에, 인간의 놀이를 연구하는 사람들은 인간이 아닌 동물들의 놀이를 연구하는 사람들과 대화를 하지 않는 것이 일반적인 일이었다는 사실은 상당히 흥미롭다. 두 분야 사이에 공통점이 많은 게 분명한데도 말이다. 나는 인간에 대한 연구와 인간을 제외한 동물에 대한 연구를 통합하고 싶었다. 그리고 그런 연구를 하려면 진화생물학 분야에 토대를 두고서는 놀이를 과학적으로 연구할 필요가 있었다. 나는 동물 놀이 행동 분야의 저명한 전문가이자 독불장군 학자인 밥 페이건(Bob Fagen)을 찾아냈다. 페이건은 땅돼지(aardvark)부터 흰목참새(Zonotrichia)까지 세계 곳곳에서 행해지는 동물 놀이에 대한 지식을 꼼꼼하게 취합해 왔다. 동물행동학과 수리통계학, 생물학을 연구한 경력이 있는 그는 동물 놀이의 본질과 진화방식 분야에서 세계에서 제일 유명한 전문가였다. 더불어, 그는 야생에서 행해지는 동물 놀이를 세계 최장기간 동안 관찰해오고 있었다.

밥과 그의 아내 조애너(Johanna)를 처음 만난 때는 1989년이었다. 당시 나는 '동물에게 놀이는 진정으로 무엇인가?'에 대한 대답을 찾고 있었다. 내가 1992년 여름에 내셔널지오그래픽협회(National Geographic Society)의 지원을 받아 페이건과 함께 알래스카 애드미럴티 섬(Admiralty Island)에 있는 그의 연구지에서 사이프러스나무 고목(古木)을 9미터 높이까지 오르게 된 건 그래서였다. 밥과 조애너는 10년간 비디오카메라와 퀘스타 관측경(Questar spotting scope), 컴퓨터 프로그램과 그 외의 장비들을 설치했다. 그 섬에 서식하는 회색곰(grizzly bear)을 가까이 관찰하기 위해서였다. 부부는 그러는 과정에서 야생에 서식하는 동물이 하는 놀이에 대한, 최장기간에 걸친, 가장 복잡한 연구 결과를 축적해오고 있었다.

페이건 부부에게서 동물의 놀이에 대해 배우게 된 것은 행운이라고 느꼈다. 나는 그들의 도움 덕에 팩 크릭(Pack Creek)을 자주 찾는 곰 28마리를 일일이 알아볼 수 있었다. 밥은 꼼꼼한 관찰 덕에 과학 동아리 안에서 세계적인 위상을 얻은 사람이었다.

밥이 내 옆구리를 쿡 찌르고는 세이모어 수로 내부로 흘러 들어가는 개울물 어귀 쪽에 있는 조습지(tidal flat) 너머를 가리켰다. 우리가 있는 곳은 주노(Juneau, 알래스카의 주도-옮긴이)에서 경비행기를 타고 남서쪽으로 한 시간쯤 비행하면 닿는 거리에 있는, 인간의 손길이 닿지 않은 황야였다. 2주에 걸쳐 관찰한, 먹이를 먹는 곰들은 배가 볼록하고 기운이 팔팔했다. 회귀하는 연어의 개체 수는 절정에 달했고,

상류로 올라가려고 허우적거리는 연어들과 연어새끼들의 펄떡거리는 몸통 때문에 개울물 어귀는 금빛과 은빛으로 일렁이고 있었다.

멀리 떨어진 곳에서, 아직 어린 불곰 두 마리가 조습지에 인접한 목초지를 가로지르며 서로에게 다가가고 있었다. 귀는 뒤로 약간 눕히고, 눈은 크게 뜨고, 주둥이는 벌린 놈들은 장난기를 뿜어내며 레슬링을 시작했다. 레슬링은 몇 분에 걸쳐 목초지 전체를 가로지르며 펼쳐졌다. 곰 두 마리는 급류를 들락거리며 물을 텀벙거리고 맴을 돌고 발레를 하는 것처럼 움직이다 두 발로 서서 서로에게 몸을 기대고는 서로를 감싸 안고 춤을 췄다. 놈들은 정기적으로 동작을 멈추고는 수면을 바라봤고, 그러다가 수석지휘자의 지휘에 따르는 듯한 모습으로 서로에게 달려들어 주둥이와 주둥이를, 머리와 머리를, 몸통과 몸통을, 발과 발을 맞대고는 곰들이 하는 특유의 놀이를 신속하게 보여줬다. 놈들은 즐거움으로 가득한 우주의 엷은 안개를 들이마시고는 거기에 취해버린 듯한 모습이었다.

나는 동물 놀이에 대한 밥의 지식은 백과사전처럼 해박하다는 것을 잘 알면서도, 방금 목격한 자유로이 즐거움을 배출하는 순간의 분위기에 잔뜩 젖은 채로 물었다. "밥, 이 곰들은 왜 노는 걸까요?"

그는 잠시 머뭇거리더니 고개를 들지도 않고 대답했다. "**재미있으니까.**"

"아뇨, 밥, 내 질문은 과학적인 관점에서 볼 때 '곰들은 왜 노는 것이냐?'는 거예요."

"놈들은 왜 노는 거냐고? 새는 왜 노래를 하고 사람들은 왜 춤을 출까? 그렇게 하면 **쾌감이** 느껴지니까 그러는 거지."

"밥, 당신은 하버드하고 MIT에서 학위를 받은 사람이잖아요. 곰에 대한 지식도 해박하고요. 당신은 진화론을 공부했고, 놀이하는 모든 포유동물에 대한 완벽한 논문도 썼어요. 당신이 이 문제에 대해 더 많은 견해를 갖고 있다는 걸 알아요. 그러니까 말해줘요. 동물들은 왜 놀까요?"

견디기 힘든 침묵이 길게 이어졌다. 그동안, 나는 그가 심미안이라고는 없는 얼간이에게 빼어난 회화작품에 대한 설명을 해줘야만 하는 뛰어난 감성의 아티스트 신세가 돼버렸다고 느꼈다. 밥은 기세를 누그러뜨리고는 마지못해 대답했다. "**독특한 난제와 모호함을 끊임없이 내놓는 세계에서, 놀이는 이 곰들이 진화하는 행성을 맞이할 수 있도록 준비를 시켜줘.**"

밥과 다른 많은 놀이 연구자들처럼, 나는 놀이가 삶을 아름답게, 즐거움 넘치게, 재미있게 만드는 방식을 관찰하는 것을 좋아한다. 놀이의 유용성을 구성하는 요소들을 시시콜콜 헤아려 살펴보는 것보다는 말이다. 우리는 극락조를 쏴서 떨어뜨린 후 해부하는 것보다는 극락조가 야생에서 비행하는 모습을 관찰하는 쪽을 선호한다. 어떤 행동을 놀이로 **만드는** 요소 중 하나가 그 행위에는 분명한 목적이 없다는 것이라는 점은 놀이와 관련한 경이로운 점이다. 그런데 놀이에는 정말로 아무런 목적이 없을까? 내가 밥과 함께 알래스카에 있었던 이유는, 동식물 연구자들과 동물행동심리학자들이 동물 왕국에서 놀이가 수행하는 역할에 대해 확인한 내용을 점검하는 거였다. 밥이 한 말은, 놀이에 목적이라는 안장을 얹는 건 밥 자신도 싫어하는 일이지만, 오랜 연구와 심사숙고를 해보니, 결국 놀이는 목적이 있는 행동처럼 보인다는 거였다.

놀이는 동물 왕국의 구석구석까지 믿기 힘들 정도로 널리 스며들어 있다. 페이건과 내가 곰에게서 목격한 것과 비슷한 장난 싸움 사례는 보편적이다. 사회생활을 하는 포유동물과 영리한 조류에게는 특히 더 그렇다. 표범들, 늑대들, 하이에나들, 쥐들, 고양이들, 개들 사이에서 몸싸움(tussling)은 성장 과정의 일부일 뿐이다. 그런데 성체(成體)가 됐을 때도 놀이를 하는 것처럼 보이는 동물도 많다. 큰까마귀(raven) 성체가 눈 덮인 비탈에 등을 대고 미끄러져 내려갔다가 날아서 꼭대기로 올라간 후 다시 미끄러져 내려가는 모습이 관찰됐다. 들소(bison)는 얼어붙은 호수를 네 발로 미끄러지며 달려가는 짓을 거듭하면서 기쁨에 겨운 울음을 울어댄다. 물속에 있는 하마는 몸을 뒤쪽으로 360도 돌리는 짓을 하고 또 한다.

다른 연구자들과 나는 놀이는 포유동물과 조류, 일부 파충류에게서만 발견될 뿐, 하등동물에서는 발견되지 않는다고 생각하고는 했다. 그런데 동물-놀이 연구자들이 놀이 행동을 정의하는 구체적인 기준을 확립하고 나서 살펴보니, 그들이 살펴봤던 진화의 사다리에서 한참 아래쪽에 있는 동물들에서도 여전히 놀이가 발견되는 것 같았다. 인류의 진화계통하고는 한참 떨어진, 유서 깊은 진화계통을 따라 진화해 온 문어는 신경과학에서 가장 많이 연구된 생물에 속한다. 동물행동심리학자들이 '물건을 느긋하게, 기이한 방식으로 조작'하는 행위에 몰두한 문어를 관찰했을 때, 특히 그 행위가 자극을 추구하는 행동의 일종처럼 보일 때, 그들은 이 행위가 놀이의 정의를 충족시킨다는 말을 할 도리밖에는 없었다. 자신의 영역을 주장하는 특정 어류들은 놀이를 하는 것처럼 보이는 거품 불기(bubble blowing)에 몰두한다. 존경받는 개미 전문가 에드워드 윌슨(Edward Wilson)은 개미들이 장난 싸움에 참여한다고 생각한다. 예전에는 놀이가 있을 거라고는 상상도 못했던 곳에서, 나는 지금은 놀이를 보고는 한다.

목적이 있는 놀이

다시 말하지만, 놀이의 특징 중 하나가 목적이 없는 듯 보인다는 것이다. 그런데 놀이가 자연 곳곳에 스며들어 있다는 사실은 이 행위에는 무슨 목적이 있는 게 분명하다는 걸 입증한다. 동물은 낭비적인 행동을 할 여유가 그리 많지 않다. 대부분의 동물은 먹을 것을 찾기 위해 경쟁해야 하는, 다른 종들과 경쟁해야 하는, 짝짓기에 성공하려면 경쟁해야 하는 힘겨운 환경에서 살아간다. 동물들은 어째서 놀이 같은 비생산적인 활동에 시간과 에너지를 낭비하는 걸까? 놀이 행위는 이따금은 위험하기까지 하다. 산양(山羊)은 높이가 수백 미터나 되는 암벽을 따라 유쾌하게 뛰어다니고, 그러다가 가끔은 추락하기도 한다. 어미 산양은 이런 말을 할지도 모른다. "신나고 재미있겠지. 누가 다치기 전까지는."

과학자로서, 나는 인간의 문화와 진화의 스펙트럼 전반에 만연해 있는 어떤 행동에는 생존에 유익한 가치가 있을 가능성이 지극히 크다는 것을 안다. 그렇지 않을 경우, 그 행위는 자연선택을 통해 제거됐을 것이다. 이외의 모든 것이 동일하다면, 놀이를 하지 않으려는 산양은 더 잘 생존할 것이고(불필요한 곡예를 하다 절벽에서 떨어질 일이 없을 것이다), 자신의 유전자를 후대에 더 성공적으로 전할 것이다. 놀이에 장점이 하나도 없다면, 놀기 좋아하는 산양들은 시간이 흐르는 동안 놀지 않는 산양의 후손들에 의해 유전자 풀(gene pool) 밖으로 밀려날 것이다. 그런데 그런 일은 일어나지 않는다. 그렇다면, 놀기 좋아하는 산양이 감수하는 목숨을 잃을 수도 있는 크나큰 리스크를 상쇄해주는 놀이의 이점이 있는 게 분명하다.

실제로, 놀이는 유용하다는 사실을 과학적으로 입증할 수 있다. 페이건 부부는 알래스카 회색곰의 놀이 행동을 15년 넘게 주의 깊게 기록한 후 결과를 분석해서는 놀이를 다른 모든 행동과 구별할 수 있었다. (관찰기준과 통계분석을 요약하는 것은 쉬운 일이 아니지만, 그들은 무척 구체적이었고 통계적으로 유의미한 데이터를 구축했다.) 부부는 제일 많이 논 곰들이 제일 잘 생존한 곰들이라는 사실을 발견했다. 놀이 활동은 언뜻 보기에는 곰의 생존에 더 많이 기여할 것처럼 보이는 먹이 활동 같은 활동들로부터 곰의 시간과 관심, 에너지를 앗아가는 것이 사실임에도, 이건 진실이다.

그렇다면 진정한 의문은 놀이가 왜, 그리고 어떻게 유용한가 하는 것이다. 주류 이론 하나는, 놀이는 미래에 필요한 기술(skill)을 갈고닦기 위한 연습이라는 것이다. 장난 싸움을 하는 동물은 나중에 실제로 벌일 싸움이나 사냥을 위한 연습을 하고 있는 것이라는 아이디어다. 그런데 어렸을 때 장난 싸움을 못하게 막은 고양이들도 자란 뒤에 사냥을 아무 문제 없이 잘 할 수 있다는 게 밝혀졌다. 그런 고양이들이 하지 못하는 행위는, 그러니까 놈들이 결코 배우지 못한 행위는 다른 고양이를 성공적으로 사귀는 거였다. 고양이처럼, 그리고 쥐처럼 사회생활을 하는 다른 포유동물들은, 심각할 정도로 놀이를 박탈당할 경우, 친구와 적을 명확하게 구분하는 능력이 없었고, 사회적 신호를 잘못 알아들었으며, 과도하게 적극적인 행위를 하거나 도망을 치면서 평범한 사회적 패턴에 참여하지 않았다. 고양이는 모의 전투의 기브 앤 테이크(give-and-take) 과정에서 다른 개체의 감정상태를 인지하고 적절한 반응을 채택하는 능력을 배운다. 다니엘 골먼(Daniel Golean)은 이를 감성지능(emotional intelligence)이라고 일컬었다.

"나는 놀이는 어린 동물들이 건전한 판단을 할 수 있도록 가르친다고 믿네." 밥 페이건이 그날 알래스카에서 나한테 한 말이다. "예를 들어, 장난 싸움은 곰에게 다른 곰을 신뢰할 수 있는 때가 언제인지를, 상황이 지나치게 과격해질 경우에 자신을 방어해야 할 때나 도망쳐야 할 때가 언제인지를 가르쳐줄 거야. 놀이는 살아가면서 맞닥뜨릴 어려움과 모호함을 위한 '가상(pretend)' 리허설을, 목숨이 위태로워지는 일은 없는 리허설을 하게 해주는 거지."

놀이는 동물들이 그들이 처한 환경에 대해, 그리고 친구와 적을 상대할 때 지켜야 하는 규칙에 대해 배울 수 있게 해준다. 장난으로 하는 교류는 사회적 무리에 필수적인 평범한 기브 앤 테이크의 리허설을 불이익을 받지 않으면서 할 수 있게 해준다. 새끼고양이나 강아지, 새끼곰이 장난으로 어미에게 달려들어 무는 모습을 동물의 세계에서는 흔히 볼 수 있다. 이렇게 상대를 덮치는 연습은 나중에 실제로 싸우거나 사냥할 때 유용하게 활용될 것이다. 그런데 더 중요한 배움은 동기들 앞에서 자신을 어떻게 과시하는가를, 또는 어미가 자제력을 잃기 전까지 얼마나 많이 어미를 괴롭힐 수 있는가를 배우는 것이다.

인간의 경우에는 몸을 쓰는 거친 신체 놀이(rough-and-tumble play)의 자리를 입씨름이 차지할 것이다. 노는 아이들은 우호적으로 괴롭히는 행위와 비열한 의도로 조롱하는 행위 사이를 가르는 경계선을 탐구하면서 두 행위의 차이점을 배울 수 있고, 그 선을 넘었을 때 어떤 보복을 할 것인지를 배울 수 있다. 칵테일파티에 참석한 성인들은 다른 사람들과 어울리는 법에 대한, 또는 그러는 것처럼 보이는 법에 대한 비슷한 사교 가이드라인을 배운다.

놀이를 할 때의 뇌

놀이를 많이 하는 동물들은 세상을 헤쳐나가면서 거기에 적응하는 법을 빠르게 배운다. 짧게 말해, 그런 동물은 더 영리하다. 캐나다 레스브리지대학교의 신경과학자 세르지오 펠리스(Sergio Pellis), 그리고 호주 멜버른에 있는 모내시대학교의 신경과학자 앤드루 이와니욱(Andrew Iwaniuk)과 생물학자 존 넬슨(John Nelson)은 포유동물의 뇌의 크기와 놀기 좋아하는 성향(playfulness) 사이에는 일반적으로 강한 긍정적 상관관계가 있다고 보고했다. 그들은 지금까지 출판된 연구 중에서 어린 개체의 놀이에 대한 제일 광범위한 양적(量的) 비교연구였던 그들의 연구를 위해 개부터 돌고래까지 포유동물 15종의 뇌의 크기를 측정하고 놀이 행동을 표로 만들었다. **그들은 뇌의 크기를 상이한 신체 크기의 비율에 따라 조정해서 비교했을 때 큰 뇌를 가진 종은 더 많이 놀고 작은 뇌를 가진 종은 더 적게 논다는 것을 발견했다.**

또 다른 저명한 정상급 연구자 자크 판크세프(Jaak Panksepp)는 적극적인 놀이가 편도체(amygdala, 감정을 처리하는 곳)와 배외측 전전두피질(dorsolateral prefrontal cortex, 실행에 옮길 결정들을 처리하는 곳)에 있는 뇌에서 파생된 신경영양성인자(neurotrophic factor, 신경의 성장을 자극한다)를 선택적으로 자극한다는 걸 보여줬다.

놀이 행동의 진화에 관심을 가진 존 바이어스(John Byers)는 뇌의 크기와 놀기 좋아하는 성향의 정도, 그리고 각각의 놀이꾼이 속한 진화 사다리의 상대적 가로대(relative rung of the evolutionary ladder) 사이의 상관관계에 대한 상세한 분석을 수행해서 다음과 같은 것을 발견했다. 놀이의 양(量)은 우리가 인지(cognition)라고 부르는 행위의, 그러니까 상관없는 정보와 적절한 정보를 구별하고, 우리 자신의 생각과 느낌을 모니터하고 체계화하며, 미래를 위한 계획을 세우는 행위의 많은 부분을 책임지는 중요한 영역인 뇌의 전두엽(frontal cortex)의 발달과 상관관계가 있다. 게다가, 각각의 종에서 놀이를 제일 많이 하는 시기는 소뇌(cerebellum)의 성장 비율 및 크기와 연동됐다. 뇌의 주요 반구들(main hemispheres)의 뒤쪽과 아래쪽에 위치한 뇌의 이 부분에는 뇌의 나머지 부분 전체보다 더 많은 뉴런이 담겨 있다. 한때는 소뇌가 담당하는 기능을 주로 신체 동작을 조정하고 운동을 제어하는 것으로 여겼지만, 연구자들은 새로운 뇌 영상 기법(brain-imaging techniques)을 통해 소뇌가 주의집중과 언어 처리, 음악적 리듬 감지 등의 핵심적인 인지기능들을 책임지고 있다는 걸 발견하고 있다.

뇌는 놀이를 하는 동안 자극을 받고 테스트하는 과정을 거치면서 뇌 자체를 이해하고 있다는 게 바이어스의 추측이다. 놀이 활동은 실제로 뇌의 형태를 잡는 것(sculpt the brain)을 돕고 있다. 놀이를 할 때, 우리는 대부분의 시간 동안 우리의 신체적 또는 감정적 웰빙을 위험에 처하게 만드는 일 없이도 여러 상황을 시험해 볼 수 있다. 우리는 그저 놀고 있는 중이라는 정확히 그 이유에서 안전하다.

인간 입장에서, 삶을 영위하는 것과 관련된 자극들을 창출하는 것은 놀이가 안겨주는 가장 가치 있는 혜택일 것이다. 우리는 놀이를 하면서 이전에는 결코 맞닥뜨려 본 적이 없던 상황들을 상상하고 체험하며 거기에서 무엇인가를 배울 수 있다. 그 시점까지는 결코 존재한 적이 없었지만 미래에는 존재할 수도 있는 가능성들을 빚어낼 수 있다. 우리의 일상생활로 파고들 길을 찾아낼 새로운 인지적 연결고리(cognitive connection)를 만들어낼 수 있다. 직접적인 위험에 노출되지 않은 채로 교훈과 기술을 배울 수 있다.

그렇다면 우리는 이런 '자극들'을 어떻게 만들어낼까? 스포츠와 몸을 쓰는 활동, 책, 스토리텔링, 미술, 음악, 그리고 숱하게 많은 그 외의 활동을 감상하고 거기에 참여하는 것을 통해서다. 우리는 영화 〈카사블랑카(Casablanca)〉에 나오는 릭(Rick)과 일자(Ilsa)의 불운한 로맨스를 겪어보는 것을 통해 사랑에 대해, 그리고 사랑을 잃었을 때 아이러니한 기분을 느끼면서도 명예롭게 살아가는 법에 대해 조금이나마 배운다. 응원하는 미식축구팀의 승패 여부를 확인하는 일에 정말로 몰두했을 때는 인내심에 대해, 그리고 친구들과 건설적인 방식으로 (예를 들어, 최고의 쿼터백이 누구냐에 대해) 논쟁을 벌이는 법에 대해 배운다. 스키 타는 법 배우기 같은 새로운 신체적 도전을 경험할 때는 슬로프에서 배우는 것들이, 즉 쓰러지는 것을 피하려고 체중을 앞쪽에 계속 유지하면서 회전에 전념하는 것 같은 것들이 사업상

협상을 벌이는 동안 전방 압박을 가하면서 협상에 몰두하라는, 그렇게 하지 않으면 실패할 거라는 식의 중요한 교훈을 떠올리게 해줄 수도 있다는 걸 알게 될 수 있다.

노벨상 수상자이자 신경과학자인 제럴드 에델만(Gerald Edelman)은, 고도로 기술적인 연구와 거기에서 비롯된 추측을 바탕으로, 새로운 정보가 어떻게 뇌에 기능적으로 통합되는지에 대한 이론을 만들어냈다. 발달하는 뇌를 놀이가 어떻게 가공해내는지에 대한 내 의견과 그가 피력한 견해들 사이에 연관성이 있다는 것을 알게 되자, 그가 말한 내용은 꽤나 조리 있어 보였다. 에델만은 지각적 경험(perceptual experience)이 어떻게 뇌 내부에 산재한 '지도들'로 암호화되는지를 묘사했고, 각각의 지도는 상호 연결된 뉴런들의 복잡한 네트워크라는 것을 보여줬다. 예를 들어, 세상에 존재하는 나무들의 많은 상이한 모양과 크기는 '나무다움(treeness)'이라는 것을 암호로 바꾸는 보편적인 지도로 암호화되면서 우리가 특정 수종(樹種)을 본 적이 전혀 없었을 때조차도 어떤 나무를 알아볼 수 있게 해준다. 뇌는 이런 방식으로 헤아릴 수 없이 많은 종류의 물체와 소리, 색상, 사회적 상황 등을 알아볼 수 있게 해주는 풍부하고 유연한 일련의 지도들을 이뤄낸다.

이런 지도들에서 비롯된 지각 일반화(perceptual generalization)는 고착된 게 아니다. 유연하게 변화한다. 또한 정서적으로 함축된 의미도 가지고 있다. 우리는 삶을 담아낸 이토록 거대한, 그리고 체계적으로 성장하는 지도를 읽으면서 이 세계에서 우리의 길을 찾아낸다.

이 지도들의 중요성은 헤아릴 수 없이 많은 세세한 요소들을 활발하게, 그리고 쉴 새 없이 조율(orchestration)해내는 것에 달려 있다. 이 조율은 놀이를 통해 한껏 일어나는 것처럼 보인다. 예를 들어, 가상 놀이(pretend play)는 지각(perception)들이 풍부하게 혼합된 스튜 같은 것이다. 세 살짜리 아이가 바닥에 앉아 푹신푹신한 봉제 동물 인형을 갖고 놀면서 인형에게 다양한 목소리로 말을 거는 모습을 상상해 보라. 이 아이는 신경 연결망(neural connections)을 형성하고 있는데, 그 연결망은 지도로 작성돼 저장된, 커져가는 규모의 정보에 첨가될 때 더욱더 잘 이해된다. 뇌에 있는 지도들 사이에 형성된 대단히 풍부한 연결망은 양방향으로 통하고, 신경섬유 수백만 가닥이 관련돼 있을 것이다. 이렇게 상호 연결된 역동적 지도에 대한 내 생각은 그 것들이 놀이 '상태'에 의해 제일 효과적으로 풍부해지고 틀이 잡힌다는 것이다.

가상의 내러티브에 사로잡히고 그것을 놀이하는 환경에서 하는 체험의 리얼리티와 결합시키는 놀이의 과정은, 적어도 어린 시절에는, 세상이 돌아가는 방법에 대한 개인적인 이해력을 발달시키는 방식이다. 우리는 처음에는 벌어질 가능성이 있는 일들을 상상해보는 것으로, 즉 일어날지도 모르는 일을 시뮬레이션해 보고는 실제 현실을 상대로 그 상황을 테스트해보는 것으로 그런 일을 수행한다.

이건 대체로 아이들이 보여주는 특성으로 보일지 모르지만, 성인이 내면에 품고 있는 내러티브(의식의 흐름)를 자세히 검토해보면 뭔가 비슷한 것이 드러난다. 성인의 상상력도 끊임없이 활발하게 작동하면서, 미래를 예측하고 우리 행동이 빚을 결과를 그것이 발생하기 전에 점검한다. 아이가 하는 상상 놀이의 자극들은, 아이들에게 그런 것과 비슷하게, 성인의 의식의 흐름도 풍부하게 만든다. 우리 모두는 미래에 일어날 사건들에 대한 백일몽을 꾼다. 우리가 그 사실을 의식적으로 인식하고 있지는 않더라도 말이다. 이런 생각들은 우리 뇌에 자국을 남긴다. 어떤 종류의 집에 살고 싶은지에 대한, 또는 어떤 사람과 결혼하고 싶은지에 대한 환상에 젖어 있을 때도 그렇다는 사실을 인지도 못하는 사람이 있을 수 있다. 그런데 그 시점에도 뇌는 미래의 주택이나 배우자에 대한 프로필을 구축하고 있다. 정신분석가 에델 퍼슨(Ethel Person)은 자신에게 심리치료를 받은 어느 의뢰인에 대한 글을 썼다. 그 의뢰인은 자신의 업무 효율성의 상당 부분은 특정 이슈를 놓고 일어날 가능성이 있는 상호작용을 거듭해서 상상한 것에서 비롯됐다는 걸 알게 됐다는 내용의 글이었다. 그 의뢰인이 에델 퍼슨과 그런 대화를 할 무렵, 그 의뢰인은 어떤 긴박한 사태가 벌어지더라도 그런 사태에 대처할 대비가 썩 잘 돼 있는 게 보통이었다.

놀이의 천재성은, 우리가 놀고 있는 동안 창의적인 새로운 인지적 조합들을 창조해낸다는 것이다. 그리고 우리는 이런 신선한 조합들을 창조하는 와중에 어떤 것이 제대로 작동하는지를 찾아낸다.

수달(river otter)을 연구하는 어느 생물학자가 헤엄쳐서 후프(hoop)를 통과하면 과업을 완수한 데 따른 대가로 먹이를 제공하는 방식으로 수달 몇 마리를 조련하기로 결정했다. 수달들은 이런 방식을 학습한 직후, 자기들 나름의 방식을 과업에 도입하기 시작했다. 수달들은 뒤로 헤엄쳐 후프를 통과하고는 보상이 나오는지 확인하려고 기다렸다. 후프를 통과하고는 방향을 돌려 다른 길을 통해 거꾸로 헤엄쳤다. 중간쯤까지 헤엄친 후 헤엄을 멈췄다. 수달들은 각각의 변형된 방식을 보여준 후, 이런 버전의 과업을 수행하면 보상이 나오는지 아닌지 확인하려고 기대감을 품은 표정으로 기다렸다.

수달들은 이런 행동을 통해 시스템을 테스트하고 있었다. 게임의 규칙을, 놈들의 세계를 지배하는 규칙을 학습하고 있었다. 심사숙고 끝에 채택한 전략은 아니었다. 수달은 장난치는 것을 선천적으로 극도로 좋아하고, 새롭고 흥미로운 것에 늘 관심을 보이는 동물이다. 참신한 것을 추구하고 지루한 것을 피하려는 놈들의 타고난 성향은 그 과업을 상이한 많은 방식으로 시도해보는 쪽으로 놈들을 이끌었다. 수달들은 재미를 보면서 그 상황을 이리저리 뒤섞는 것을 통해, 놈들의 세계가 작동하는 방식에 대해 단순히 최초의 과업을 흠결 없이 수행해서 배웠을 것보다 훨씬 더 많은 걸 배우고 있었다. 이것은 우리 모두가 배울 수 있는 교훈이다. 그 생물학자는 안타까워하는 심정으로 적었다. 자신은 자기 밑에서 연구하는 대학원생들이 연구 과정에서 암기 학습이나 기계적 사고를 활용하는 대신에 그렇게 재미있는 조사방식을 활용하게 만들려고 오랜 세월을 노력해 왔노라고.

매리언 다이아몬드(Marian Diamond)가 1960년대에 UC 버클리에서 수행한 기념비적인 연구도 놀이가 뇌의 발달 과정에서 수행하는 지극히 중요한 역할을 지적한다. 나는 어느 따스한 겨울날에 다이아몬드를 방문했다. 매력적이고 품위 있는 여성인 그녀는 반세기 가까이 획기적인 연구를 수행해 온 신경과학자이기도 했다. 그녀는 신경과학자는 고사하고 정상급 과학자 중에 여성이 거의 없던 시절에 신

경 발달의 비밀을 파헤치고 있었다.

다이아몬드의 이름은 과학 동아리 외부에는 그리 널리 알려져 있지 않지만, 그녀의 연구는 세상의 모든 부모에게 친숙하다. 1960년대 초, 다이아몬드와 동료들은 '많은 자극을 주는(enriched)' 환경에서 자란 쥐들은 더 영리해졌을뿐더러, 뇌가 더 크고 복잡하다는 것을, 그리고 피질(cortex)—뇌의 진정한 데이터 처리가 일어나는 곳인 '회색질(gray matter)'—도 더 두껍고 더 발달됐다는 것을 보여주는 기념비적인 실험들을 수행했다.

이 아이디어는 대중의 상상력을 빠르게 사로잡았다. 갓난아기들을 알록달록한 벽화와 모빌이 많은, 자극이 풍부한 탁아시설에서 기르면, 그 아이들도 무척 강력한 뇌 발달을 경험하게 될 것이다.

그런데 다이아몬드가 자신이 한 실험들에 대해 내게 해준 얘기는 그녀의 연구와 대중문화가 해석한 그 결과 사이에는 중요한 차이가 있다는 것을 환하게 밝혀줬다. 더 큰 덩치로 자라고 뇌가 더 복잡해졌으며 더 영리해진 쥐들은 단순히 엄청나게 다양한 자극에 노출되기만 한 것이 아니었다. 연구진은 그 쥐들에게 단순히 더 다채로운 환경과 더 흥미로운 소리를 제공한 게 아니었다. 애초 실험에서 쥐들의 뇌가 성장하게 된 비법은 놈들이 항상 바뀌는 '장난감(toy)'을 갖고 놀고 다른 쥐들과 사귀었다는 거였다.

다이아몬드는 말했다. "장난감과 친구 조합이 환경을 '자극이 풍부한 곳'으로 만들어주는 데 필수적인 요소라는 사실은 일찌감치 규명됐어요."

놀이가 쥐의 뇌를 발달시킨 진정한 비결이었다. 쥐들은 서로를 밀쳐대고 씹어대고 레슬링을 했고, 장난감을 탐구하며 갖고 놀았다. 다른 쥐들을 조사하면서 같이 놀자고 요청했다. 그것들이 쥐들이 한 활동이었다. 쥐들은 흥미로운 주위 환경을 그저 수동적으로만 빨아들이고 있던 게 아니었다.

인간 갓난아기의 경우, 이 실험이 주는 교훈은 아기들에게 화사하고 알록달록하며 흥미로운 탁아시설을 제공해야만 한다는 게 아니다(그런 환경이 해를 끼칠 리는 없지만 말이다). 이 실험이 주는 교훈은 "아기들과 어린아이들이 가능성을 한껏 피워내게끔 도와주려면 그들에게 놀면서 사회화할 기회를, 즉 장난감과 다른 아이, 놀이와 부모의 애정을 제공하는 것이 중요하다"는 것이 돼야 한다.

다이아몬드는 단순히 주위 환경에 변화를 주거나 다양한 도전을 제공하는 것만으로는 극적인 뇌 발달을 이끌어내기에 충분하지 않다는 걸 발견했다. 다른 일련의 실험에서는 쥐들에게 다양한 미로에서 길을 찾아내는 과업을 부여하고는 과업을 제대로 수행하면 보상을 줬다. 혼자 수행하는, 놀이가 아닌 이런 활동의 결과는 신경이 뇌의 한 구역에서만 성장하는 거였다. 놀이가 제공한 뇌 전체의 성장과는 대조적으로 말이다.

부모와 전문가들이 느낀 혼란의 일정 부분은 '풍부화(enrichment)'라는 용어에서 비롯된 것 같다. 이 단어는 놀이 활동으로 들리기보다는 아이를 양육하는 과정이라는 스튜에 첨가할 수 있는 성분으로 들린다. 그 실험들의 놀이 측면에 대한 논의가 부족했던 것도 혼란을 일으킨 원인 중 일부였다. 다이아몬드는 여전히 '풍부화'라는 용어를 자신들이 수행했던 연구에 적합한 용어라고 생각한다고 말했지만, 자신이 그 실험들을 묘사하면서 '놀이'나 '장난감'에 대해 논의하는 것을 회피했었다는 사실은 인정했다.

"1960년대 초에, 여성들은 진지한 과학자로 받아들여지기 위해 투쟁을 해야만 했어요." 다이아몬드는 말했다. "사람들은 그때도 이미 나를 쥐들이 노는 걸 관찰하는 멍청한 여자로 봤어요. 그래서 나는 '장난감'과 '놀이'라는 단어를 쓰는 걸 피했죠."

다이아몬드의 실험은 놀이가 건전한 뇌 발달에 결정적인 요소라는 것을 보여주는 제일 잘 규명된 연구에 속한다. 신경의 성장과 놀이 사이의 연결고리는 무엇일까? 놀이 활동은 어째서 뇌 발달과 관련 있는 듯 보이는 걸까? 놀이는 어떤 차이를 만들어낼까? 진실은, 놀이는 복잡한 뇌가 스스로를 창조해낼 수 있도록 해주려고 자연이 발명한 제일 발전된 방법 중 하나로 보인다는 것이다.

나는 왜 이런 말을 하는 걸까? 뇌를 창조하는 데 사용되는 정확한 청사진이 존재하지 않는다는 사실을 심사숙고해 보라. 우리의 DNA에 암호화된 정보는 모든 뉴런이 서로서로 어떻게 연결돼야 옳은지를 정확하게 규정하기에는 너무 지나치게 희박하다. 대신, 뇌는 스스로 뉴런들을 연결한다. 뇌는 지나치리만치 많은 뉴런을 창조해 내는 것으로 이런 작업을 수행한다. 그리고 그 뉴런들은 뇌 전역에 걸쳐 다른 뉴런들과 지나치리만치 많은 연결망을 만들어낸다. 뉴런들은 DNA에 규정된 상호작용의 규칙을 따르면서 회로(circuit)를 통해 신호를 전송하고, 작동하는 회로는 강화하면서 그렇지 않은 회로는 허약하게 만들거나 제거한다.

생애 내내 지속되는 이 과정은 일종의 신경 진화(neural evolution)다. 출생 이후, 대부분의 뉴런은 이미 자리를 잡고 있지만, 뉴런들은 새로운 연결망을 계속 만들어낸다. 최적의 연결망은, 그러니까 제일 잘 작동하는 연결망은 살아남은 것들이다. 이것이 바로 적자생존(survival of the fittest)이다. REM 수면이나 꿈을 꾸는 수면은 이 테스트의 대단히 중요한 일부로 보인다. 수면과 꿈은 고도의 뇌 기능을 조직하는 요소로 보인다. 수면과 꿈의 모든 기능을 확실하게 아는 사람은 아직은 없지만, 연구자들은 이 활동들이 뇌의 역동적인 안정(dynamic stabilization)을 창출하고 평생 동안 기억을 향상시키는 듯 보인다는 걸 발견했다. 사람들이 무엇인가를 학습한 후 잠을 푹 자고 나면 전날에 학습했던 내용을 더 잘 기억한다는 걸 여러 연구가 보여줬다. 우리는 REM 수면이 뇌가 제일 급속하게 발달하는 시기에 제일 빈번하게 이뤄진다는 것을 안다. 그리고 그 사실에서, 뇌가 발달하는 동안 수면과 꿈은 뇌 회로들을 테스트하고 강화하는 과정에 기여하는 것 같다는 이론이 도출됐다.

출생 이후에 뇌가 제일 급속히 발달하는 기간(어린 시절)에 더 널리 행해지는 놀이는 신경 진화의 과정을 지속시키는 데서 그치지 않고, 심지어는 그걸 한 단계 더 높이 발전시키는 듯 보인다. 놀이는 이전에는 존재하지 않았던 새로운 연결망들을, 뉴런들 사이의, 그리고 뇌의 이질적인 제어부들(brain centers) 사이의 새로운 연결망을 창조하는 것을 촉진하기도 한다. 그 연결망은 내가 '아주 멋진 불필요한 뉴런들(divinely superfluous neurons)'이라고 부르는 것에 의해 활성화되고 그것들을 조직한다. 즉각적으로 작동하는 기능을 가진 것처럼 보이지는 않는 이것들은, 놀이에 의해 일단 불이 붙으면, 뇌의 지속적인 조직화에 극히 중요한 신경 연결망이다.

우리는 노는 동안 이런 새로운 회로들의 창조 작업을 발전시키고, 그것들을 통해 신호를 전달하는 것으로 그것들을 테스트한다. 놀이는 생존에 중요한 활동은 아니다. 그래서 이 테스트는 생존 여부가 달려 있지 않을 때 안전하게 수행된다. 놀이는 뇌가 계속해서 성장하고 발전하는 방법을 만들어내는 것을 도와주는 원동력으로 보인다.

적어도 쥐에서는, 수면을 촉발시키는 뇌줄기(뇌간, brain stem)의 동일한 영역들이 놀이 행동을 촉발시킨다. 수면이 그러는 것처럼, 놀이는 아이들의 신체와 사회성 발달을 역동적으로 안정화하는 동시에 어른들의 그런 특징들을 유지시켜 주는 듯 보인다. 이 두 가지 주요 행동—수면과 놀이—사이의 유사점을 확인한 것은 내 입장에서는 짜릿한 일이었다. 그 두 가지를 뇌 발달과 환경 적응을 장기적으로 기획하는 필수적인 요소로 보는 것은 타당한 일이다.

놀려는 욕구

놀이는 우리의 발달과 생존에 무척이나 중요하기 때문에 놀려는 충동은 생물학적 욕구가 되기까지 했다. 음식이나 수면, 섹스를 향한 욕구처럼, 놀려는 충동은 내면에서 발생한다.

모든 욕구의 강도가 동일한 것은 아니다. 우리의 주된 욕구는 어느 하루에서 다음날까지 살아남는 것이다. 제일 강한 욕구는 음식과 수면을 향한 것이다. 우리가 위험에 처하면, 놀이는 자취를 감출 것이다. 그런데 안전한 곳에서 잘 먹고 휴식을 취했다면 모든 포유동물이 자발적으로 놀이를 할 거라는 것을 여러 연구가 보여줬다.

철학자 제러미 벤담(Jeremy Bentham)이 피력한 의견처럼, 우리의 행동은 대체로 쾌감이나 고통에 의해 결정된다. 우리는 생물학적 욕구의 지시에 순응하는 행동에 대해서는 보상을 받고, 그것에 거스르는 행동에 대해서는 처벌을 받는다. 배가 고플 때는 고통을 느끼고, 결국에 식사를 할 수 있게 되면 엄청난 쾌감을 느낀다(속담대로 "시장이 반찬이다"). 기막히게 좋은 꿀잠은, 특히 며칠간 잠을 못 잔 뒤에 자는 잠은 우리가 느낄 수 있는 제일 만족스럽고 자유로운 쾌감에 속한다.

어렸을 때 놀이를 해서 받는 보상은 강력하다. 뇌가 급속하게 발달하는 것을 돕기 위해서는 놀이가 필요하기 때문이다. 어른이 되면 뇌는 급속하게 발달하지 않고, 놀이 욕구는 그리 강하지 않다. 그래서 우리는 단기간 동안은 놀지 않으면서도 충분히 잘 지낼 수 있다. 우리의 업무나 우리가 짊어진 책임이 놀이를 제쳐두도록 요구하는 경우가 잦다. 그런데 놀이를 장기간 거부했을 때, 우리의 기분은 암울해진다. 우리는 낙천적인 기분을 잃고, 쾌감을 느끼는 능력을 상실(anhedonic)하게 되거나 지속적인 쾌감을 느끼지 못하게 된다.

놀이 부족이 관련 증거가 많은 수면 부족과 무척 비슷하다는 것을 보여주는 실험실 증거가 있다. 실험실에서 수행한 연구는, 수면 부족이 부족한 수면을 벌충하려는 별도의 '만회(rebound)' 수면 욕구를 발생시키는 것과 무척 비슷하게, 놀이를 박탈당한 동물은 다시 놀이를 하는 게 허용될 경우 '만회' 놀이에 참여할 거라는 것을 보여줬다. 인간에게도 똑같은 일이 일어날 거라는 걸 뒷받침하는 통계적 증거는 없지만, 부모와 교사들이 제출한 일화적인(anecdotal) 증거, 그리고 내가 수집한 많은 어른의 놀이 이력에서 얻은 데이터는 인간도 놀이를 하지 않은 채로 장기간을 지내면 놀려는 욕망을 무척 강하게 느낀다는 것을 보여준다.

놀이 욕구의 다른 측면은, 놀이에 사로잡혔을 때 놀이가 우리를 위해 해주는 일이다. 동일한 놀이 이력들을 바탕으로, 나는 우리에게는 충분히 잘 놀면 뇌가 더 잘 작동한다는 것을 보여주는 일화적인 증거가 있다고 믿는다. 우리는 더 낙천적이고 더 창의적으로 느낀다. 새로운 패션과 새로 나온 자동차, 새로운 농담 같은 참신한 것들에 열중한다. 새로운 것을 받아들이는 것을 통해 지금 당장은 필요하지 않지만 훗날에는 필요할지도 모르는 기술들을 테스트하는 상황들에 이끌린다. 자기도 모르게 이런 말을 한다. "그냥 재미로 한 일이었는데, 그게 나한테 유익한 일인 걸로 밝혀졌어."

항상 변화하는 예측 불가의 세계에서, 우리는 놀이에서 배운 것을 다른 새로운 맥락에 옮겨놓을 수 있다. 놀이를 통해 다양하고 새로운 '만일의 사태(contingency)'를 찾아내고, 그 덕에 세상의 어느 곳에서나 잘 살아갈 수 있다. 최초의 증기기관은 장난감이었다. 최초의 비행기도 마찬가지였다. 다윈은 꼬맹이 때 놀던 바닷가와 정원에서 얻은 표본을 수집하다가 처음으로 진화에 호기심을 갖게 됐다. 돌팔매질은 최초의 발사무기(projectile)로, 아마도 최초의 창(槍)으로 이어졌을 가능성이 크다. 중국의 불꽃놀이는 대포로 이어졌다. 나는 이 문제를 곰곰이 생각하는 동안 수학도 숫자를 갖고 놀던 중에 생겨났을 가능성이 크다는 생각을 하게 됐다. 태엽으로 작동하는 장난감은 시계의 발달로 이어졌다.

시행착오는 새로운 물건을 낳는다. 우리가 생사의 갈림길에 서 있는 게 아닌 한에는 말이다. 우리가 종이비행기를 접어서 날리는 것은 종이비행기가 747로 이어질 거라고 생각해서 그러는 게 아니다. 재미있기 때문에 하는 것이다. 그러고는 많은 세월이 흐른 후, 747이 탄생했다.

우주는 노는 걸 좋아할까?

나는 당신의 눈이 트이면 세상 어느 곳에서나 놀이가 보일 거라는 말을 하는 걸 좋아한다. 내 말은 문자 그대로의 의미다. 놀이는 지극히 작은 세포 수준의 상호작용부터 아득히 먼 우주의 끄트머리까지 모든 수준에서 작동할 것이다.

놀이를 진화의 핵심 요소로 간주할 수 있다. 진화론에서 가장 많은 주목을 받는 부분은 자연선택으로, 이것은 '적자생존'으로 불리는 경우가 잦다. 그런데 그 과정에는 비슷하게 중요한 또 다른 부분이 있다. 다양성(diversity)의 발생. 자연은 처음에는 대체로 유전자 돌연변이와 유전자 재조합을 통해 많은 상이한 버전의 유기체를 발생시키고, 그러고 나면 제일 뛰어난 유기체가 자연에 의해 '선택돼' 번식하면서 유전자를 후손에게 물려준다. 다윈이 '스포츠(sports, 다윈이 살던 시대에 사용되던 용어로, '해당 종에 아무런 이득도 되지 않는 돌연변이'를 가리킨다-옮긴이)'라고 부른 이런 특이한 것(oddity)들이 창조된 것도 놀이의 일종이다. 그것들은 일상적인 기준의 외부에서 생겨난, 꼭 필요하지는 않은(nonessential) 창조물이다. 그것들의 창조는 생물학적 시스템에 유연성을 더해준다. 생물학자들은 이런 유전적 유연성이 클 때 진화가 더 신속하게 진행된다는 걸 보여줬다. 이런 변이가 없다면 진화는 중단될 것이고, 세상에 바뀌는 것은 하나도 없을 것이다.

정말이지, 이런 종류의 유연성이나 놀이는 복잡한, 스스로 조직되는(self-organizing) 시스템의 필수적인 일부처럼 보인다. 특이한 변이가 투입되지 않으면, 시스템은 정확히 같은 방식으로 진행된다. 우주적인 규모에서, 은하계와 별, 태양계의 형성이 가능했던 것은 빅뱅 직후에 존재하게 된 우주의 구조에 약간의 불규칙성(irregularity)이 존재했기 때문이다. 이런 불규칙성이 없었다면, 우주는 에너지가 균질적으로 퍼져 있는 수프가 됐을 것이다. 놀이는 음악의 리듬에서 벗어난 그네타기이고, 튀는 공이 일으키는 불규칙 바운드이며, 판에 박힌 삶의 행진 밖으로 우리를 데리고 나오는 춤이다. 그것은 그날 하루를 기억에 남을 만한 날이자 가치 있는 날로 만들어주는 '무의미한(meaningless)' 순간이다. 우리는 노는 걸 좋아하는 우주에 살고 있다고 나는 믿는다.

내 이런 생각은 우주론과 생물학에서 비롯된 것이지만, 힌두교 전통도 놀이를 현실(reality)의 궁극적이고 창의적인 출처로 공식화한다. 산스크리트어 **릴라(Lila)**는 '취미'나 '스포츠', '놀이'를 뜻하는 개념이다. **릴라**는, 절대신(divine absolute)이 벌인 창의적인 놀이의 결과물인 우주를 비롯한, 모든 현실을 묘사하는 방식이다.

3장

우리는 놀이를 위해
창조됐다

멍게는 못생긴 생물이다. 성체가 됐을 때는 튜브가 울퉁불퉁 튀어나온 해면(sponge)이나 벌레하고 닮았고, 유충일 때는 올챙이랑 비슷하게 생겼다. 그럼에도, 멍게는 우리의 가장 오래된 친척이다. 멍게는 원시적인 신경계 덕에 생김새가 닮은 해면이나 산호보다는 인간과 더 가까운 관계가 됐다. 과학자들은 멍게 올챙이의 생김새가 인류의 초기 조상—최초의 척삭동물(chordate)—이 약 5억 5,000만 년 전에 지녔을 모습하고 무척 비슷하다고 말한다. 유충 형태의 멍게에는 기능적 뇌(functional brain) 역할을 하는 원시적인 척수(spinal cord)와 신경절(ganglia) 묶음이 있다. 이 자그마한 뇌는 멍게가 영양분을 향해 선택적으로 이동하고 자신에게 해를 끼치는 물체에서는 멀어지는 걸 돕는다. 다른 많은 해양생물처럼 어린 멍게는 대부분의 시간을 성장하고 바다를 탐구하면서 보낸다.

자라서 성체가 된 멍게는 바위나 선박 선체, 말뚝에 영원히 붙어 산다. 그러고 나면 더 이상은 어렸을 때 했던 것처럼 세상을 관찰할 필요가 없다. 지나가는 해류가 생존하는 데 필요한 영양분을 충분히 제공해주기 때문이다. 멍게는 순전히 수동적인 자세로 살아간다.

멍게 성체는 바다의 카우치 포테이토(couch potato, 오랫동안 소파에 앉아서 TV만 보는 사람-옮긴이)가 된다. 경악할 정도로 섬뜩한 사실은, 멍게는 자신의 뇌를 먹어서 소화한다는 것이다. 세상을 탐구하거나 생존에 필요한 영양분을 찾아낼 필요가 없어진 멍게는 자신의 뇌신 경절(cerebral ganglia)을 먹어치운다. 스티븐 킹(Stephen King)의 소설에 등장하는 설정과 비슷하다. "멍게가 일만 하고 놀지 않으면 뇌를 먹어치우는 좀비가 된다(All work and no play make sea squirt a brain-eating zombie, 킹의 소설 『샤이닝The Shining』에서 주인공 잭 토랜스가 쓴 결정적인 문장을 비튼 문장이다-옮긴이)."

멍게는 다음과 같은 자연의 기본적인 원칙을 보여주는 모범적인 사례다. 활용하거나 내버리거나. 어떤 능력을 활용하지 못할 경우, 낭비 요소가 된 그 능력은 버려지거나 서서히 사라진다. 우리는 성장하고 발달하거나 쇠약해지거나 둘 중 하나다.

대부분의 동물이 멍게처럼 극단적인 조치를 취하지는 않지만, 이 패턴은 다른 동물에게도 동일한 채로 남는다. 대부분의 동물은 성장 기에만 새로운 신경 연결망을 광범위하게 성장시킨다. 멍게는 이동을 중단하고, 많은 고등동물은 놀이를 중단하며, 뇌는 성장을 중단한다.

그러나 인간은 그렇지 않다. 뇌는 우리가 청소년기를 벗어나고 오랜 시간이 지난 후에도 계속 발달할 수 있고, 놀이는 그 성장을 촉진시킨다. 우리는 평생을 놀이꾼으로 지내도록 설계됐고, 나이와 상관없이 놀이로부터 이득을 얻게끔 만들어졌다. 진화는 인간이라는 동물을 모든 동물 중에서 제일 유연한 동물로 만들었다. 우리는 놀이를 할 때 계속 변화하면서 노령(老齡)에 적응해나간다. 많은 동물이 성체가 되면 노는 걸 중단하는 이유를 이해하면, 그런데 인간은 그렇게 하지 않는 이유를 이해하면, 놀이가 성인의 삶에서 수행하는 역할을 한층 더 잘 이해할 수 있다.

입수할 수 있는 자원의 활용

놀이가 그토록 유익한 거라면, 동물들은 왜 놀이를 중단하는 걸까? 놀이가 발달과정의 필수적인 일부분인 이유는, 모든 어린 동물이 엄청나게 많이 노는 이유는 앞에서 보여줬다. 놀이는 새로운 신경 연결망을 창조하고 그것을 테스트한다. 사회적 교류와 학습을 위한 무대를 창조한다. 선천적인 기술과 재능을 찾아내고 발달시키기 위한, 리스크가 낮은 포맷을 창조한다.

놀이를 하는 데 따르는 대가가 전혀 없는 것은 아닌 게 사실이다. 놀이는 위험할 수도 있다. 호주 과학자 로버트 하코트(Robert Harcourt)는 포식자에게 목숨을 잃은 새끼바다표범 26마리를 연구한 결과, 그중 22마리는 부모가 보호할 수 있는 범위에서 벗어나 놀던 중에 목숨을 잃었다는 걸 보여줬다. 동물은 놀이에 참여하는 동안에는 먹이나 피신처를 찾지 못한다. 아무것도 않고 놀기만 하는 동물 성체는 새끼들에게 관심을 기울이지 못하게 될 것이고, 그러면 새끼들은 포식자에게 더욱 취약해질 것이다. 당신이 떠올리듯, 놀이가 치러야 하는 진정한 대가는 내가 놀이가 중요한 것인 게 분명하다는 것을 깨닫게 된 주된 이유 중 하나다. 놀이가 놀이를 하는 유기체에게 대가를 내놓으라고 요구하는데도 동물 세계에 그토록 널리 퍼져 있다면, 놀이가 존재해야 하는 매우 강력한 이유가 존재하는 것이 분명하다. 놀이에는 비용보다 훨씬 더 큰 이득이 있는 게 분명하다.

앞서 말했듯, 놀이의 커다란 이득은 더 영리해지는 능력, 유전자만으로는 배울 수 없는 세상에 대한 더 많은 것을 학습하는 능력, 변화하는 세계에 적응하는 능력이다. 이런 이득들은 뇌가 대단히 급속하게 자라는 성장기에 제일 효과적이다. 이 기간이 끝나고 발달 속도가 느려지면, 일부 동물들이 치러야 하는 대가는 이득을 상회하기 시작한다.

삶이라는 포커 게임에서, 동물들은 발달하는 기간 동안 그들이 가진 유전자라는 손을 놀려서 몇 장의 카드를 교환하고, 그러고 나서는 손을 놀려서 게임을 한 후 땄는지 잃었는지를 확인할 시간을 맞는다. 이 기본적인 번식 게임은 딱 한 번 번식하고 세상을 떠나는 유기체에게는 썩 좋은 효과를 낼 수 있다. 놈들은 성장하고 학습한다. 그런데 어느 시점에는 학교를 떠나야 하는 때가, 그리고 그렇게 배운 기술들이 그들을 생존시켜 주고 유전자를 후대에 전할 수 있게 해주는지를 확인할 때가 된다. 이것이 냇물에서 부화하고 대양에서 성체가 된 후 자신들이 태어난 강바닥의 자갈에 알을 까려고 강물을 거스르는 무자비한 마라톤에서 살아남으려고 시도하는 연어가 택한 전략이다. 이 원시적인 패턴은 번식 성공 확률을 한껏 높이기 위해 많은 새끼를 낳는 것으로 질(質)보다 양(量)에 의지하는 많은 동물과 결부되는 게 보통이다. 물고기는 알을 수백 개 낳고 자리를 뜬다. 그 수백 마리의 새끼물고기 가운데 몇 마리가 무사히 자라 성체가 되기를 바라면서 새끼들이 스스로 자라게 놔두는 것이다.

그렇다면 평생 동안 번식을 대여섯 번 하고 각각의 번식 기간 동안 상대적으로 적은 수의 새끼를 낳는 유기체가 택할 수 있는 최상의 전략은 무엇일까? 예를 들어, 인간을 비롯한 포유동물과 조류는 몇 마리 안 되는 새끼를 낳고는 그중 일부가 살아남아 번식할 수 있는 확률을 최대한 제공하기 위해 새끼들 주위를 지키며 보호한다. 그런 동물들은 번식 기회를 여러 번 가져야 한다. 처음에 태어난 어린 후손이 살아남지 못할 경우에도 또 다른 기회를 얻게 될 수 있도록 말이다(인류가 높은 영아사망률을 떨어뜨릴 수 있기 전까지만 해도 이것은 인류의 지난 역사에서 무척 심각한 문제였다). 이런 동물들은 계속해서 학습하고 성장해야 한다. 번식기에 접어들었을 때조차 그렇다. 그래서 그 동물들은 실패하고 학습한 후에 성공할 기회를 갖는다. 이런 동물들의 경우, 자연은 별도의 놀이시간을 허용하기 위해 발달 프로그램을 수정한다.

다른 손가락과 마주보는 엄지(opposable thumbs)와 엄청나게 큰 전전두피질(prefrontal cortex)과 더불어 인간이 가진 두드러진 특징은 성장기가 다른 동물에 비해 훨씬 더 길다는 것이다. 청소년기의 주된 특징 중 하나가 놀려는 욕망과 능력이다. 그렇다면 우리의 뇌가 두드러지게 연장된 어린 시절이라는 시기를 지나고 한참 뒤에도 성장과 적응력 같은 청소년기의 요소들을 그대로 유지할 경우에는 무슨 일이 생길까? 뇌에 들어 있는 대단히 유용한 청소년기의 특징들을 유지하는 것이 많은 종의, 특히 우리 인간의 성공 비법이라면 어떻게 될까?

래브라도와 늑대

나는 늑대와 처음 얼굴을 마주했을 때 이 동물은 개가 아니라는 것을 깨닫고는 충격을 받았다. 우리 모두는 두 동물이 다르다는 것을 머리로는 알면서도 생긴 게 무척 비슷한 두 동물을 똑같은 동물로 생각하는 경향이 있다. 나는 C. J. 로저스(Rogers)와 일주일을 보내면서 늑대를 자세히 관찰하게 됐다. 나는 뉴멕시코의 연구자인 그녀가 동물 행동을 연구해 박사학위를 따는 과정을 지도했었다. 나는 그녀가 수행한 늑대 연구는 제인 구달(Jane Goodall)이 수행한 침팬지 연구와 비슷하다는 결론을 내렸다.

인간과 교류하기 위해 수천 년간 선택적으로 번식돼 온 개는 인간을 자신들의 우두머리로 여기면서, 생존을 위한 식량을 우리에게 의존하고, 자신들이 품은 애정을 우리에게 기꺼이 베푼다. 그래서 개들은 개 버전의 미소로 우리를 반기고, 꼬리를 치며, 종종은 꼬리를

흔들며 몸을 수그리는 동작을 취해 놀이를 할 준비가 됐다는 신호를 보낸다. 개들이 우리를 보고 짖거나 끙끙거릴 때조차, 우리의 주목을 끌려고 취하는 이런 행동은 편안하고 친근한 느낌을 풍긴다. 늑대가 하는 복잡한 '포효'와는 대조적으로, 개가 큰소리로 짖어대는 것은 영역을 침범당하거나 실망스러운 일에 대해 보이는 반응이거나 사람들의 시선을 끌거나 감정을 표현하려고 하는 짓이다. 개들의 놀려는 의향이나 공격성은 우리에게 쉽게 전달된다.

늑대는 매우 다르다. 사람들 곁에서 양육된 늑대조차 그렇다. 늑대는 생존을 위해 우리를 필요로 하지 않고, 그래서 인간-늑대 놀이를 자발적으로 요청하지도 않는다. 늑대가 인간에게 보이는 관심은, 개가 보이는 관심에 비하면, 무관심에 가깝다. 늑대는 인간에게 우호적이지도 않고 분노하지도 않는다. 늑대의 사회적 구조는 복잡하고 위계적이다. 우리가 (로저스가 대단히 능숙하게 그러는 것처럼) 늑대

무리의 일원으로 참여하지 않는 한, 늑대 입장에서 우리는 불청객이다. 그런데 새끼 시절의 늑대와 개는 제멋대로 날뛰는 친척들과 비슷하다. 새끼늑대와 강아지는 무척이나 비슷하게 굴기 때문에 사실상 동일한 종으로 보인다. 우리가 특정 품종과 결부시키는 다양한 특징만이 두 동물을 구분할 수 있게 해준다. 각각의 동물이 출생 직후에 보여주는 특징은 들창코주둥이(muzzle)와 늘어진 귀, 어미를 향한 강한 애착이다. 늑대는 특정한 종류의 행동이 특징인 예측 가능한 발달단계들을 거친다. 성장하는 동안, 새끼늑대와 강아지는 놀려는 열의(熱意)를 보인다. 짧은 발달기 동안, 새끼늑대는 강박적인 리트리버(retriever, 떨어진 사냥감을 찾아서 물어오는 견종-옮긴이)다. 이 단계에 있는 새끼늑대의 들창코주둥이와 귀는 래브라도나 골든리트리버 성체의 그것들과 비슷하다.

래브라도나 골든리트리버 강아지의 경우, 이 단계를 넘어선 수준의 심리적·사회적 발달은 근본적으로 중단된다. 그런데 늑대의 경우, 이것은 성체 늑대로 이어지는 경로의 한 단계일 뿐이다. 늑대는 '포인터(pointer, 사냥개로 많이 쓰이는 견종-옮긴이)'가 되고, 마침내 성체가 되면 주둥이는 길어지고 뾰족해지며 귀는 빳빳하게 선다. 늑대 성체가 된 것이다. 나이가 같은 래브라도가 래브라도 성견인 것은 확실하다. 그런데 래브라도 성견은 번식능력을 완전히 갖췄고 덩치도 더 이상은 강아지 수준이 아니지만, 하는 행동은 여전히 리트리버 단계에 있는 새끼늑대처럼 굴면서 잘 논다. 특정 견종(저먼 셰퍼드, 허스키, 푸들)은 래브라도보다는 늑대와 더 비슷하다. 충성심과 영역을 지키려는 성향이 더 강하다. 그러나 골든리트리버와 래브라도 노견(老犬)은 세상을 떠날 때까지도 여전히 놀이꾼이자 리트리버.

  "늑대는 성체가 돼서도 여전히 놀이를 좋아하는 모습을 보일 수 있다"는 건 맞는 말이다. 그런데 늑대는 대부분의 시간을 무리(pack) 결성에 몰두하고 각자의 지위를 구체적으로 정하는 작업을 하면서 보

낸다. 늑대 개체의 위상은, 일단 획득하고 나면, 개가 사회화한 결과로 얻는 유동적인 관계보다 훨씬 더 고정적이다. 야생에서 서식하는 육식동물로 기능할 수 있도록 엄격하고 위계적이지만 협동적인 무리를 결성하는 것이 늑대가 채택하는 집단 생존에 어울리는 전략이다.

개는 유형성숙(neoteny, '길게 늘이다stretch'나 '연장하다extend'는 뜻의 그리스어에서 유래한 단어)이라고 불리는 적응 패턴을 보여준다. 유형성숙(幼形成熟)은 청소년기를 길게 연장하는 것을, 때로는 청소년기의 특징을 성체가 됐을 때도 그대로 유지하는 것을 묘사하는 용어다. 이것은 진화론이 다루는 주요 주제다. 발달단계 초기는 신경계가 제일 '형태를 바꾸기 쉬운(plastic)' 시기이므로, 유형성숙의 이점은 변화에 대한 개방성을 연장하는 것과 호기심을 유지하는 것, 더불어 새로운 정보를 순조롭게 통합하는 능력을 갖는 것이다. 경험 많은 알파 늑대(alpha wolf)는 으뜸가는 사냥꾼일 테지만, 불가피하게 개보다는 더 협소하고 강박적인 행동들에 얽매인 상태로 남게 될 것이다.

인간은 리트리버처럼, 젊은이처럼 행동하는(youthful) 영장류다. 우리는 영장류 세계의 래브라도다. 래브라도와 새끼늑대가 생김새와 행동이 비슷한 것처럼, 이마가 높고 둥글며 눈이 큰 갓 태어난 침팬지도 갓난아기하고 무척 비슷하게 생겼다. 그런데 침팬지는 나이를 먹으면서 이마가 기울어지고 눈 위 뼈가 둔중하게 튀어나오며 아래턱은 앞으로 돌출된다. 그래서 놈들의 생김새는 어렸을 때하고는 무척 달라진다. 놈들은 우리의 네안데르탈 조상들과 닮았다. 현대의 인간들은 평생 동안(童顏)을 유지한다. 높은 이마와 둥근 두개골은 결코 달라지지 않고, 다른 특징들도 젊은이의 전형적인 그것들이다.

우리의 생김새는 침팬지 부모보다는 갓 태어난 침팬지와 더 닮았다.

　우리는 생긴 것만이 아니라 하는 행동도 침팬지 성체보다 새끼침팬지와 더 비슷하다. 늑대 성체가 그러는 것처럼, 침팬지 성체는 더 강박적이고 엄격하며 목적 지향적인 행동을 보여준다. 침팬지 성체

수컷은 엄격한 지배적인 위계를 갖고 있고, 어린 침팬지가 같이 놀자고 꼬드기지 않는 한 그리 많이 놀지 않으며, 그들의 영역에 접근하는 낯선 존재에 반응을 보이고, 놀이보다는 싸우는 것을 더 좋아하는 듯 보인다. 갓 난 침팬지는 인간하고 더 비슷해 보이는 놀기 좋아하는 성향을 보여준다.

'미성숙성(immaturity)'을 그대로 유지하는 이런 특성의 뿌리는 둥근 얼굴이나 털이 없는 거나 다름없는 몸통보다 더 깊숙한 곳에 박혀 있다. 침팬지 성체의 신경계는, 손상을 입을 경우, 복구될 여지가 적다. 반면, 우리는 새로운 뉴런을 성장시키는 능력이 훨씬 더 뛰어난데, 이것은 영원토록 젊음을 유지하는 존재가 가진 특징이다. 요즘의 재활센터에 입원한 뇌졸중 환자는, 손상이 지나치게 심각하지 않거나 중요 부위에만 국한된 경우, 뇌가 새로운 뉴런의 창조(뇌신경 생성, neurogenesis)와 새로운 신경 연결망의 창조를 통해 기능을 되찾는 능력을 가졌다는 것을 실례로 보여준다. 반면, 비슷한 손상을 입은 침팬지는 결코 회복하지 못한다.

하지만 평생에 걸쳐 유지하는 젊음이 전적으로 재미있고 즐거운 일인 것만은 아니다. 젊은 상태를 유지하는 데에는 대가가 따른다. 많은 면에서, 늑대의 행동은 힘겨운 환경에서 생존하는 데 더 잘 맞춰져 있다. 골든리트리버는 야생에서는 일주일도 버티지 못할 것이다. 한편, 개의 행동은 인간과 공존하는 데 더 잘 맞춰져 있다. 한 묶음의 행동이 다른 묶음의 행동보다 '더 뛰어난 것'은 아니다. 유형성숙은 더 뛰어난 적응을 위한 문을 열어주지만, 그에 따른 대가를 요구하는 것도 확실하다. 유형성숙은 더 유연하면서도 취약한 편인 반면, 성숙한 상태가 되는 것은 더 강인하지만 더 융통성이 없거나 불안정하다.

유형성숙은 인간에게 대단히 유용하다. 우리는 유형성숙 덕에 나무에서 내려와 지구상 어느 곳에서나 살 수 있게 됐다. 자연과 진화는 살아가는 내내 계속해서 놀이를 하도록 우리를 설계했다. 평생에 걸친 놀이는 우리의 지속적인 웰빙과 적응, 사회적 통합에 핵심적이다. 유형성숙은 문명과 예술, 음악을 발전시켰다. 유형성숙에도 결점이 있지만, 아무튼 유형성숙은 우리를 만들어낸 방식이다. 정신분석학자 에릭 에릭슨(Erik Erikson)은 이 점을 근사하게 요약했다. "인간은 장기간의 어린 시절을 겪는 존재다. 심지어 인간은 문명화를 통해 그보다 더 긴 어린 시절을 겪게 됐다. 장기간의 어린 시절은 인

간에게서 고도의 기술적·정신적 기교를 뽑아냈지만, 평생에 걸쳐 잔존하는 감정적인 미성숙성도 인간에게 남겼다."

인간은 모든 동물 중에서 제일 규모가 큰 놀이꾼이다. 우리는 청소년기의 발달 프로그램을 최소 15년까지 연장시켰다. 현대사회에서 뇌의 운영센터들(executive centers)은 20대에 접어들어서도 계속해서 변화를 겪는다는 것을 뇌 스캔과 행동 분석은 보여줬다. 이것은 우리 사회의 음주 관련 법률들은 존중하지만, 운전면허 발급 당국은 존중하지 않는 사실이다. 그런데 우리의 뇌는 20대를 지난 후에도 발달을 멈추지 않는다. 심리적으로 안정되고 안전하게 지내는 개인의 경우, 놀이는 기나긴 인생 내내 계속되는 뇌신경 생성을 계속해서 촉발할 가능성이 무척 크다. 예를 들어, 초기 치매를 다룬 연구들은 몸을 쓰는 놀이가 뇌신경 생성을 자극하는 것을 통해 정신적인 쇠락을 미연에 방지한다는 것을 시사했다. 이 주제에 대한 연구는 아직은 초기 단계에 있을 뿐이지만, 퍼즐과 활기찬 운동, 게임, 다른 형태의 놀이의 지속적인 활용과 신경퇴행성(neurodegenerative) 질환에 맞서는 저항력 사이에는 상관관계가 있다는 것을 보여주는 연구도 몇 건 있다.

성인기의 놀이

어른들은 어떻게 놀까? 대답은, 놀이와 일이 명확하게 구분되지는 않는다는 것이다. 우리가 놀이로 간주하는 많은 활동이, 꼼꼼히 검토해보면, 일(work)의 특성을 갖고 있다. 그리고 많은 사람에게 일로 보일지도 모르는 활동들이 사실은 놀이의 토대 위에 구축돼 있는 것 같다. 골프는 놀이의 전형일지도 모르지만, 한편으로는 거액이 좌지우지되는 영업행위를 마무리 지으려는 계산된, 관리된 활동의 일부일지도 모른다.

우리 집은 페블 비치(Pebble Beach, 세계적으로 유명한 골프장이 있는 지역-옮긴이) 근처에 있다. 그래서 나는 그 유명한 골프 코스에서 플레이를 몇 번 했었다. 대부분의 골퍼들에게 페블 비치에서 플레이를 하는 것은 인생의 하이라이트 중 하나로, 골프를 치면서 오랫동안 꿈꿔 왔을 특별한 순간이다. 그런데 나는 티오프(tee off)를 하고 18홀을 돌고 나서도 다른 골프장하고 다른 게 하나도 없다고 느끼고는 화를 내는 골퍼들을 봤다. 그들은 심하게 성질을 부리고 화를 내면서 자신이 느끼는 불쾌감을 사방에 있는 사람들에게 퍼뜨렸다. 이 사람들은 놀이를 하고 있는 게 아니다. 그들은 마지막 홀을 더블보기로 마치는 것에 집착하면서 자책하고 경쟁심에 불타오르는 완벽주의자들이다. 이런 감정 때문에 그들은 즐거움에 젖어 놀 때 동반되는 활달한 기분을, 시간 가는 걸 전혀 느끼지 못하는 무아지경을, 순전히 놀이를 위한 놀이를 했다는 기분을 느끼지 못한다.

〈러너스 월드(Runner's World)〉 잡지는 언젠가 러너(runner)를 다음의 네 유형으로 분류했다. 운동인(exerciser), 경쟁자(competitor), 열혈 팬(enthusiast), 사교가(socializer). 운동인은 주로 체중 감량과 체형 유지, 심혈관계 건강 향상을 위해 달리기를 하는 사람이다. 경쟁자는 주파 기록을 향상시키려고, 남들을 이기려고, 개인 최고 기록을 달성하려고 달리기를 한다. 열혈 팬은 그날의 즐거움을 경험하려고, 근육을 움직이고 얼굴에 부딪히는 바람을 느끼려고 달리기를 한다.

사교가에게 달리기는 대체로는 정말로 재미있는 일인 수다를 떨기 위해 사람들을 끌어모으는 행위다.

네 유형에 속한 사람들이 하나같이 달리기라는 행위를 하고 있는 것은 분명하지만, 내면적으로 하고 있는 체험은 사뭇 다를 수 있다. 진실은, 달리기 자체가 안겨주는 즐거움을 느끼려고 달리는 행위를 추구하면서 순수한 놀이에 참여할 가능성이 제일 큰 사람은 열혈 팬과 사교가라는 것이다. (그리고 사교가 입장에서 즐거움의 원천은 달리기 자체가 아니라 수다 떨기라고 말해도 무방하다). 다른 두 유형은 대체로 빠른 주파 기록이나 건강 같은 목표를 추구하려고 달리고 있다고 봐야 하는데, 그 목표 추구는 달리는 경험에서 즐거움을 앗아가고 삶에 스트레스를 추가할 수도 있다. 운동인이나 경쟁자가 자기 자신에게 건 특정한 기대를 충족시키지 못했을 때 불쾌감을 느낄 경우, 그들이 하고 있는 행위는 진정한 놀이가 아니다. 한편, 경쟁이 안겨주는 스릴은 경쟁자가 하는 놀이의 필수적이고 건전한 일부분일 수 있다.

달리기는 때로는 놀이이고, 때로는 놀이가 아니다. 둘 사이의 차이점은 무엇인가? 그건 순전히 러너가 경험하는 감정에 달려 있다. 놀이는 행위라기보다는 **정신의 상태**(a state of mind)다. 놀이의 정의를 명심하라. 즐거움을 제공하고 자신에 대한 의식과 시간 감각을 정지시키는, 놀이를 하는 사람을 몰입시키는, 목적이 없다는 게 명백해 보이는 활동. 또는 놀이는 스스로 놀이를 하려는 동기를 부여하고, 놀이를 한 사람은 다시 놀고 싶어 한다. 놀이를 하기 위해서는 우리 자신의 감정 상태를 적절한 상태로 만들어야 한다(어떤 행위가 놀이의 감정적 상태를 초래할 수도 있기는 하지만 말이다).

볼링그린대학교에서 쥐와 다른 동물이 하는 놀이를 폭넓게 연구했고 지금은 워싱턴주립대학교 놀이연구센터(play research center)를 지휘하는 신경과학자 자크 판크세프는 놀이가 처음으로 생겨난 곳은 인간의 뇌간(腦幹)이라고 믿는다. 뇌간은 호흡과 의식, 수면, 꿈 등의 생존 메커니즘이 비롯되는 곳이다. 이렇게 (뇌에 선천적으로 내장된) 기능이 활성화되면 놀이 과정에 수반되는 즐거운 감정들에 연결되면서 그런 감정들을 활성화한다. 이런 감정적 연결이 없다면, 놀이하고는 다른 무엇인가가 발생하게 된다.

TV로 스포츠 중계나 시트콤, 〈오프라(Oprah)〉, 잘 만든 드라마를 시청하는 것은 소설을 읽는 것과 마찬가지로 놀이의 한 유형인 게 보통이다. 정말로 잘 만든 영화를 보고 극장을 걸어 나올 때 느끼는 기분에 대해, 영화에 흠뻑 젖었던 마음을 일상생활을 영위하는 세상으로 다시 데려가면서 영화를 감상한 결과로 변화된 관점을 그대로 유지할 때 느끼는 기분에 대해 생각해보라. 어느 영화평론가는 〈아라비아의 로렌스(Lawrence of Arabia)〉를 보고 극장을 나오면서 햇빛이 다르게 보인다고 느꼈던 기분을 기억한다. 세상으로 복귀하면서 느끼는 이런 기분은 영화 감상도 사실은 놀이라는 걸 보여준다. 나중에 마음속에서 영화에서 봤던 신(scene)들을 재생해보는 것도 마찬가지다. 모형 비행기 제작이나 연 날리기, 바느질 같은 취미도 놀이인 경우가 무척 많다.

진심으로, 나는 예술작품을 창작하려는 충동은 놀이 충동(play impulse)의 결과물이라고 말하려 한다. 예술과 문화는 인간의 생명활동이 만들어낸 부산물의 일종으로, 우리가 커다랗고 복잡한 뇌를 활용할 때 생겨나는 무엇인가로 오래도록 간주돼 왔다. 그런데 예술과 문화는 우리에게 이로운 행위이기 때문에 뇌의 활동이 창조하는 결과물이라는 것이, 놀이를 하려는 원시적이고 어린아이 같은 욕구에서 비롯된 결과물이라는 것이 새로운 관점이다.

장기적인 관점에서 인생을 살피면서 많은 예술적 표현행위의 유래를 관찰해보면, 그것들이 타고난 재능과 주위 환경이 제공한 풍부한 기회의 부추김을 받은 초기 놀이 행동에 뿌리를 두고 있다는 걸 알 수 있다. 여름철에 공원에서 열린 콘서트에서 흘러나오는 밴드 음악에 푹 빠져 자발적으로 비트에 맞춰 춤을 추는 두 살짜리 아기를 관찰해보라. 15년 후, 그 꼬마는 기량이 절정에 달한 피아니스트가 됐을 수도, 콧노래를 흥얼거리고 기타를 튕기면서 많은 시간을 보내는 사람이 됐을 수도 있다. 그런데 어느 쪽이 됐건, 리듬과 음악에 느끼는 매력에 불을 붙인 것은 오래전 그 여름에 그 밴드가 연주를 시작했을 때 자연스럽게 충만해진 활달한 느낌이었다. 음악을 열렬히 받아들이는 이런 태도를 발전시킨 감정은 언어로 표현할 수 있는 것도 아니고, '나는 뮤지션이 되고 싶은 것 같아' 같은 생각의 결과물도 아니다. 그것들은 더 심오하고 원시적인 과정에 의해 촉발되는 것들로, 나는 잭이 뇌간(몸놀림)을 변연계(limbic, 감정)와 피질(cortex, 생각)에 연결하는 과정을 묘사할 때 이 점을 정확히 담아냈다고 믿는다.

어떤 사람을 회화와 운동, 시 창작, 말장난, 성대모사, 가구 배치, 종이비행기 애호 등에 매력을 느끼게 만드는 요인에도 똑같은 말을 할 수 있다. 놀이에 기초한, 잠재적인 심미적 욕구를 발산하는 이런 행위들 각각은 말을 배우기 이전의 시기에 감정의 영향을 받은 다양성에서 비롯된다. 그리고 이 다양성은 놀이를 할 준비가 된 열려 있는 마음에 제공된다.

이 문제를 바라보는 또 다른 관점은 예술이 커뮤니티의 통합과 교류를 촉진시킨다는 것이다. 추수감사제와 종교의식의 일부분인 경우가 잦은 음악과 춤, 회화는 사람들을 똘똘 뭉쳐 '한목소리로 노래'하게 만든다. 예술은 사람들을 하나로 엮어내는, 언어를 배우기 이전에도 통용되는 심오한 커뮤니케이션의 일부분이다. 예술은 문자 그대로 교감(communion)이다.

이런 '소속감'은 아이들이 이른 시기에 하는 사회적 놀이의 결과물이다. 그 구역의 꼬마들 무리와 조화를 이루는 것, 그리고 그 아이들의 리드를 따라 더 복잡한 집단으로 편입될 수 있는 것은 스타일과 의견의 갈등 및 차이점을 해소해야만 할 때 단결된 커뮤니티 생활을 영위하기 위한 필수적인 요소다. 이 결론은 가정에도, 교육위원회에도, 교회위원회에도, 그리고 불행히도 이런 사회화 영역에 해당하면서도 놀이가 크게 부족한 곳으로 보이는 국회에도 적용된다.

성인의 경우도, 이런 놀이에 참여하는 것은 주위 사람들과 조화를 이루는 방법이다. 보편적인 감정과 생각을 활용하고 그것들을 남들과 공유하는 방법이다. 호주 영화감독 바즈 루어만(Baz Luhrmann)은 드라마 스쿨의 학생들에게 셰익스피어를 연기하는 법을 가르칠 때 이 점을 잘 표현했다. 학생들은 단어 하나하나를 올바르게 발음하려고 지나치게 애를 쓰는 바람에 대사를 밋밋하게 쳐냈고, 희곡에 표현된 감정을 거의 표현하지 못했다. "따지고 보면, 이걸 연극(play)이라고 부르는 건 우리가 놀기(play) 때문이야." 루어만은 학생들에게 말했다. "이건 게임이야. 거창하고 웃기고 멍청한 게임이지만, 심오하게 감동적이면서 인간적인 게임이라고."

우리는 더 이상은 커뮤니티 댄스(community dance)에 참여하지 않고, 우리가 즐기는 엔터테인먼트는 완전히 딴 세상에서 살아가는 억만장자들이 창조한 것들이지만, 놀이가 일으키는 효과는 사회라는 필터를 거치면서 커뮤니티를 발전시키는 일을 계속한다. 우리는 ESPN(스포츠 전문 케이블 채널-옮긴이)을 보면서 승리의 스릴과 패배의 고통을 따라간다. 〈소프라노스(The Sopranos, 마피아 주인공의 가족 생활을 다룬 드라마-옮긴이)〉를 보면서 마피아의 삶을 경험하고 친구들과 그에 대한 얘기를 나눈다.

놀이의 반대말로 여겨지는 일(work)은 어떤가? 생화학 연구 같은 진지한 분야에도 놀이가 있을까? 노벨상을 수상한 과학자 로제 기유맹(Roger Guillemin)과 소아마비 연구자 조너스 소크(Jonas Salk)의 놀이 이력을 확보한 나는 그들이 실험실에서 날마다 하던 일이 놀이였다는 걸 깨달았다. 자기가 하는 실험들을 설명하려고 실험실 곳곳으로 나를 안내하는 로제는 꼬맹이랑 비슷했다. 그 실험실은 그가 그때까지 놀던 곳 중에서 제일 규모가 크고 제일 많은 돈이 들어간, 모든 것이 경이롭고 새로운 것들을 발견하게 해주려고 설치된 샌드박스(sandbox)였다. 나는 그가 자신의 최신 연구에 대해 들려주면서 신나하던 모습을 여전히 기억한다. "방출인자(releasing factor)야, 스튜어트. 우리는 방출인자를 발견했어." 그가 뿜어내는 즐거움은 바닷가에서 주운 근사한 조개껍데기를 자랑하는 어린아이의 그것처럼 순수했다.

그들의 놀이는 몇몇 사람만 즐길 수 있는 것으로 대부분의 사람들은 이해하기 어려웠지만, 그들이 하는 행위와 그에 따르는 즐거움은 샌드박스에서 노는 꼬마들의 그것과 똑같았다. 내가 대화해 본 소크와 다른 과학자들의 경우, 놀이가 안겨주는 스릴은 한결 증폭됐다. 그들의 특수한 샌드박스에는 값비싼 장난감이 가득했고, 그들의 연구가 초래할 수 있는 결과는 무척 심오했기 때문이다. 그들이 얻은 결과는 잘 쌓은 모래성을 본 어머니가 쳐주는 박수의 수준이 아니었다. 세상을 변화시킨 거였고, 그와 더불어 〈타임(Time)〉의 표지에 실리고 스웨덴 국왕에게서 메달을 받는 거였다.

실제로는 놀이인 '일(work)'은 고결한 일이라고 보기는 힘든 일에서도 발견할 수 있다. 언젠가 자신이 일했던 직장 중에서 최고의 직장은 가족이 운영하는 폐차장이었다고 말하는 사람을 만난 적이 있다. 그는 자신과 동생이 누가 더 빠르게 중고 카뷰레터 더미를 분류할 수 있는지를, 또는 발전기를 해체했다 조립할 수 있는지를 놓고 경쟁을 벌이고는 했다고 말했다. 그들은 많은 작업을 해야 했지만, 그 작업은 엄청나게 재미있는 일이기도 했다.

우리가 성취감이 제일 크다고 생각하는 일은 거의 항상 젊음의 활력이 가득한 놀이의 재연과 연장이다. JPL이 무척 능숙하다고 판단한 엔지니어들은 어렸을 때 시계와 카메라를 해체하고 요새를 쌓고 스테레오를 조립하는 등 손을 써서 놀았던 사람들이었다. 그들이 성인 엔지니어로서 좋은 성과를 낸 것은 시계를 갖고 연습을 많이 해봤기 때문이 아니었다. 어떤 면에서는 순수한 즐거움을 위해 항상 해왔던 일을 다시 하고 있기 때문이었다. 그들은 그때도 여전히 놀이를 하고 있었다.

〈뉴요커(New Yorker)〉 잡지의 최근 표지는, 내가 보기에, 엔지니어링의 이런 즐거운 측면을 잘 담아냈다. 이 표지는 건설 중인 뉴욕의 고층빌딩 높은 곳에 있는 남자를 보여준다. 남자는 I자형 철제 빔에 앉아 그 옆에 새로운 철제 빔을 그리고 있다. 그림을 그려서 빌딩을 창조해내는 것이다. 그 표지를 보면서 유명한 아동도서 『해럴드와 자주색 크레용(Harold and the Purple Crayon)』이 떠올랐다. 크레용으로 자기만의 세계를 창조하는, 비어 있는 페이지에 자주색 선을 그리는 것으로 곤경에 들어갔다가 빠져나오는 소년을 다룬 책이다. 〈뉴요커〉 표지의 그 사내는 이제는 어른의 축척에 맞춰 자기만의 세계를 창조하는, 해럴드의 성장한 버전처럼 보이기도 했다. 자신의 일을 정말로 잘 해내면서 일을 즐기는 건축가들과 엔지니어들의 내면에는 어렸을 때 물건을 설계하고 만들 때 느꼈던 즐거움이 항상 강하게 메아리칠 거라고 생각한다.

당신의 놀이 성격은 무엇인가?

우리는 나이를 먹으면서 특정 유형의 놀이를 다른 놀이보다 더 강하게 선호하기 시작한다. 어떤 것은 좋아하고 다른 것은 좋아하지 않는다. 나는 오랫동안 관찰하면서 사람들이 여덟 가지 유형 중 하나의 유형에 해당하는 지배적인 놀이 모드를 갖는다는 걸 알게 됐다. 나는 이 유형들을 놀이 성격(play personality)이라고 부른다. 과학에 근거한 범주들은 아니지만, 나는 그 범주들이 대체로 정확하다고 생각한다.

단일한 놀이 성격 유형을 보여주는 완벽한 사례로 거론할 수 있는 사람은 세상에 없다. 우리 대부분은 이 범주들이 뒤섞인 유형에 해당한다. 사람들은 서로 다른 시점과 상황에서 자신이 부지불식간에 평소의 지배적인 유형하고는 다른 모드로 놀고 있다는 걸 깨닫게 될지도 모른다. 나는 대부분의 사람들이 자신이 가진 고유의 놀이 성격을 발견하는 것이 그들에게 유용한 일이라고 생각한다는 걸 발견했다. 이 장에서는 놀이 성격의 유형들에 대해 논의한 후, 살면서 더 큰 자기 인식과 더 많은 놀이를 이루는 방법으로서 자신의 고유한 유형을 식별해낼 기회를 독자들에게 제공하려 한다.

여덟 가지 놀이 성격 유형은 다음과 같다.

장난꾸러기 The Joker

역사를 통틀어 제일 기본적이고 극단적인 놀이꾼은 장난꾸러기다. 장난꾸러기의 놀이는 항상 일종의 난센스(nonsense) 위주로 돌아간다. 실제로, 난센스는 우리가 참여하는 인간적인 놀이의 첫 유형이다. 모든 갓난아기의 말은 난센스로 시작된다. 부모들은 우스꽝스러운 소리를 내고, 입을 살에 대고는 바람을 불어서 웃기는 소리를 내며, 대체로 멍청한 짓을 하는 것으로 젖먹이들을 웃긴다. 나중에, 반에서 제일 웃기는 아이는 남들을 웃기는 것으로 다른 아이들의 환대를 받게 된다. 어른 장난꾸러기도 그런 사교 전략을 실행한다. 조지 클루니(George Clooney)는 짓궂은 장난을 치는 것으로 악명이 높다. 그와 동료 배우 맷 데이먼(Matt Damon)은 〈오션스 트웰브(Ocean's Twelve)〉와 〈오션스 13(Ocean's Thirteen)〉 촬영장에서 짓궂은 장난을 치는 면에서 상대를 능가하려고 기를 썼다고 한다.

내가 다니는 치과의 의사인 존 라우어(John Lauer) 역시 이 부류로 분류될 자격을 갖췄다. 그의 환자들은 치과 의자가 비스듬히 기울어지면 천장에 적혀 있는 "치과의사는 농담을 합니다."라는 문구를 보게 되는데, 그리고 나면 그는 반드시 혀를 놀려 새로운 농담을 한다.

운동기억자 The Kinesthete

운동기억자는 몸을 움직이는 것을 좋아한다. 켄 로빈슨 경의 표현에 따르면 "생각을 하려면 몸을 움직여야 하는" 사람이다. 이 범주에는 운동선수들이 포함되고, 무용이나 수영, 산책의 일부로 몸을 움직이는 것을 제일 행복해하는 사람인 질리언 린 같은 사람도 포함된다. 운동기억자는 자연스럽게 몸을 움직이면서 그 결과를 느끼고 싶어 한다. 축구나 요가, 무용, 줄넘기를 하는 사람들이 이 유형일 것이다. 운동기억자는 운동경기를 하더라도 경쟁에 집중하지는 않는다. 그들에게 운동경기는 좋아하는 활동에 참여할 수 있게 해주는 무대일 뿐이다.

내 친구의 어린 딸은 재능 있는 체조선수다. 학자인 부모는 글을 독해하는 걸 어려워하는 딸을 걱정하게 됐다. 그런데 그 아이의 어머니는 딸이 커다란 탱탱볼(inflated ball)에 몸을 팅길 때는 과업에 집중할 수 있다는 것을 알게 됐다. 그래서 어머니는 딸에게 공에 앉아 몸을 놀리면서 책을 읽으라고 시키기 시작했다. 딸의 독해력, 그리고 습득한 정보를 유지하는 능력은 꾸준히 향상됐다. 그 아이가 사서(司書)가 되겠다고 나설 일은 결코 없겠지만, 책을 제대로 읽지 못한다는 실패의식은 아이에게서 사라졌다.

탐험가 The Explorer

우리 각자는 주위에 있는 세계를 탐험하는 것으로 인생을 시작했다. 세상에는 그런 활동에 대한 열정을 결코 잃지 않는 사람들이 있다. 탐험은 그런 사람들이 놀이라는 대체 우주(alternative universe)로 들어갈 때 선호하는 통로가, 창의력을 유지하면서 상상력을 자극하는 방법이 된다. 리처드 브랜슨(Richard Branson, 버진Virgin 그룹 회장-옮긴이)이나 제인 구달을 생각해보라.

탐험은 말 그대로 새로운 장소를 찾아가는 물리적인 것일 수도 있고, 감정적인 것일 수도 있다. 음악이나 운동, 연애를 통해 새로운 느낌을 찾아내거나 친숙한 느낌을 더 깊이 있게 만들 수도 있다. 탐험은 심리적인 것일 수도 있다. 안락의자에 앉은 채로 새로운 분야를 연구하거나, 새로운 경험과 관점을 발견하는 것도 이에 속한다.

경쟁자 The Competitor

경쟁자는 구체적인 규칙 아래 경쟁을 벌이는 게임을 즐기는 것으로 놀이의 희열과 창의력(creativity)에 파고들면서 승리를 위해 플레이하는 것을 즐기는 사람이다. 그는 터미네이터다. 그녀는 도미네이터(dominator, 지배자)다. 경쟁자는 넘버 원이 되려고 투쟁하는 것을 무척 좋아한다. 당신이 게임을 하고 점수를 내는 것을 좋아하는 사람이라면, 이것이 당신의 주요 놀이 성격일 것이다. 게임은 단독 게임일 수도 있고 팀 게임일 수 있다. 혼자서 하는 비디오게임이나 야구 같은 팀 스포츠일 수 있다. 적극적으로 게임에 참여할 수도 있고 팬으로서 관전하거나 할 수도 있다. 경쟁자들은 사회적 집단 내에서 스스로 유명한 존재가 되는데, 이런 집단은 집단이나 사업에서 우두머리가 되는 것에서 재미를 찾는 곳이자, 그 지위를 유지하면 돈이나 특전이 주어지는 곳이다.

연출자 The Director

연출자는 장면(scene)과 이벤트를 기획하고 실행하는 것을 즐긴다. 이 사람들 중에도 자신의 행동 동기와 작업 스타일을 제대로 의식하지 못하는 사람이 많지만, 어쨌든 이 사람들은 권력(power)을 행사하는 것을 무척 좋아한다. 활동 영역이 B급 영화계일지라도 그렇다. 그들은 타고난 기획자다. 상황이 잘 풀리면, 그들은 파티 주최자이고, 바닷가로 끝내주는 여행을 가자고 부추기는 선동자이며, 사교계의 역동적인 중심이다. 상황이 최악으로 치달을 경우, 그들은 부정직한 수법으로 사람들을 호도하는 데 능한 사람이다. 온 세상이라는 무대에서, 우리 나머지 사람들은 연출자들이 벌이는 게임에 동원되는 선수에 불과하다. 이 범주의 좋은 사례는 TV 요리 프로그램 〈맨발의 백작부인(Barefoot Contessa)〉의 사회자인 셰프 아이나 가르텐(Ina Garten)과 오프라 윈프리(Oprah Winfrey)다.

수집가 The Collector

온갖 물건이 마구잡이로 뒤섞여 있는 세상이 우리 인생에 무슨 도움이 되겠는가? 수집가 입장에서 놀이가 안겨주는 스릴은 제일 흥미로운 최상의 물건이나 경험을 가장 많이 소유하고 유지하는 것이다. 수집가 입장에서는 동전이나 장난감 기차, 골동품, 비닐봉지, 와인,

구두, 넥타이, 경주용 차량이 충돌하는 모습을 담은 동영상, 부서진 차량의 부품, 그 외의 무엇이 됐건 모든 것이 만만한 수집대상이다. 내 지인 중에는 일식(日蝕)을 보려고 세계를 여행하는 사람이 있다. 탐험가가 하는 행위처럼 보일지도 모르겠는데, 그가 일식이 일어날 때마다 매번 그것을 봐야 하고 그 일식의 증거를 체계적으로 수집해야만 한다는 게 탐험가와 다른 차이점이다. 수집가는 단독 행위로서 수집을 즐길 수도 있고, 수집행위를 비슷한 강박관념을 가진 다른 사람들과 맺는 강렬한 사회적 유대관계의 초점으로 볼 수도 있다. 제이 레노(Jay Leno, 미국의 토크쇼 진행자-옮긴이)는 자동차를 수집하는 것으로 유명하다. 차량을 수집하고 정비하는 것은 그가 자유 시간에 놀이로 하는 일이다.

아티스트/창작자 The Artist/Creator

아티스트/창작자는 작품을 창작하는 것에서 즐거움을 찾는다. 회화, 판화, 목공, 도예, 조각은 아티스트/창작자가 하는 잘 알려진 활동이다. 그런데 가구 제작과 뜨개질, 바느질, 정원 가꾸기도 그들의 영역이다. 아티스트/창작자는 창작품을 세상에 선보이고 심지어는 수백만 달러를 받고 그것들을 파는 결말을 맞을 수도 있지만, 자신의 작품을 결코 누구에게도 보여주지 않을 수도 있다. 그들에게 중요한 것은 무엇인가를 만드는 것이다. 무엇인가 아름다운 것을, 기능적인 것을, 괴팍한 것을 만드는 것이다. 또는 그냥 작동하는 무엇인가를 만드는 것이다. 아티스트/창작자는 펌프를 해체해서 부서진 부품을 교체하고 청소한 후 다시 조립해서는 반짝거리면서 완벽하게 작동하는 기계로, 사실상 새로 제작한 것이나 다름없는 기계로 만드는 것을 즐기는 사람일 수도 있다. 이건 방이나 집 꾸미기를 좋아하는 것을 뜻할 수도 있다. 영국 총리 마거릿 대처(Margaret Thatcher)는 자유 시간에 집을 도배하는 것을 즐겼다. 화가 앙리 마티스(Henri Matisse)는 경력 내내 유화와 파스텔부터 종이 오려내기와 스테인드글라스까지 다양한 미술 형태를 실험했다.

스토리텔러 The Storyteller

스토리텔러에게는 상상력이 놀이의 왕국으로 들어가게 해주는 열쇠다. 당연한 얘기지만, 스토리텔러는 소설가와 극작가, 만화가, 시나리오 작가다. 그런데 소설을 읽고 영화를 감상하는 것이 엄청나게 즐거운 사람들, 어떤 스토리의 일부가 되어 보는 사람들, 스토리에 등장하는 캐릭터들의 생각과 감정을 경험하는 사람도 스토리텔러다. 모든 종류의 공연자(performer)도 스토리텔러로, 그들은 무용과 연기, 마술, 강연을 통해 상상의 세계를 창조한다.

스토리텔러가 활동하는 영역은 상상의 세계이기 때문에, 그들은 거의 모든 행위를 놀이로 만들 수 있다. 그들은 오락으로 테니스를 칠 수도 있는데, 그들의 마음속에서는 테니스를 치면서 올리는 매 포인트가 짜릿한 드라마의 일부다. "로저 페더러(Roger Federer)는 지금 강한 압박을 받고 있습니다. 세트를 따내려면 이 포인트는 반드시 따내야 합니다." 경쟁자와는 대조적으로, 스토리텔러가 게임을 하면서 살피는 주안점은 짜릿한 경기를 경험하는 것이다. 마카로니 앤 치즈를 조리하는 것조차 상상력을 거치고 나면 전 세계로 방송되는 유명인사 요리경연대회로 탈바꿈할 수 있다. 개리슨 케일러(Garrison Keillor, 미국의 라디오 진행자-옮긴이)와 밥 코스타스(Bob Costas, 미국의 스포츠 캐스터-옮긴이)는 타고난 스토리텔러의 전형이다.

멍게의 숙명

우리가 자연이 우리를 빚어낸 모습처럼 어른이 됐을 때도 놀이 욕망을 자연스럽게 표출한다면, 우리는 세상 어디에서나 놀 수 있는 기회를 발견하게 될 것이다. 뇌는 계속 발달하고 적응하고 세상에 대해 배우고 그걸 즐길 새로운 방법을 찾고 있다. 게임을 계속 하는 사람은, 인생 내내 탐구하고 학습을 계속하는 사람은 치매와 다른 신경질환에 걸릴 위험이 훨씬 낮을뿐더러 뇌하고는 아무런 관련도 없는 것처럼 보이는 심장질환을 비롯한 다른 질병에 시달릴 가능성도 낮다는 걸 많은 연구가 실증으로 보여줬다. 예를 들어, 알츠하이머 질환에 걸릴 리스크의 작은 일부만이 유전자에 의해 결정된다는 것을 다양한 연구가 보여줬다. 알츠하이머에 걸릴 리스크의 대부분은 라이프 스타일과 환경적 영향요인 탓이었다. 앨버트 아인슈타인 칼리지와 시러큐스대학교에서 수행한 곧 발표될 연구는 인지적 활동(퍼즐 풀기, 독서, 머리를 많이 써야 하는 작업에 참여하기)을 많이 한 사람들은 알츠하이머 질병에 걸릴 확률이 일반 인구의 그것보다 63퍼센트 낮다는 걸 보여줬다.

놀이를 중단하면, 우리는 나이를 먹으면서 놀이를 중단한 모든 동물이 맞는 숙명을 맞게 될 것이다. 우리의 행동은 고착될 것이다. 새롭고 상이한 것에 관심을 보이지 않을 것이다. 우리를 에워싼 세상에서 쾌감을 취할 기회를 점점 덜 발견하게 될 것이다.

나는 자랄 때 어울렸던 사람들을 가끔씩 우연히 만난다. 그럴 때마다 나는 다른 많은 사람이 그러는 것처럼 세월이 그들을 어떻게 바꿔놓았는지에 주목한다. 수십 년이 흐르는 동안 활력이 달라졌다는 게 정말로 눈에 확 드러난다. 어떤 친구가 40대에 머리가 세고 50대에 피부에 주름이 생기기 시작하면 모두들 그걸 알아차린다. 그런데 그 친구의 성격은 그대로인 게 보통이고, 정신도 어느 때보다도 예리하다. 그런데 나는 60대와 70대에는 뇌가 변하기 시작한다는 걸 알게 됐다. 그리고 일부 사람들은 예전에 보여줬던 지적인 예리함을 잃기 시작한다. 예리하면서도 세상에 흥미를 보이는 채로 남은 사람들은 계속해서 놀고 일한 사람들이다. 나는 놀이 이력과 나 자신의 경험에서 얻은 많은 사례를 알고 있다. 장담하는데, 여전히 재미있고 활력이 넘친다는 점에서 흥미로운 어르신을 당신도 몇 분 알고 있을 것이다.

예를 들어, 내 친구 앨런(Allan)은 성공한 소아암 연구자로 집중적인 활약을 하며 몇 년을 보냈다. 그는 자신의 창의력과 연민이 그에게 놀라울 정도로 큰 보상을 안겨주는 동시에 감당하기 쉽지 않은 인생을 제공했다는 생각을 꾸준히 하면서 그 생각을 즐겼다. 은퇴할 시기가 다가왔다. 그는 자신이 손을 쓰는 작업을 할 때 활력을 느낀다는 것을 알았지만, 자신의 재능에 대해서는 의구심이 들었다. 그는 겨울 폭풍이 휩쓸고 지나간 캘리포니아 북부 해안에서 가져온 커다란 나무 샘플들을 갖고 목각(木刻)을 하기 시작했다. 지금은 80대인 그는 근사한 조각 정원과 더불어 놀라운 채소밭도 갖고 있다. 그는 놀이를 하면서 하루하루를 보낸다. 그의 조각품 대부분은 화학요법이나 방사선요법을 받는 와중에도 그에게 영감을 줬던, 그가 치료했던 아이들의 불굴의 정신을 묘사한다. 그는 새 작품을 조각할 때마다 정신이 더 또렷해지고 기운이 솟는다고 말했다. 그리고 쉰다섯 살 이후로 얻은, 원예에 대한 백과사전 같은 지식은 그의 정신에 영양분을 제공하는 한편으로 이국적인 채소를 먹고 싶어 하는 우리의 욕구를 충족시켜 준다.

내셔널지오그래픽협회가 일본 오키나와에서 수행한 연구는, 오키나와 사람들의 전설적인 장수(長壽)에는 아이들과 놀기 같은 활동에 참여하는 것이 식단과 운동만큼이나 중요하다는 걸 보여줬다. 그곳으로 여행을 갔다가 만난 사람을 기억한다. 그는 100세가 다 된 나무 조각가였다. 그는 통역을 통해 자신은 조각하는 내내 웃는다고 내게 말했다. 그에게서 작은 목조 불상(佛像)을 산 나는 그에게 작품 한 점을 조각하는 데 쓴 시간 중에 제일 오래 걸린 시간이 얼마냐고 물었다. 그는 2년이라고 대답하고는 껄껄 웃었다.

우리가 놀이를 중단하는 것은 발달하는 것을 중단하는 것이다. 그런 일이 벌어지면, 엔트로피 법칙이 상황을 장악한다. 모든 것이 와해되는 것이다. 최종적으로, 우리는 멍게의 숙명을 공유하면서 식물인간이 돼버린다. 한곳에 머무르면서 세계하고는 그리 많은 교류를 하지 않게 되고, 그래서 동물보다는 식물이 되는 것이다. 놀이를 중단했을 때, 우리는 죽기 시작한다.

2부

어떻게 하면

놀이로
가득한 삶을

살 수 있을까?

4장

부모 노릇은
아이가 하는 놀이를
하는 것이다

레오(Leo)는 천사 같은 아이다. 생후 18개월 된 아이는 신나서 꺄르르거린다. 레오는 자기 본연의 모습을 무척이나 사랑하는 것이 분명하다. 그 아이의 모든 동작에서는, 몸놀림과 목소리, 표정에서는 아이가 느끼는 기분이 눈에 확 들어오게 드러난다. 아이는 존재감을 확실하게 보여주고, 아이가 풍기는 즐거움은 부모와 그 아이를 만나는 사람들을 휩쓸고 감염시키면서 그 자리에 있는 모든 이를 황홀경에 빠뜨린다. 나는 그 아이를 지켜보노라면 '이보다 더 좋을 수는 없다'는 기분을 느낀다. 레오는 꾸밈이라고는 없는, 진짜배기다. 그 아이와 놀 때면, 그 아이와 나는 한 팀이 돼서는 한껏 활력을 느낀다.

나는 지역 탁아소에서 레오를 지켜보면서, 보육사들이 그 아이가 특유한 활력을 풍기도록 부추기면서 터뜨리는 커다란 웃음소리를 들을 때면 궁금해지고는 한다. 이 아이는 지금 무슨 생각을 하고 있을까? 그 나이 때 어린아이는 의자를 밀면서 방 전체를 돌아다니는 것을 무척 좋아한다. 레오는 아동용 테이블에 이미 정리가 돼 있는 물건들을 다시 배치하고는 그것들을 방 곳곳으로 이동시키면서, 걸음을 뗄 때마다 평소 보여주는 강렬하고 행복에 몰두한 모습으로 꺅꺅 소리를 지른다. 아이는 몇 분간 이런 짓을 계속한 후 활짝 웃으면서 테이블을 '가로지른' 다음에 테이블에 앉는다. 레오는 또래 아이들 대부분처럼 반복과 의식(ritual)을 즐기지만, 이것은 그 아이 특유의 활력 넘치는 기벽이다. 나는 그런 행동이 그 아이에게 내재된 핵심적인 놀이 본능을 보여준다고 믿는다. 그리고 그 본능은, 제약하지 않고 내버려둘 경우, 서서히 그 아이의 '놀이 성격'으로 변모할 것이다.

이런 활력은 어디에서 비롯되는 걸까? 그 활력은 어디로 향하는 걸까? 우리 중 많은 사람이 인생의 어느 시점에 그 활력을 잃는다. 성장하면서 어린 시절에서 벗어난 우리는 '유치한 것들'을 뒤에 남겨두고 떠난다. 이런 식으로 행동하는 것은 더 이상은 해서는 안 될 일이라고 느끼고는, 계획적으로 겪는 기억 상실 비슷한 방식으로 순수한 놀이 경험을 지워버린다. 우리는 레오 같은 아이를 보면서 우리가 뒤에 버려두고 떠났던 즐거움을 떠올린다. 나는 어린 시절에 했던 놀이에 대한 얘기를 많이 하는데, 대화의 초점이 상대방의 부모와 했던 놀이로 돌아가는 일이 잦다는 사실은 흥미롭다.

최근에 뉴욕공립도서관에서 강연을 마친 직후였다. 한 여성이 다가와 말을 걸었다. 그녀는 미소를 짓고 있었지만, 그 미소 뒤에는 심한 상처를 입은 감정들이 있는 듯 보였다. 그녀는 내 강연을 듣고 '놀이는 중요하다'는 것을 납득한다고 말하면서, 놀이 시간을 충분히 갖고 있지만 한편으로는 공부와 학교 활동을 할 시간도 충분히 갖고 있는 열 살과 열두 살인 그녀의 아이들이 성공적인 삶을 살게 될지 걱정된다고 말했다. 우리는 성공의 본질에 대한 얘기를 나눴다. 그녀는 자신이 하고 있는 말의 진의(眞意)는 활력 넘치는 방식으로 삶에 접근하는 어른이, 삶을 즐기는 어른이, 그리고 자기 자신을 흥분시키는 일을 하는 책임감 있는 어른이 되는 법을 아이들에게 가르치는 것이라는 것을 깨달았다.

그녀 자신의 인생에서 없어진 것이 바로 이것이라는 사실이 오래지 않아 내 눈에 뚜렷해졌다. 그녀는 많은 부모들이 그러는 것처럼 자신이 가진 무엇인가를 자식들에게 주고 싶어 했다. 이 여성은 뉴욕의 메이저 로펌의 파트너로, 엄청나게 성공한 사람이었다. 그녀는 적절한 일은 모조리 다 했고 적절한 학교는 모두 다 다녔지만, 지금 자신은 전혀 행복하지 않다는 사실을, 그것이 창피한 비밀이나 되는 양, 소심하게 인정하고 있었다. 그리고 이제 그녀는 자식들이 적절한 학교를 모두 다니면서 적절한 활동을 모두 하게 만들고 있었지만, 자신이 그 아이들로 하여금 자신이 밟았던 길을 그대로 따라가게 만들고 있다고 걱정하고 있었다.

놀이와 자식에 대한 대화는 다른 방향으로도 흐른다. 나는 기업들을 위한 워크숍을 진행할 때면 놀이에 대한 이해를 통해 직원들의 혁신과 협동을 제고하라고 강조하는데, 그러고 나면 사람들이 돌아와 내 프레젠테이션이 빚어낸 최초의 결과는 자식들과 상호작용하는 법이 향상된 거라고 알리는 경우가 잦다.

결국, 나는 어른들이 자신의 본연의 모습을 예전에는 제대로 이해하지 못했다는 것을 깨달았다는 감을, 자신이 한때 뭔가 소중한 것을 가졌는데 지금은 그걸 놓쳐버렸다는 것을 깨달았다는 감을 받는다.

그들은 그게 어디로 갔는지, 어떻게 되찾을 수 있는지를 모른다. 그렇지만 자식들에게는 자신들이 가졌던 것보다 더 많은 선택 대안을 주고 싶어 한다.

여러 면에서, 놀이에 가해지는 위협은 한 세대나 그 이전 세대가 받았던 것보다 훨씬 더 큰 상태다. 과거에 내가 했던 것처럼 자유로이 들판이나 숲속을 탐구했던 경험을 가진 부모들은 오늘날의 아이들이 비디오게임이나 '안전한' 활동을 하는 데 지나치게 많은 시간을 쓴다고 걱정한다. 일부 사람들은 『소년들을 위한 위험한 책(The Dangerous Book for Boys)』의 히트에 주목했다. 이 책은 부모들이 높은 기대감을 품고 여섯 살짜리 아이들을 축구장에 데려가기 이전에는, 그리고 비디오게임이 아이들 놀이의 표준이 돼버리기 이전에는 대단히 보편적이었던, 아이들을 흥분해서 날뛰게 만드는 약간 위험한 게임들과 활동들을 장려한다. 학교는 고득점을 올리기 위한 조립 라인으로 발전했다. 요즘에는 여러 기술을 훈련시키는 학교가, 아이들에게 대학에 진학할 준비를 더 잘 시켜 주는 학교가 어느 곳보다도 훌륭한 학교로 간주된다. 많은 면에서, 이런 변화들은 아이들에게 더 큰 특권의식을, 더 세련된 인생관을 심어줬지만, 우리는 무엇인가를, 아마도 제약받지 않는 상상력과 자유를 잃었다는 기분을 느낀다.

이 장은 명목상으로는 어린아이의 놀이를 다루지만, 사실은 우리 모두의 놀이를 다룬다. 어린 시절은 이 모든 것이 시작되는 곳으로, 인생에서 놀이가 자연스럽게 모습을 드러내는 시기다. 그 시기는 우리가 여생 동안 하는 활동의 토대다. 우리는 어린 시절의 독특한 놀이 패턴을 이해하면서 아이들 나름의 진심과 목적을 파악하기 시작할 수 있고, 행복과 자아실현으로 이어질 경로에 대한 상상을 시작할 수 있다. 그런데 그 경로에서 아이들을 도와주려면, 우리 자신이 어린 시절에 놀 때 품었던 감정의 상태를 기억할 필요가 있다. 그 기억은 활기 넘치는 더없는 행복이라는 원시적 상태에 대한 실마리를 우리 각자에게 제공한다.

민간 항공기에서 방송되는 응급상황 대처요령 안내는, 어른들에게 기체 내부의 기압이 떨어지는 사건이 발생할 경우 자신이 먼저 산소마스크를 낀 다음에 아이들을 도와줘야 옳다고 안내한다. 이와 비슷하게, 아이들을 도와주려면 우리 자신의 초창기 놀이 발자국(play footprint)을 다시 쫓아가는 것을 통해 우리가 한때 어떻게 놀았는지에 대한 기억을 되살려야 한다. 그렇게 하면서 활력 넘치는 가정을 만들어냈을 때, 교육에서부터 귀찮은 일 하기까지 이르는 모든 일이 더 잘 진행될 것이다.

다음은 우리가 내디딘 제일 기본적인 갓난아기의 발걸음부터 복잡한 놀이 행동까지 놀이가 남긴 발자국들과 놀이가 우리를 위해 해준 것들을 정리한 것이다.

인생을 시작하는 시기의 놀이

놀이는 심지어 아이가 세상에 태어나기 전부터 아이에게, 적어도 간접적으로, 영향을 끼치기 시작한다. 인간은 대부분의 동물들과 달리 1년의 4분의 3을 태내(胎內)에서 보내고, 태어날 때도 사실상 무력한 '태아' 상태로 세상에 나온다. 임신기간 동안, 배아(胚芽)와 발달하는 태아는 영양 습득부터 어머니가 받는 스트레스 수준까지 태아기에 강한 영향을 끼치는 요소들 아래 놓여있다. 신경회로는 심지어 태내에 있을 때도 모양을 갖춰 가는데, 이 회로는 우리의 여생을 위한 뇌 패턴을 설정한다. 출산을 앞둔 임신부가 하는 놀이는 그녀가 받는 스트레스 수준을 낮춰주면서 임신에 따른 불편함을 줄여주는 데 도움을 줄 수 있지만, 놀이를 해서 얻은 활력은 그녀가 밴 아기의 사고방식을 미리 형성하는 데도 도움을 줄 수 있다. 태아기에 접하는 환경이 끼치는 영향은 여러 세대(世代)에 미칠 수도 있다. 놀라운 일로 보일 텐데, 2차 세계대전 때 네덜란드인들이 경험한 '굶주림의 겨울(hunger winter, 2차 세계대전 때 독일에 점령당한 네덜란드가 기아에 시달렸던 1944~1945년 겨울-옮긴이)'에 대한 연구들은 우리의 IQ와 심장 질환에 걸릴 위험, 그리고 다른 건강 문제들은 우리의 **외할머니**가 우리의 **어머니**를 임신하고 있던 기간의 마지막 3개월(third trimester) 동안 식사를 얼마나 잘했느냐의 영향을 받는다는 것을 실증적으로 보여준다.

연구자들은 태아의 발길질이나 주먹질, 몸부림 등 움직임을 놀이 프로그램을 표현하는 것으로 생각할 수 있다는 것도 보여줬다. 겉으로 보기에는 제멋대로 하는 것처럼 보이는 이런 몸놀림은 중추신경계가 팔다리와 뇌 사이에 작동하는 연결망을 만들어내는 방식으로 생겨난 것이다. 아기가 일단 태어나면, 제멋대로 하는 짓처럼 보이는 놀이 행동들은 그 아기가 세상을 탐구하는 것을 도와줄 것이다.

조율 Attunement

생후 3개월이나 4개월 때, 아이가 잘 먹고 안전하게 지낸다면, 그리고 산모의 감정 상태가 개방적이고 차분하다면, 부모와 아이는 눈을 맞출 때 조화로운 마음과 마음의 만남을 개시한다. 그들이 서로의 눈을 응시할 때, 갓난아기는 강렬한 미소를 짓고 산모는 감정이 북받치면서 언어와 몸동작으로 기쁨을 표시하는 반응을, 그리고 미소로 화답하는 반응을 자동적으로 보일 것이다. 아이는 소리를 거의 내지 못하거나 옹알이를 하거나 가벼운 폭소를 터뜨릴 것이고, 산모는 노래하는 듯한 리드미컬한 목소리로 반응할 것이다. 이것은 지구상 모든 문화권에서 볼 수 있는 보편적인 모습이다.

그때 뇌에서 진행되고 있는 일은 한층 더 경이롭기까지 하다. 서로에게서 눈을 떼지 못하는 산모와 아이 각자의 뇌의 오른쪽 피질에서는 신경 활동이 동시에 일어나고 있다. 엄마와 갓난아기의 뇌파(EEG)를 검사할 수 있다면, 그들의 뇌파가 사실상 동기화(in sync)하고 있는 것을 보게 될 것이다. 이것은 '조율(attunement)'이라고 불린다. 그들의 뇌의 리듬은 조화를 이뤄가면서 친밀함을 드러내는 매우 순수한 형식인 일종의 감정이입(mind-meld)을 수행하고 있다. 아버지들도 갓난아기를 대할 때 이런 경험을 하지만, 전통적으로 이런 경험은 어머니와 아기 사이에서 일어나는 게 보통이다.

조율이 일어나면, 부모와 아기 모두 즐거움이 넘치는 결합(joyful union)을 경험한다. 앞서 말했듯, 내 의견은 이 경험이 제일 기본적인 놀이 상태라는 것, 그리고 그것은 우리가 삶을 살아가는 동안 관여하게 되는 훨씬 더 복잡한 놀이 상태들을 위한 기초가 된다는 것

이다. 사회학 이론과 생물학 이론, 정신분석학 이론을 통합하는 분야의 선구자였던 UCLA의 연구자 앨런 쇼어(Allan Schore)는 ('유대감 형성bonding'이라고도 불리는) 조율이 이후 시기의 감정 자기통제(self-regulation)에 대단히 중요하다는 걸 발견했다. 이런 체험을 적절하게 경험해 본 적이 전혀 없는 학대 받은 아이들은 극단적으로 불안정한 정서 때문에 변덕스러운 행동을 하기에 이른다.

쇼어의 연구에 담긴 함의는, 그리고 그 연구와 관련된 인간의 발달을 대상으로 한 다른 장기간 연구와 그의 연구의 상관관계는 지금 현재 받아 마땅한 주목을 받고 있다. 예를 들어, 결핍된 생활을 하거나 학대를 당한 탓에 조율을 경험하지 못하는 아이들은 건전한 애착(attachment)을 형성하는 데 어려움을 겪는다. 이런 상황은 나중에 어른이 됐을 때 스트레스를 관리하는 능력에 영향을 주고, 일반적으로 (비우성인nondominant) 우뇌의 전전두피질에 있는 것으로 믿어지는 감정을 조절하는 과업을 효율적으로 작동시키는 데 영향을 줄 가능성이 있다. 우뇌와 좌뇌의 전전두피질은 운동 중추(motor center)의 앞쪽에 놓여 있고, 인지적 의사결정과 집행적 의사결정을 통합시키는 활동을 벌인다. 오른쪽이 왼쪽보다 더 빠르게 발달하고, 초기의 결핍에 따른 피해에 더 취약하며, 이후의 감정 조절 활동과 위험을 감수하는 의사 결정과 사회적 판단에 더 중요한 것으로 여겨진다. 동물이 하는 놀이의 신경생리학 모델이 인간에게도 적용된다고 가정하면, 조율(놀이의 기초 상태)은 과도한 감정 분출의 충격을 완화해서 성장하는 젖먹이와 아이를 보호해준다. 또한 어린 시절과 청소년기, 초기의 성인기 동안 뇌의 최적 발달을 규제하는 유전적 신호를 조화롭게 조직하는 것도 도와준다.

몸을 놀리는 놀이

젖먹이는 자신의 신체를 이해하기 위해 무척 이른 시기부터 놀기 시작한다. 앞서 언급했듯, 이 놀이 프로그램은 태내에서 시작된다. 일단 태어나고 난 뒤에도 꿈틀거리고 두 팔을 흔들려는 충동은 계속되고, 젖먹이는 생후 3개월에서 9개월까지 두 손과 두 무릎을 써서 몸을 세우자마자 몸을 흔들고 기어 다니는 법을 배운다. 아기들은 이런저런 물건들을 입에 집어넣고는 잇몸으로 물어뜯는다. 혀로 음식을 이리저리 굴리고, 그걸 빨아먹고 내뱉으면서 그러는 과정을 엄청나게 즐긴다. 나중에 수저를 쥔 아이들은 음식을 방 저편으로 날리거나 내던질 것이다. 이것들은 제멋대로 하는 행동이 아니다. 탐구와 학습을 장려하는 본질적인 행동이다. 옹알이는 알아들을 수 있는 말이 된다. 청각이 손상된 채로 태어난 아기들은 몸을 움직여 의사를 소통하는 법을 배우기 위해 놀이 동작을 활용할 것이다. 처음에는 간단한 대칭적인 동작들이 수반되는 옹알이를 하고, 어른들의 신호가 꾸준히 되돌아오면 그 옹알이는 서서히 간단한 수화(sign language)로 발전할 것이다.

운동(movement)은 원초적인 활동으로, 우리가 검토 중인 놀이의 모든 요소를, 심지어는 상상 놀이의 언어나 이미지 운동도 동반한다. 인간의 운동을 이해하고 제대로 인식하지 못한다면, 당신은 당신 자신이나 놀이를 제대로 이해하지 못하게 될 것이다. 자기 운동(self-movement)에 대한 학습은 어떤 개인이 가진 세상에 대한 지식을 체계화하기 위한 구조를, 즉 앎의 방식(a way of knowing)을 창조해낸다. 운동 놀이를 통해, 우리는 몸을 움직이는 와중에 **생각을 한다**. 동작은 우리가 세계와 공간, 시간, 타인과 맺는 관계에 대해 가진 지식을 구조화한다. 우리는 운동과 공간, 시간을 대단히 철저하게 내재화했기 때문에 우리가 이런 개념들을 얼마나 많이 생각하고 있는지를 깨달으려면 한 걸음 뒤로 물러나서 숙고해 볼 필요가 있다(이것 역시 동작을 활용한 메타포다). 우리가 운동에 기초한 물리적 세계에 대해 가진 지식은 우리가 감정을 '가깝다', '멀다', '개방적이다', '폐쇄적이다' 같은 용어들로 묘사하는 이유를 설명해준다. 우리는 아이디어들을 '완전히 이해'(grasp, '움켜잡다'는 뜻이다-옮긴이)하거나, 그것들을 잡고 '씨름(wrestle)'하거나 그것들을 '우연히 발견한다(stumble upon, stumble에는 '발이 걸리다'라는 뜻이 있다-옮긴이).'

운동 놀이는 뇌를 환하게 밝혀주면서 학습과 혁신, 유연성, 적응력, 회복력을 발전시킨다. 인간 본성의 이런 핵심적 측면들에는 한껏 실현된 운동이 필요하다. 바로 이것이, 내가 놀이 상태에 접어드는 데 어려운 시기를 겪는 사람에게 뭐가 됐건 운동과 관련된 활동을 해보라고 시키는 이유다: 몸을 써서 하는 놀이는 보편적이므로. 밥 페이건이 말했듯, "운동은 공허한 마음을 채워준다."

신체 운동과 (성대를 움직이는) 이른 시기의 리드미컬한 언어능력, 몸을 옮기고 빙빙 돌리는 활동과 결부된 놀이가 주도하는 쾌감은 순전히 그 활동 자체를 위해 행해진다. 그런 짓을 하면 즐겁고, 그런 짓은 본질적으로 활력이 넘친다. 그런데 그런 활동은 뇌의 형태를 만드는 데도 도움을 준다. 영양(antelope)과 다른 동물들을 대상으로 한 존 바이어스의 어느 연구는 제일 열심히 노는 시기는 소뇌(小腦)로 알려진 뇌의 구역이 제일 급격히 성장하는 시기라는 걸 밝혀냈다. 이 시기에 속한 영양을 활동을 못하게 막으면, 소뇌에 있는 신경세포의 성장이 엄청나게 줄어든다. 소뇌를 자극하면 발달하는 뇌의 많은 영역에 이뤄지는 에너지의 공급이 강화된다는 이론이 있다. 이 이론은 아직까지는 연구를 통해 타당성이 완전히 입증되지 않은 탓에 커다란 논리적 비약처럼 보이지만, 터무니없이 비논리적인 이론은 아니다. 앞서 언급했듯, 현재 신경과학 연구 커뮤니티는 소뇌가 수행하는 기능을 재평가하고 있다. 축적되는 증거들은 소뇌가 인간의 몸을 쓰는 능력과 정신을 쓰는 능력에 (발달이 최대화되는 시기에는 특히 더) 꾸준히 기여하고 있다는 것을 확인해주는데, 두 능력 다 인간이 유창하게 구사하는 언어의 출현에 필요한 것이다.

대상 놀이 Object Play

'대상(object)'에 대한, 그리고 대상을 조작하는 것에 대한 호기심은 만연해 있는, 본질적으로 재미있는 놀이 패턴으로, 놀이를 통한 활력이 넘치는 '상태'(본질적인 패턴)를 대표한다. 초기에는 숟가락이나 링치발기(teething ring), 음식이 놀이의 대상이 된다. 걸음마를 배우는 생후 15개월 무렵이 지난 후, 아이의 장난감은 고도로 개인화된 특징을 취한다. 대상을 조작하는 기술(예를 들어 냄비 두들기기, 물수제비뜨기)이 발달하면, 뇌 안에 있는 회로들이 풍부해진다. 우리는 퍼즐 맞추기나 골대로 공을 차 넣는 것, 또는 종이뭉치를 쓰레기통에 던져 넣는 단순한 짓에 포함된 대상 놀이의 물리적 부분에서 쾌감을 찾는다. 그리고 JPL의 실험실 매니저들이 발견했듯, 손으로 하는 대상 놀이는 모든 종류의 문제를 이해하고 해결하는 데 더 적합한 뇌를 빚어낸다.

상상 놀이

상상력은 인간이 가진 제일 강력한 능력일 것이다. 우리는 상상력 덕에 현실 세계에 접근하는 것을 포기하지 않고서도 탐구할 수 있는 있는 모조 현실(simulated reality)을 창조할 수 있다. 상상 놀이의 초창기 증거는 두 살쯤 됐을 때 조각난 이야기 형태로 모습을 드러낸다. 놀이를 연구하는 학자인 브라이언 서튼 스미스(Brian Sutton-Smith)는 이런 초기 시도를 이야기의 도입과 전개, 결말 등 모든 요소가 없는 바보 같은 짓이나 난센스에 기초한 불완전한 내러티브로 묘사한다. 그런 후에 아이들은, 뇌가 발달함에 따라, 논리 정연한 내러티브를 창작해낼 능력을 획득한다. 내러티브를 창작하려는 긴박한 필요성은 전 세계의 아이들에게 생겨나는 것으로, 아이들이 하는 놀이의 필수적인 측면이다. 그런데 아이들이 몇 살이건, 또는 이야기의 완결성 수준이 어느 정도이건, 이야기를 지어내는 아이가 줄거리의 궤적을 오래 이어갈 때, 거기에는 신나는 언어적 경험이 있다.

이 단계를 거친 후, 아이들은 상상 놀이에 자주 참여하면서 현실과 가상 사이를 자연스럽게, 기운찬 모습으로 자유로이 들락거린다. 어떤 것이 가상이고 어떤 것이 현실인지를 결정하는 것은 보통은 환상의 모험에 관여하는 아이들보다는 그 이야기에 귀를 기울이거나 아이들을 지켜보는 어른들에게 더 중요하다.

아이들이 나이를 먹어감에 따라 가상의 것과 현실의 것 사이에 있는 경계선은 더욱 단단해지지만, 상상 놀이는 계속된다. 영혼에 영양분을 공급하기 위해서다. 이미 논의했듯, 어른들의 의식의 흐름을 자세히 검토해보면 가상-현실 과정이 인간이 하는 사고에 평생 존재하는 측면이라는 것은 실증을 통해 확인된다. 우리는 과거와 현재와 미래를 일정한 맥락 안에 유지하기 위해 머릿속에서 계속해서 스토리라인을 지어낸다. 아이들은 매 시간마다 새로운 인생의 모험에 착수하고 있기 때문에, 자신들의 발달하는 존재 자체인 감정적이고 인지적인 심포니를 위한 맥락을 유지하기 위해 상상력을 활용한다.

상상력은 감정을 회복하는 능력과 창의력의 문을 열어주는 열쇠로 일생 내내 남는다. 상상력 결핍을 다룬 연구들은 남들의 내면의 삶을 상상하고 그것을 자신의 그것과 비교하는 것이 타인에 대한 공감(empathy)과 이해, 신뢰뿐 아니라 개인적인 대응 기술을 발달시키는 비결 중 하나라는 것을 보여준다.

사회적 놀이 Social Play

지극히 단순한 까꿍(peekaboo) 놀이부터 격식을 차린 무도회까지, 사회적 놀이는 인간의 놀이 행동에서 중요한 역할을 수행한다. 인간은 사회적 동물이고, 놀이는 사회적 기능이라는 엔진을 움직이게 해주는 에너지원이다. 놀이는 사회가 기능할 수 있게 해주고 많은 이들이 맺은 개인적 관계들이 번창할 수 있게 해준다. 사회적 놀이 유형에는 우정과 소속감 느끼기, 거친 신체 놀이, 기념하는 의식으로서 놀이 등이 있다.

우정과 소속감

앞서 밝혔듯, 아이들은 병행 놀이(parallel play)를 통해 다른 아이들과 처음으로 사회적 놀이를 시작한다. 두 아이는 나란히 앉아 모래나 물, 크레용, 블록을 갖고 논다. 두 아이는 서로의 존재를 잘 인식하고 있지만 직접적으로나 감정적으로 상대와 교류하지는 않는다. 이런 유형의 놀이는 더 협동적인 놀이로 이어지는 교량 역할을 한다. 나란히 자리를 잡고 노는 아이들은 놀이 이웃에게 손을 뻗기 시작하고 그 아이들이 하는 게임의 일부가 되는 위치에 자리한다.

아이들이 네 살에서 여섯 살이 될 무렵, 공동 놀이는 남들을 향한 공감을 제련하는 도가니가 된다. 아이들이 다른 아이들이 하는 게임에 자기들 나름의 상상의 요소를 제안하면서, 아이들은 다른 아이들이 내놓는 의견을 듣게 되고 남들의 관점을 이해하게 된다. 이런 공동 놀이는 인생 내내 작동하는 우정의 기본적인 상태다. 전염이 잘되는 열정을 공유하면서 실행하는 기브 앤 테이크는 건전한 공동 놀이의 특징이 된다.

거친 신체 놀이

동물과 인간이 하는 거친 신체 놀이(rough-and-tumble play)에 대한 연구는 이 놀이가 사회적 의식(social awareness)과 협동, 공정성, 이타주의를 위해 필요하다는 것을 보여줬다. 이 놀이의 본질과 중요성은 대체로 제대로 인식되지 못하고 있다. 툭툭 치기, 다이빙하기, 레슬링하기 같은 (하나같이 친구들끼리 웃으면서 하는 짓이라 우정에 금이 가는 일은 없는) 정상적인 거친 신체 놀이 행동을 놀이 상태로 보는 게 아니라 반드시 통제해야 하는 난장판 상태로 보는 경우가 잦은 유치원 선생님이나 걱정 많은 부모들은 특히 더 그렇다. 거친 신체 놀이를 경험하지 못하면 사회성 숙달에 필요한 정상적인 기브 앤 테이크가 방해를 받고, 이후의 인생에서 폭력적인 충동을 통제하는 능력이 빈약해지는 데도 영향을 준다. 우리는 오래전에 텍사스의 어린 살인범들을 연구했었다. 우리는 연구의 대조군(control group)으로 인터뷰했던, 그들과 비슷하지만 살인을 한 적은 없는 사람들과 비교했을 때 그 사람들의 어린 시절 배경에서는 거친 신체 놀이가 결핍됐다는 걸 발견했다. 이후로, 쥐가 하는 거친 신체 놀이를 바탕으로 한 동물 실험, 놀이터에서 행해지는 놀이에 대한 앤서니 펠리그리니(Anthony Pelligrini)의 광범위한 연구, 놀이터의 놀이에 대한 조 프로스트(Joe Frost)의 38년에 걸친 관찰, 그리고 내가 직접 수행한 많은 임상적인 리뷰를 통한 이런 놀이 형태에 대한 조사는 하나같이 이런 종류의 놀이가 중요하다는 사실을 뒷받침했다. 펠리그리니는 거친 신체 놀이가 연령에 따라 다양하다는 것을 보여줬다. 그의 연구들은 추격하기(chase) 같은 초기의 활동은 이후의 사회적 문제 해결과 관련이 있을 수 있는 반면, 나중에 흔하게 발생하는 적극적인 착취(exploitation)는 지배와 경쟁심 문제를 해결하는 데 도움을 준다는 걸 보여준다.

조 프로스트는 텍사스대학교 교육학과 명예교수다. 굉장히 포괄적인 그의 관찰은 그가 놀이터 설계에 활발하게 참여하면서 유치원부터 열두 살까지 아이들의 놀이를 발전시키는 결과를 낳았다. 그는 오스틴의 리디머 스쿨(Redeemer School)에서 38년 이상을 보내면서 자유로이 놀 수 있는 환경을 여러 개 가진 대형 놀이터를 체계화하는 작업에서 혁신적인 성과를 거뒀다. 그는 이런 놀이터를 만드는 기회들을 지켜보고 빚어내는 것을 통해 놀이터 세팅에서 파생돼 평생에 걸쳐 영향을 주는 유익함이 많다는 것을 확인했다. 그는 아이들에게 등급을 매긴 탐사 놀이(graduated exploratory play)를 발전시키는 환경을 제공했다. 그 환경에는 자유로이 뛰노는 열정적인 놀이와 자발적인 게임을 부추기는 영역들이 있어서, 가벼운 감독만 받는 거친 신체 놀이와 자발적인 게임을 한껏 경험할 수 있었다. 그는 더 전통적인 놀이터 근처에 혼자서 놀이를 할 수 있는, 나무들과 야생식물이 있는 구역인 파릇파릇한 놀이터도 지었다.

그의 관찰은 전반적인 인상을 보여주는 데 주력한 연구 활동이었지만, 그 관찰의 기초에는 격식을 갖추지 않고 진행한 후속 관찰을 곁들인 체계적인 장기적 관찰이 있었다. 프로스트는 성공적인 협동적 사회화를 위한 필수적이고 중요한 토대를 제공하는 거친 신체 놀이의 가치에 대한 주장을 강하게 펼쳤다.

프로스트의 심중에서, 거친 신체 놀이는 대체로 우호적인 놀이로, 또는 장난 싸움으로 정의된다. 그리고 그 놀이는 아이들의 신체적 접촉이 포함된 활발한 놀이까지 더 폭넓게 확장될 수 있다. 프로스트가 내린 이런 정의는, 현실에서는 텔레비전에 나오는 캐릭터들의 영향을 받는 게 전형적인, 슈퍼히어로 놀이(superhero play)로도 확장된다. 학교를 다니는 아이들은 '좋은 사람'과 '나쁜 사람' 역할을 맡고는, 태그하기, 추격하기, 골목대장 놀이(king of the mountain), 태권도 시늉 같은 게임들을 하면서 여러 주제를 놀이의 영역으로 옮겨놓는다. 거친 신체 놀이는 젖먹이 때 시작됐을 때부터 본질적으로 통합적이다. 처음에는 예비적인 상징적 놀이와 체계화된 게임들을 아우르고, 시간이 흐르는 동안 더 정교해진 버전들로 확장되며, 경험이 쌓이고 발달되면 체계화된 스포츠의 특징들을 취한다.

"선생님을 비롯한 많은 어른들이 놀이로 하는 싸움과 진짜 공격성 사이를 구분하지 않으면서, 레슬링과 고함치기, 가짜 공격성은 어떤 형태가 됐건 금지합니다." 프로스트의 의견이다. "하지만 아이들은 우호적인 공격성과 진짜 공격성 사이의 차이를 알고, 허용이 될 경우에는 거친 신체 놀이에 아주 활발하게 참여해, 자칭 리더(leader)의 이해관계 그리고/또는 요구를 수용할 수 있도록 게임의 본질을 변화시킵니다."

노골적인 거친 신체 놀이는 나이를 먹으면서 줄어든다. 우리는 평생 동안 게임과 스포츠, 집단 활동에 참가하면서 그런 활동을 펼치는 과정에서 빚어지는 긴장감을 견뎌내는 데서 그치지 않고 그런 것을 조성하기까지도 하는데, 우리의 이런 식의 참여는 이런 유형의 놀이가 자연스럽게 연장된 것이다.

기념하는 의식으로서 놀이 celebratory and ritual play

아이들에게 놀이의 개시를 알리는 공식적인 이벤트는 필요하지 않다. 아이들은 무척 자연스럽게 놀이를 시작하기 때문이다. 그런데 기념하는 의식으로서 놀이를 사회적 놀이의 유형 중 하나로 언급하는 것은 중요하다. 기념하는 의식으로서 놀이는 생일 축하 행사나 무도회, 명절 만찬, 야구 경기에서 7회가 끝나면 노래 '나를 야구장으로 데려가주오(Take Me Out to the Ball Game)'를 부르는 것 등이 될 수 있다. 아이들은 이런 이벤트를 자발적으로 개시하지는 않지만, 그런 사회적 의식을 경험하면 좋은 기억들이 고인 저수지가 생겨나고 어른이 됐을 때 의식 놀이(ritual play)에 대한 취향을 발달시키는 데 도움이 된다.

진지한 어른들의 의식은 결혼식이 끝난 후 열리는 피로연처럼 기념하는 놀이가 동반되는 경우가 잦다. 어른들에게 의식과 기념은 놀이를 하기 위한 핑곗거리를, 그리고 이런 놀이 패턴을 사회적 통제 아래 두기 위한 '공식적인(official)' 핑곗거리를 제공하기 위해 필요한 경우가 잦다.

스토리텔링과 내러티브 놀이

"바람은 바깥에서 울부짖고 비는 지붕을 두드린다. 어린 소녀의 어머니는 소녀가 몇 분간만 자리를 비울 거라고 했지만 몇 시간이 훌쩍 지나갔고, 밤은 지하 감옥처럼 칠흑 같다. 불빛들이 깜빡거리더니 완전히 꺼진다. 그리고 그녀는 지하에서 올라오는 끔찍한 신음 소리를 듣는다……." 스토리텔링은 인간을 이해하는 구성단위(the unit)로 인정돼 왔다. 스토리텔링은 발달기의 초기에서, 그리고 세계와 자신에 대한 학습과 자신이 세계에서 차지하는 자리에 대한 학습에서 핵심적인 자리를 차지한다. 지배적인 뇌의 좌반구(left hemisphere)의 중요한 기능은 세상의 사물들이 그런 방식으로 존재하는 이유에 대한 이야기들을 끊임없이 지어내는 것이다. 그리고 그 이야기는 우리가 세계를 이해하는 방식이 된다. 이야기들은 이질적인 정보의 조각들을 통일된 맥락으로 맞추는 방식이다. 우리가 성장함에 따라, 이야기들로 구성된 드라마는 우리를 더 생동감 넘치게 만들어준다. 그리고 내러티브 구조는, 우리가 인생에 대한 빅 버드(Big Bird, TV 프로그램 〈세서미 스트리트〉에 등장하는 캐릭터-옮긴이)의 견해에 귀를 기울이든, 개리슨 케일러가 들려주는 워비건 호수(Lake Wobegon, 개리슨 케일러가 지어낸 가상의 마을-옮긴이) 이야기에 귀를 기울이든 간에, 상황이 어떻고 상황이 어떠해야 옳은지에 대한 얘기를 우리에게 들려준다.

어린 시절이 지난 후에도 이야기들은 세상을 이해하는 데 필요한 핵심적인 요소로 남는다. 사람들은 정치적 견해를 밝히거나 배심원석에 앉을 때조차 옳고 그른 것을 판단할 때는 일어났던 사건들에 대해 그들이 구축했던 이야기의 결과에 따라 판단을 내리는 경우가 잦다. 이 책에서 읽은 것처럼, 당신도 연구 활동이나 놀이 상황에 대한 이야기들은 대단히 매력적이라는 것을 감지할 것이고, 놀이의 과학은 순수 과학의 그것보다 더 많은 정보를 제공한다고 느낄 것이다. 그것이 인간의 본성이다.

스토리텔링은 시대의 흐름에서 벗어난 영원의 느낌, 쾌감의 느낌, 그리고 내러티브와 스토리텔링을 놀이의 상태와 동일시해주는 대리 참여라는 변형된 상태를 낳는 능력이 있다.

변화시키고 통합시켜 주는 놀이와 창조적인 놀이

놀이는 새로운 자아로 들어가는, 세계와 조화를 훨씬 더 잘 이루는 자아로 들어가는 출입구가 될 수 있다. 새로운 행동과 사고를 시도하는 것이 놀이의 전부이므로, 놀이는 기존에 확립된 패턴에서 우리를 해방시킨다. 늘 변화하고 새로운 존재가 되는 과정에 있는 아이들 입장에서, 변화시키는 놀이(transformative play)는 그들이 사는 세상에 항상 존재하는 일부분인데, 사람들은 그 놀이를 감지하지 못하는 경우가 잦다.

그런데 놀이는 때때로 정말로 곤경에 빠진 아이들에게 극적이고 명명백백한 변화의 사례를 제공할 수 있다. PBS(미국의 공영방송-옮긴이)의 〈놀이의 약속(The Promise of Play)〉 시리즈를 마무리하는 과정에서, 우리 제작진은 우울증에 시달리고 친구가 없으며 놀이도 하지 않는 아이로 인정된 아홉 살짜리 여자아이의 변화과정을 추적해도 좋다는 허가를 받았다. 그 아이가 다니는 학교는 아이가 '놀이를 통한 긍정적 개입(Positive Intervention Through Play)'이라는 그룹과 함께 작업할 수 있도록 별도의 시간을 챙겨줬다. 놀이 치료사(play therapist) 훈련을 받은 선생님이 그 시간을 담당했다. 우리는 4개월간 그 아이를 관찰하고 촬영했다. 아이가 기초적인 놀이 모드와 춤, 인형의 집(dollhouse) 상황에서 장난감 갖고 놀기 등을 활용하기 시작하면서 아이의 고립되고 부적절한 사회적 행동은 바뀌기 시작했고 기분도 밝아졌다. 마지막 촬영 때, 아이가 놀이터에서 활기를 뿜어대며 (그 아이의 시무룩하고 기이한 행동 때문에 예전에는 그 아이를 피하던) 친구들과 자유로이 놀면서 선생님들을 다정하게 대하는 모습을 본 제작진의 눈에는 눈물이 맺혔다. 선생님의 지도가 아니라, 아이의 놀이 참여가 그 아이를 바꿔 놨다. 그 아이의 내면에 있던 내러티브는 놀이를 통해 삭막하고 애달픈 것에서 풍성하고 상상력 넘치는 것으로 바뀌었다.

연령을 불문한 우리는 환상 놀이에 참여할 때 일상생활의 현실을 비틀고, 그 과정에서 새로운 아이디어와 존재 방식이 싹트기 시작한다. 어른들 입장에서, 백일몽은 업무를 수행하는 새로운 방법을 낳을 수도 있다. 환상은 새로운 사랑으로 이어질 수도 있다. 시각화(visualization)는 주택 리모델링이나 새로운 발명으로 이어질 수도 있다. 창의적인 놀이는 우리의 마음을 한 번도 가본 적이 없는 곳들로 데려가 현실 세계가 따라갈 수 있는 새로운 경로들을 개척한다. 아인슈타인이 광속으로 이동하는 전차(電車)에 올라탄 자신의 모습을 상상한 뒤에 상대성이론을 내놓았을 때처럼 말이다. 또는 아이데오 기업(IDEO, 미국의 디자인회사-옮긴이) 소속의 명랑한 디자이너그룹이 실내 개(dog) 운동기계를 창작할 수 있는 온갖 방법을 활기차게 상상할 때처럼 말이다. 각각의 경우에, 그들은 혁신과 창조를 위해 활력 넘치는 놀이 의욕을 활용하고 있다.

이런 놀이 단계들은 건전한 가정에 자연스럽게 모습을 드러낼 것이고, 아이의 내면에서 콸콸 솟아날 것이다. 사랑이 넘치고 안전한 분위기를 제공하면서 활기찬 사람의 모델이 돼주는 부모는 놀이 욕구가 스스로 표출되는 것을 허용할 것이다. 이 요소들이 드러나지 않는다면, 아이들은 자연스러운 놀이 모드를 구성하는 조각(piece)을 한 개 이상 상실했을 수 있다. 나는 이런 사례를 직접 기록으로 남겨야 하는 심란하지만, 세상에 깨우침을 주는 의무를 부여받은 적이 있다.

찰스 휘트먼의 삶과 죽음

내가 놀이를 과학적으로 연구한 첫 사례는 총을 잔뜩 소지한 학생의 형태로, 2007년에 버지니아공대에서 학살극이 발생하기 전까지는 대학 캠퍼스에서 벌어진 대량 살인사건 중 최악의 사례였던 사건의 형태로 찾아왔다.

1966년 8월 텍사스의 어느 무더운 아침, 건축공학을 전공하는 학생 찰스 휘트먼(Charles Whitman)이 텍사스대학교 오스틴 분교 캠퍼스의 시계탑에 올라가 아래에 있는 사람들에게 총질을 하기 시작했다. 첫 피해자는 임신부였다. 그는 무시무시하게 정확한 사격으로 15명의 목숨을 빼앗고 31명에게 부상을 입힌 끝에 용감한 시민과 비번이던 경찰관에 의해 사살됐다. 이후에, 경찰은 휘트먼이 전날 밤에 아내와 어머니를 살해했다는 것을 밝혀냈다.

당시, 나는 휴스턴의 베일러의과대학에 정신의학 조교수로 막 임용된 참이었다. 총격 사건이 발생한 직후, 정신의학과 학과장에게서 전화를 받았다. 그때 그는 스페인에서 열린 컨퍼런스에 참가하고 있었다. 그가 나한테 전화를 건 것은 텍사스 주지사가 그에게 연락을 했기 때문이었다. 코널리(Connally) 주지사 자신도 케네디 암살사건 때 총격을 당했지만 아슬아슬하게 목숨을 건진 사람이었다. 이제 그는 오스왈드(Oswald, 케네디 대통령 암살범-옮긴이)와 휘트먼 같은 자들이 길모퉁이마다 웅크리고 있을 거라고 걱정했다. 코널리는 휘트먼이 이런 짓을 저지른 이유와 휘트먼 같은 사람들이 사건을 벌이기 전에 그런 사람들을 식별하는 방법을 알아내기 위한 즉각적인 조사에 착수해달라고 요청했다. 코널리는 해답을 찾아내기 위해서라면 주지사 전용기를 비롯해서 필요한 자금과 자원을 몽땅 사용해도 좋다고 허가했다. 학과장은 나한테 이 사건의 정신의학적 요소를 규명하는 것을 책임져달라고 요청했는데, 그 요소가 이 사건에서 제일 중요한 부분이라는 것은 거의 틀림없는 사실이었다.

즉각적으로 제기된 (내 추측을 비롯한) 추측의 대부분은 피해망상증에 사로잡혀 미쳐 날뛰는 미치광이가 벌인 짓이라는 거였다. 그런데 총격을 가한 범인의 신원이 확인되자 사람들은 큰 충격을 받았다. 휘트먼은 사랑스러운 남편이자 아들처럼 보였다. 전직 해병인 그는 보이스카우트 역사상 제일 어린 나이에 이글 스카우트(Eagle Scout, 21개 이상의 공훈 배지를 받은 보이스카우트 단원-옮긴이)가 된 단원이었다. 하지만 깊이 조사해 본 우리는 휘트먼의 진짜 본성이 무엇이고 그가 어떻게 그런 성격이 됐는지를 밝혀냈다.

사람들은 블루리본위원회(blue-ribbon committee, 특정한 문제를 조사하거나 연구하고 분석하는 작업에 임명된 특출한 인물들로 구성된 집단-옮긴이)에 소속된 몇 사람이 각자의 연구 작업을 마친 후에 만나면 각자가 전공하는 학문마다, 그러니까 독성학(toxicology)이나 신경학, 신경병리학, 필적학(graphology), 심리학, 정신의학, 사법 분야의 연구가 분야마다 특정한 관점을 제기할 거라고 예상했다. 그런데 우리는 만장일치의 결론에 도달했다. 우리 대부분에게 전혀 놀랍지 않았던 사실은 찰리의 아버지가 자행한 과잉 통제(overcontrol)와 찰리의 어머니에게 가해진 끝을 모르는 학대가 결국에는 언론에 의해 텍사스 시계탑 학살(Texas Tower Massacre)로 알려진 사건으로 이어질 문제 행동을 발전시킨 주요 요인이었다는 것이다. 그런데 찰리의 일평생을 믿기 힘들 정도로 철저하게 조사해보자 더 놀라운 요인이 발견됐다. 찰리의 인생과 인연이 있었던 모든 사람을 폭넓게 인터뷰하자, **평생에 걸친 놀이의 결여**(lifelong lack of play) 자체가 그가 보인 정신병리적 행동에 중요한 요인이라는 게 명백해졌다.

그가 지속적으로 일으킨 말썽과 살인 행각으로 귀결된 정신이상에서 놀이의 결여는 어떻게 직접적인 역할을 수행한 걸까? 찰리는 인생을 살면서 겪은 많은 단계에서 아버지가 그를 집어넣은 상자의 외부에 있는 풍경을 볼 수가 없었다. 찰리는 선천적으로 활기차게 놀면서 안전하게 양육되는 아이들이 자발적으로 보여주는, 자유로이 흐르는 상상력에서 발견되는 여러 개의 선택 대안을 가질 수가 없었다. 유치원 시기의 병행 놀이에서 시작되는 개방적인 교류를, 아이들이 즉흥적으로 벌이는 게임이 제공하는 기브 앤 테이크의 폭넓은 스펙트럼을, 더 복잡한 놀이가 제공하는 다양한 선택 대안을 경험하지 못했다.

꾸준히 제기되는 통제와 공포 때문에, 찰리의 집에서는 정상적인 놀이 패턴이 발생하지를 못했다. 찰리가 밖에서 다른 아이들과 노는 것은 허용되지 않았다. 대신, 그는 집안에 머무르면서 피아노 연습 같은 '유용한' 일을 해야 했다. 찰리가 어머니랑 마트에 갈 때처럼 아버지에게서 멀어졌을 때도, 아버지는 여전히 일반인용 무전기(CB radio)로 상황을 통제하고 있었다. 가족의 친구들이 찾아오면 아버지가 제일 먼저 한 일은 찰리를 자랑하는 거였다. 아버지는 즉흥 피아노 연주를 요구하거나, 자신이 찰리에게 가르친 다른 재주들을 보여주라고 요구했다.

그 결과는 찰리 자신의 내면에서 비롯된 것은 하나도 없다는 거였다. 나는 그가 다닌 유치원의 선생님을 인터뷰했는데, 그 선생님은 찰리가 어렸을 때도 정말로 자유롭게 놀지를 못했다는 점을 언급했다. 찰리는 다른 아이들이 하는 짓을 지켜보면서 그 아이들을 흉내 냈지만, 그 놀이에 진정으로 '참여'한 적은 없었다. 주임사제는 휘트먼은 고해성사라는 것이 진정으로 무엇인지를 이해하지 못했다고 내게 말했다. 찰리는 자신이 하는 짓에 대해 느끼는 불쾌한 심정을 드러내는 말은 입 밖에 낼 수가 없었기 때문이다. 그는 오로지 자신이 불쾌하게 느끼기를 기대받는다고 생각하는 것에 대해서만 말할 수 있었다.

찰리가 성숙해지면서, 그가 세상에 보이는 반응의 레퍼토리는 협소해졌다. 찰리는 아버지가 그에게 걸었던 야심의 경계선 내부에서만 맴돌았고, 아버지는 그를 꼼꼼하게 감시했다. 그는 외부를 향해 순응하는 모습을 보이는 데는 달인이었지만, 그의 내면은 오랫동안 부글부글 끓고 있었다. 그는 아버지가 가한 통제의 틀을 부숴줄 진정한 멘토를 찾아내지 못했다. 그래서 텍사스 시계탑 학살이 일어난 즈음, 그는 감정적으로 외톨이로 살면서 그로서는 통달하지 못할 경로를 인내했고, 나름의 욕망이나 욕구에 의해 추진되지 않는, 대안이 전혀 없는 삶의 경로를 걷고 있었다. 그가 마지막으로 (그리고 유일하게) 진정으로 자율적으로 행한 행위는, 규모 면에서는 협소하지만 엄청나게 파괴적인 효과를 낳은 행위는, 그의 일기에 잘 묘사된, 살인-자살이라는 행위를 통해 어느 정도의 내면의 안도감을 얻으려고 시도한 거였다.

찰리는 분명히 부모가 가하는 과잉 통제의 극단적인 사례다. 대부분의 경우, 제멋대로 놀도록 방치된 아이들은 자연스럽게 놀이를 할 것이고, 아이들이 안전하고 보호받는다는 느낌을 받도록 만드는 데 필요한 부모의 감독에는 어느 정도의 한계수준이 있다. 아이들에게 놀이를 허용하는 것은 아이들이 갖는 시간에 체계가 전혀 잡혀 있지 않다는 뜻도 아니다. 자유로이 놀아도 좋다는 허락의 일부는 안전하다는 느낌을 제공하기에 충분할 정도로 체계가 잡힌 환경에 있다는 사실에서 비롯되고, 그래서 아이들은 흉한 일은 절대로 일어나지 않을 거라고 자신한다. 환경의 자연스러운 질서를 바꿔 놓을 수 있는 자유 재량의 일부("우리, 이 차는 하늘을 날 수 있다고 치자" 혹은 "레고를 바닥에 커다랗게 쌓아놓고는 그걸로 뭘 만들 수 있는지 보자")는 놀이가 끝나고 나면 그 질서가 다시 복원될 것임을 아는 지식이다. 유치원에 다니는 아이들은 놀이를 중단하고 청소하는 것을 원치 않을 테지만, 매일 오전 10시에 개인적인 감정이 담기지 않은, 전혀 화를 내지 않는 목소리로 하는 '이제는 청소할 시간'이라는 말을 들으면, 그리고 청소 자체를 게임으로 구성하면, 아이들은 합리적인 경계선에 대한 논리를 느낄 것이고, 이런 일관성 안에서 편안해할 것이다.

감독과 자유라는, 질서와 무질서라는 아이들의 상반된, 그러면서 동시에 표출되는 욕구들 사이에서 균형을 잡는 걸 정말로 잘하는 사람을 지켜보는 것은 경이로운 일이다. 내 친구 민디 업튼(Mindy Upton)은 그런 놀라운 선생님이다. 그녀는 콜로라도 볼더에서 블루 스카이(Blue Sky)라는 유치원을 운영하는데, 그곳의 아이들에게는 많은 체계가 부과되지만, 아이들은 그 체계 내에서 자유롭다. 으뜸가는 선생님과 보육사가 그러는 것처럼, 민디는 무슨 일이건 게임으로 만들 수 있는 사람이다. 심지어 청소를 할 때도 즐거워하는 분위기가 눈에 확 들어온다. 민디 같은 우수한 선생님은 아이들이 겪는 계절이나 나이에 어울리는, 아이들을 격려하고 고무하는 의식(ritual)들도 제공한다.

많은 부족(tribe)에서, 질서와 자유를 제공하는 역할은 할머니에게 맡겨진다. 할머니들은 다른 어른들만큼 어찌할 바를 몰라 당황하거나 하지 않는다. 그래서 그들은 아이들이 본연의 모습을 표출하도록 놔둘 시간을 가질 수 있지만, 충분히 많은 경험을 한 사람들이라서 안전한 한계를 설정할 수도 있다. 심지어 우리 사회에서도, 할아버지 할머니가 아이들의 말에 진정으로 귀를 기울일 여유를 가진 사람인 경우가 잦다. 부모들은 마땅히 그래야 한다고 생각하는 존재의 틀에 자식들을 끼워 맞추려 애쓰느라 바쁜 경우가 잦다. 아마도 조부모는 우리의 진정한 모습을 보고는 우리가 그런 존재로 자라는 걸 도와주는 사람들일 것이다. 내가 열 살 때, 할아버지가 나를 데리고 시골로 드라이브를 갔던 것을 뚜렷하게 기억한다. 길가에 차를 세운 할아버지는 내가 잠깐 동안 차를 운전해 볼 수 있게끔 나랑 자리를 바꿨다. 할아버지는 가끔은 동이 트기 전에 나를 깨워 팬케이크를 먹자면서 작은 읍내로 데려갔고, 그리고는 들판으로 나를 데려가 총을 안전하게 다루는 법을 보여줬다. 할아버지가 당신의 22구경 반자동 총을, 당신이 "궁핍했을 때 겨울을 나게 해준" 총을 보여줬을 때, 나는 무엇인가를 발견했다는 경이로운 느낌을 받았다. 그 나이에 실제 총기를 만지는 건 터부였다. 그렇지만 할아버지는 내가 부모님이 기대하신 것과 다른 일을 하는 걸 허락했다. 부모님의 기대는, 지나치게 지배적이지는 않았지만, 할아버지의 기대보다 더 갑갑했다. 조부모님이 베푸는 이런 애정이야말로, 다른 동물들은 번식이 가능한 연령이 끝난 직후에 죽는 반면, 인간은 조부모가 되기에 충분할 정도로 오래, 오래 살 수 있는 이유일 것이다.

아이들이 학교에 입학하더라도, 자유로운 놀이의 중요성은 끝나지 않는다. 놀이 상태를 초래하는 모든 패턴이 나타나 성장과 유연성, 학습을 위한 중요성을 유지한다. 불행히도, 우리는 이 점을 잊거나 성공해야 한다는 강한 압박감 아래 놀이의 필요성에 집중하지 않는 쪽을 선택하는 경우가 잦다. '아동낙오방지법(No Child Left Behind, 2001년에 개정된 미국의 교육법으로, 일반교육 과정에서 낙오하는 학생이 없도록 하는 취지의 법률이다-옮긴이)'은 완벽한 사례다. 모든 아이가 특정 수준의 최소 교육을 확실히 받게 만든다는 것은 감탄스러운 (그리고 필요한) 목표이지만, 법을 집행하는 과정에서 교육에 접근하는 암기 위주의, 기술 훈련 위주의 접근방식을 제공하고 미술이나 음악 같은 '비필수적인' 과목들은 폐지하는 시스템에 학생들을 집어넣는 결과가 빚어지는 일이 잦다. 많은 학구(學區, school district)에서, 쉬는 시간과 체육 시간이 심각하게 축소되거나 심지어는 없어졌다.

놀이의 신경과학은 이것이 잘못된 접근방식이라는 것을 보여줬다. 오늘날의 학생들이 장차 이런 교육 접근방식이 그들을 위해 준비해놓은 암기식 학습보다는 훨씬 많은 진취성과 창의성을 요구하는 직무에 직면하게 될 거라는 점을 고려하면 특히 더 그렇다. 어떤 면에서, 이 법률은 학생들에게 20세기형 직무를 위한, 조립 라인 직무를 위한 준비를 시키고 있다. 그런 직무를 수행하는 노동자는 창의적이거나 영리할 필요가 없다. 그저 배정된 볼트를 배정된 구멍에 넣는 능력만 갖고 있으면 된다.

실제로, 자크 판크세프는 어린 동물에게서 놀이를 박탈하면 뇌의 성숙이 지연되거나 방해를 받을지도 모른다는 의견을 내놓았다. 특히, 그의 연구는 놀이가 뇌의 전두엽(frontal lobe)이 손상된, 자제력처럼 행동의 실행과 관련한 기능에 영향을 끼치기 때문에 인간이 겪는 주의력결핍 과잉행동장애(ADHD)의 모델로 생각되는 유형의 손상을 입은 쥐들에서 흔히 보이는 충동성을 줄여준다는 것을 보여줬다. 판크세프는 평범한 쥐에 대한 연구들도 수행하면서, 상당한 놀이 시간을 가진 쥐들의 뇌를 놀이를 박탈당한 쥐들의 뇌와 비교했다. 그와 그의 학생 니키 고든(Nikki Gordon)은 양쪽 세팅 모두에서 놀이가 전두엽에서, 뇌 성숙에 관여하는 것으로 여겨지는 단백질인 뇌유래 신경영양인자(BDNF, brain-derived neurotrophic factor)를 위한 유전자 발현을 증가시킨다는 증거를 발견했다. 판크세프는 놀이가 없으면 최적의 학습과 정상적인 사회적 기능, 자기 통제, 다른 실행과 관련한 기능이 적절하게 성숙하지 못할 거라고 주장했다.

그는 이 연구를 통해 거친 신체 놀이의 결여와 ADHD 사이의 연결고리를 제안하는 쪽으로 나아갔다. 실제로, 그와 동료들은 '거친 신체 놀이를 풍부하게 접하면' 전두엽이 손상된 쥐의 부적절한 과도한 장난기(hyperplayfulness)와 충동성이 줄어든다는 자신들의 발견에 기초해, 활기 넘치는 사회적 놀이 요법은 경미하거나 중간 수준의 ADHD 통제 충동성을 가진 아이들을 돕는 방법일지도 모른 다고 (또한 ADHD에 시달리지 않는 아이들에게도 유익할지도 모른다고) 제 안했다.

학습과 기억

많은 선생님이 아는 것처럼, 학습 자체가 놀이에 의해 향상된다. 이것이 배우기 어렵거나 따분하게 인식되는 과목을 가르치기 위해 교실에서 역할 놀이(role-play)나 시뮬레이션이 자주 사용되는 이유 다. 아이들은 날짜와 인명을 억지로 기억해야 할 경우에는 역사 과 목을 삭막한 과목으로 생각한다. 그런데 디플로머시(Diplomacy, 전략 보드게임-옮긴이) 게임을 하며 놀거나 식민지 시대에 변경에 거주하는 자신의 모습을 상상하게 놔두면 역사 과목은 생기를 띤다. 정말로 뛰어난 선생님은 수업내용을 전달하기 위해 유머와 아이러니를 사 용해야 할 때가 언제인지도 안다.

돌아가신 우리 브루스(Bruce) 삼촌은 콜로라도 그릴리에 있는 중 학교에서 과학과 사회, 수학을 가르쳤다. 삼촌은 수업 첫날에 오리 소리가 나는 피리(duck call)를 가져갔다. 아이들이 그건 뭐냐고 물으 면 대답했다. "비밀이란다. 이 피리에는 비밀스러운 힘이 있어." 이 후로 몇 주간, 삼촌은 오리의 생태와 이동 패턴 등을 커리큘럼의 일 부로 가르쳤는데, 그 피리를 교실에 꾸준히 가져가면서도 사용은 결 코 하지 않았다. 그러다가 오리 사냥 시즌이 시작되는 날, 삼촌은 자 기 아들을 길이 들었지만 야생오리처럼 보이는 청둥오리 무리와 함께 교실 밖에 배치했다. 삼촌은 경고도 않고는 피리를 입에 넣고 팡파르를 연주하는 것처럼 불었고(꽤애액! 꽤애액! 꽤애액!), 그러면 삼촌의 아들은 열린 창문을 통해 청둥오리들을 교실에 던져 넣었다. 30년이 지난 후 콜로라도와 퍼시픽 크레스트 아웃워드 바운드 학교들의 수장이 된, 이 수업을 들은 학생은 재능이 덜한 선생님에게서 배운 학생이라면 배우기는 했어도 오래 전에 까먹었을 청둥오리의 이동 패턴과 겨울철 서식지, 그리고 다른 많은 세부 정보를 여전히 기억하고 있었다.

이런 선생님들은 학생들을 즐겁게 해주는 것뿐이라고 말하면서 이런 학습 방법을 폄훼하는 사람들이 있다. 그런데 이게 뭐가 잘못됐나? 이런 방법을 쓰면 학습 내용이 다른 방법을 썼을 때만큼, 또는 그럴 때보다 더 잘 전달된다. 놀이는 학습의 적이 아니다. 학습의 파트너다. 뇌 성장을 위한 거름이다. 놀이를 활용하지 않는 것은 미친 짓이다.

우리는 나이를 먹는 동안 학습은 진지해야 마땅하다고, 과목들은 복잡하다고 배운다. 이런 진지한 과목들은 진지하게 공부해야 한다는 말을, 놀이는 그것들을 하찮은 것으로 만들 뿐이라는 말을 듣는다. 그런데 어떤 과목을 복잡한 문제부터 먼저 학습하게 만들다 보면 학생을 혼란에 빠뜨리고 의기소침하게 만들 수 있다. 음악을 좋아하고 피아노를 연주했을 때 들리는 소리를 좋아하는 당신은 우선 온음계(diatonic scale)부터 냉철하게 배워야 한다는 말을 듣는다. 때때로 복잡한 주제에 대한 감을 얻는 최상의 방법은 그냥 그 과목을 갖고 노는 것이다. 그것이 아이들이 컴퓨터 시스템을 어른들보다 빨리 배우는 경우가 잦은 이유다. 아이들은 이런저런 조작을 시도해보고 작동하는 게 무엇인지 확인하는 것을 겁내지 않는 반면, 어른들은 자신이 뭔가 잘못된 일을 할지도 모른다고 걱정한다. 아이들은 무엇인가 잘못된 일을 하는 것을 겁내지 않는다. 잘못된 일을 하면 거기에서 배우고는 다음에는 다른 방식으로 그 일을 한다.

학습과 기억은 놀이를 통해 학습이 이뤄졌을 때 더 강하게 고착되고 더 오래 지속되는 듯 보이기도 한다. 이것은 동물을 대상으로 한 테스트를 통해 객관화할 수 있는 가설인데, 다양한 교육 환경에서 빚어진 성과와 경과를 바탕으로 인간을 대상으로 삼아 검증할 수 있는 타당한 가설이기도 하다. 적절한 쉬는 시간과 이후에 올린 뛰어난 성적 사이의 관계는 이런 이점들을 뒷받침하는 듯 보이는 발견이다. 이것은 놀이가 총체적인 몰입을 요구하는 경우가 잦기 때문일 것이다. 놀이의 상태는 전적으로 즐거운 놀이 활동에만 관심이 집중되는 상태이고, 기억 고착은 고양된 관심과 감정적 보상과 밀접한 관계가 있는 것으로 드러났다. 더불어, 놀이는 뇌 전반에 걸친 여러 개의 지각 및 인지 중추(centers of perception and cognition)와 관련된다. 내 동료이자 미국놀이과학연구원(National Institute for Play Science)의 고문인 심리학자 스티븐 시비(Stephen Siviy)가 말했듯, 놀고 있는 쥐들의 뇌 속에서 "놀이는 모든 것을 환하게 밝힌다." 시비는 뉴런의 감수성과 생존력을 발전시키는 뇌의 특정 "초기 중개 유전자(intermediate early genes)"인 c-Fos 유전자에 한바탕의 놀이가 어떻게 영향을 주는지를 보여줬다. 시비는 놀이를 하는 쥐들의 전전두피질에서 이 유전자들이 활성화되는 정도를 확인하고는 깜짝 놀랐다. 그는 놀이가 이

전에는 약하게 연결됐을지도 모르는 뇌의 영역들 사이의 연결망을 강화하는 것을 통해 지식을 유지하는 능력을 강화하는 것이라고 추측했다.

미국에서 최장기간 방송된 어린이용 프로그램이 된 〈세서미 스트리트(Sesame Street)〉의 창안자들은 학습하는 동안 활기 넘치는 장난기가 발휘하는 위력을 오래 전에 파악했다. 1969년, 교육용 TV 프로그램을 만드는 데 관심을 가진 일군의 사람들은 기업이 제품을 파는 것과 동일한 방식으로 학습 내용을 전달하기로 결정했다. 요약하면, 의식적으로 상품 광고와 비슷하게 만든 기억하기 쉽고 기억에 남는 에피소드들로 프로그램을 구성하자는 거였다. 그들은 아이들에게 어필하는 유머를 활용했지만, 그들이 내놓은 대중문화 패러디는 어른들에게도 인기가 있었다. 제작자들은 원래는 인형이 등장하는 에피소드들과 길거리에서 촬영한 실사 신들을 따로따로 소개할 작정이었지만, 테스트 결과를 보니 관객들은 사람들만 등장하는 신에는 관심을 덜 보였다. 그런데 제작자들은 인형과 사람이 함께 등장할 경우, 출연한 사람은 아이들의 관심을 잃는 일 없이 온갖 현실적인 메시지를 전달할 수 있다는 걸 발견했다. 판타지와 실제, 농담과 교훈의 혼합은 지금까지 40년 넘게 시청자의 마음을 끈 효과적인 조합이었고, 이 프로그램은 수십 억 달러의 수입을 창출하며 많은 성공적인 장편영화의 제작과 개봉을 가능케 해줬고 조니 캐시(Johnny Cash, 미국의 싱어송라이터-옮긴이)부터 UN 사무총장 코피 아난(Kofi Annan)까지 폭넓은 게스트 스타들을 끌어모았다.

놀이라는 선물

다음은 온 세상의 부모들이 보고 또 보는 장면이다. 아이의 두 살, 또는 세 살 생일이다. 큼지막한 선물이 등장한다. 생일을 맞아 흥분한 아이는 상자를 열어보려고 포장을 찢어발기고는 부모가 애먹으며 찾아낸 완벽한 선물을 보려고 상자를 개봉한다. 그 선물은 아마도 지구상에서 제일 인기 좋은 장난감으로, 그걸 얻으려면 대기자 명단에 이름을 올려야만 하는 상품일 것이다. 아니면 부모에게 특별한 의미가 있는 자동차나 인형으로, 부모들 자신이 어렸을 때 갖고 놀던 물건일 것이다. 그것도 아니면 가보(家寶)라든가, 할아버지나 할머니가 쓰던 진짜 양철 트럭이나 도자기 인형일 수도 있다. 그런데 가족의 어린 천사가 장난감을 갖고 노는 것보다 상자를 갖고 노는 것에 더 흥미를 보이는 걸 보고는 속상해하는 가족들의 모습을 상상해보라.

부모들은 그런 반전에 행복해해야 마땅하다. 이 반전은 그들의 아이가 건전한 놀이 욕구(play drive)를, 나름의 판타지와 욕망에서 비롯된 놀이 욕구를 발달시켰다는 것을 보여주기 때문이다. 아이가 보기에 그 상자는 '빈 서판'이다. 상상력을 통과하고 나면 아이가 원하는 무엇으로건 탈바꿈할 수 있는 물건이다.

아이들은 이렇게 상상력을 발휘하면서 놀이에 접근하는 접근방식에서 벗어나라는 얘기를 자라는 동안 자주 듣는다. 처음에는 아이들에게 이런 대단한 장난감을 갖고 놀아야 마땅하다는 압박을 가하고 죄책감을 부여할지도 모르는 부모들이나 세상에 널리 퍼져있는 미디어 마케팅이 그렇게 가르친다. 나중에, 아이들은 히트한 영화나

TV 프로그램을 바탕으로 만들어진 장난감을, 그 캐릭터들은 어떤 존재들이고 아이들은 장난감을 어떻게 갖고 놀아야 하는지에 대한 아이디어들의 묶음이 사전에 결정된 채로 제작된 장난감을 얻게 된다. 이런 종류의 미리 형성된 시나리오는 아이에게서 나름의 이야기를 창작하는 능력을 앗아갈 수 있다. 아이는 그렇게 하는 대신, 어른들이 기대하는 표현과 대사를 흉내 내고 있다. 허황된 상상을 할 수 있는 기회를 잃는 것이다.

진짜배기 놀이는 우리 내면의 깊숙한 곳에서 솟아난다. 놀이는 전적으로 남들에 의해 형성되는 것도 아니고, 남들에게서 동기를 부여받아서 하는 행위도 아니다. 진정한 놀이는 외부세계와 상호작용하고 그 세계에 참여하는 것이지만, 근본적으로는 놀이꾼의 욕구와 욕망을 표출하는 것이다. 놀이는 내면에 있는 상상력에서 생겨난다. 그것은 놀이가 가진 적응력의 일부다. 약간의 즐거움을 가진 놀이는 우리의 심오한 생리학적, 감정적, 인지적 능력을 아우른다. 그리고 우리는 그것을 제대로 알지도 못한 채로 자란다. 우리는 내면에서 우리에게 영향을 주는 요소들을 조화시킨다. 우리가 마음이 우리를 한쪽 방향으로 끌고 간다고 느끼고 머리가 다른 방향으로 끌고 간다고 느끼는 지점에서, 놀이는 우리가 균형 잡힌 경로나 제3의 길을 찾아내게 해줄 수 있다. 모든 증거는, 놀이가 베푸는 최대의 보상은 그것이 우리 내면에서 자연스레 비롯됐을 때 찾아온다는 것을 보여준다.

놀이가 타고난 동기(motivation)에서 비롯될 때, 그때가 우리가 시냅틱 신경(synaptic neural)의 최대 성장에 대비해야 할 때다. 우리를 제일 심하게 사로잡는 이슈들을 받아들이는 때이자, 논리적인 목소리를 낼 수조차 없는 때다. 우리의 욕망과 욕구는 전의식(前意識)적으로, 이제 막 싹이 트는 단계이다. 놀이 행위는 그것들을 형성시키고 그것들에 숨결을 불어 넣는다. 어렸을 때 더 쉽게 확인할 수 있는 이 과정은 평생 동안 일어난다. 어린 사내아이가 소방차가 지나가는 것을 보면서 신나 하는 모습을 볼 수 있다. 그러고는 그 아이가 빨리 소방서에 가봐야겠다고, 장난감 소방차를 갖고 싶다고 목소리를 높일 때, 아니면 집안의 방바닥에 상상의 불을 지를 때 그 신난 모습을 다시 볼 수 있다.

우리는 아이들의 모든 일정을 짤 때, 어른들이 조직하고 어른들이 규제하는 어느 활동에서 다른 활동으로 아이들을 계속 실어 나를 때 아이들이 미래를 대비하는 것을 돕고 있다고 생각할 것이다. 당연한 얘기지만, 이런 활동은 어느 정도는 문화적으로 공인된 행동을 장려할 뿐 아니라 '좋은' 부모로서 우리가 수행하는 역할을 강화한다. 그런데 사실 우리는 아이들이 가진 제일 필수적인 재능과 지식을 스스로 발견하는 데 필요한 시간을 아이들에게서 빼앗고 있는 것일 수도 있다. 훗날 삶을 살아갈 원동력으로 만개할 활동을 위한 내적인 행동 동기에 접근하는 기회를 아이들에게서 앗아가고 있는 것일 수도 있다.

과거에 아이들은 하나같이 놀이를 스스로 조직해서 놀았다. 45세를 넘긴 어른들 대부분은 물웅덩이와 들판을 가로지르거나 도시의 거리를 돌아다니면서 스스로 탐험에 나섰던 기억을 갖고 있을 것이다. 그들이 부모로부터 받은 유일한 지침은 저녁 먹을 시간에, 또는 어두워지기 전에 집에 오라는 거였다.

내가 어렸을 때 하던 즉흥적인 게임(pick-up game)은 나라 곳곳에 있는 공터나 공원에서 자발적으로 불쑥 행한 전형적인 게임들이었다. 그런 게임은 무질서했고, 항상 기분 좋게 끝나는 것만은 아니었다. 그렇지만 그 게임들에는 나름의 스타일과 에티켓이 있었고, 개입과 역할 교대, 유연성, 규칙 변경이 시종일관 행해졌다. 무질서하게 보였음에도, 이 게임들은 모두가 합의한 전반적인 체계 속에서, 그리고 공정성이 존중하는 가운데 치러졌다. 모두가 받아들인 최소 수준의 부상 위험 아래 행해졌고, 나름의 보호 장치를 갖췄다. 이 게임들을 하는 과정에서 상당한 난장판이 벌어지고 큰소리가 났지만, 나는 그 게임들은 짜릿했다고, 그리고 노골적인 공격성이 표출되는 일은 없었다고 기억한다.

나는 이 게임들 덕에 내가 어떤 사람인지를 분명히 알게 됐다. 활달하고, 상처받기 쉬우며, 달리기가 꽤나 빠르고 몸놀림이 잽싸지만, 태클 전문선수처럼 배짱이 좋거나 우리 형처럼 용기 있는 블로커(blocker)는 아닌 아이. 내가 게임 중에 맞닥뜨리는 여러 어려움을 감당하려면 형과 형 친구들의 보호가 필요했는데, 형과 친구들은 기탄없이 나를 보호해줬다. 게임에 참가해 무리의 일원이 되는 것은 엄청나게 중요한 일이었다. 험악한 느낌을 받았던 걸 기억한다. 그런데 상처를 입은 경우에는 울어도 괜찮았다. 그렇지만 속임수를 쓰거나 투덜거리는 건 괜찮지 않았다. 우리 팀원을 놀림감으로 삼는 건 괜찮지 않았지만, 다른 팀 아이를 조롱하는 것은 괜찮았다. 팀원들이 게임 도중에 바뀔 경우, 그때는 조금 전까지 같은 팀에서 뛰던 팀메이트를 모욕하는 말을 하려 시도하는 것은 괜찮은 일이었다.

게임이 끝난 후, 우리는 좋은 플레이에 대해, 빼어났던 플레이에 대해, 믿기 힘들 정도로 운이 좋았던 플레이에 대해 떠들어댔다. 그 게임의 하이라이트 장면들을 말로 묘사하면서, 그런 플레이를 한 아이들이 그런 능력 덕분에 잠깐이나마 스포트라이트를 받아 환히 빛날 수 있게 해줬다. 멍청이들에게는 명확한 언어로 그들의 결점을 알려주기도 했다.

나는 아이들이 조직하고 지배하는 이런 경험들이 어른으로서 나 자신의 역량과 지각, 그리고 내가 나 자신을 보게 된 시각의 성장뿐 아니라 이 게임에 참여했던 다른 사내아이들 전원에게도 상당한 영향을 끼쳤다는 것을 입증할 수 있다. 더기 위버(Dougie Weaver)는 스타였고, 빅 텐(Big Ten, 미국 중서부와 동부지역에 있는 스포츠 명문대학으로, 원래는 10개 대학이었지만 지금은 14개 대학이다-옮긴이)에서 뛰는 하프백(halfback)이 됐고, 나중에는 명망 높은 코치가 됐다. 우리 게임의 다른 스타였던 리니 키스(Linnie Keith)는 고등학교에 진학하면서 운동 쪽에서는 빛을 잃었지만, 학구적인 관심과 자연을 만지작거리는 것을 좋아하는 성향 때문에 치의학(dentistry) 분야에 종사하게 됐다.

지금 와서 돌아보면, 놀이에서 영감을 받아 그린 나와 다른 아이들의 초상화는 우리 인생의 틀을 잡아준 다른 그 어떤 경험보다도 더 생생하고 지속적이며 인생을 더 잘 예측할 수 있게 해준 것 같다. 부모와 멘토들이 핵심적인 존재인 것은 확실하지만, 놀이를 통해 드러나는 자아야말로 핵심적인 **진짜배기** 자아다.

안타깝게도, 이런 종류의 활동은 갈수록 희귀해지고 있다. 오늘날 교외에서 자라는 아이들의 대부분은 음악 레슨에서 수학 과외로,

축구 경기로 수송되고 있다. 모두 어른들이 조직하고 감독하는 활동이다. 이게 완전히 잘못된 것은 아니다. 나는 아이들과 어른들 사이의, 아이들과 부모들 사이의 관계는 많은 면에서 내가 자라던 시절보다 훨씬 더 가까워졌다고 생각한다. 그런데 대단히 중요한 것도 사라졌다.

시카고 교외에 있는 옛 동네를 마지막으로 찾았을 때, 거기에는 공터도, 즉흥적으로 벌어지는 게임도 없었다. 대신, 어른들이 감독하는 청소년 스포츠와 분주한 아이들과 부모들이 많았고, 훨씬 더 근사한 차들이 훨씬 많았으며, 길거리에서 나는 소음은 적었고, 공기는 더 깨끗했으며, 길가 레스토랑에는 다양한 인종 집단이 있고, 으리으리한 빅토리아시대 양식의 주택들에서는 여러 가족이 살고 있었다. 내가 살던 세계와 똑같은 세계가 아니었다. 길거리에 있는 아이들에게 말을 걸었는데(아이들을 발견할 수 있었을 때 그런 것으로, 아이들은 대체로 차에서 내려 다음번에 겪을 모험을 향해 뛰어가고 있었다), 아이들은 대체로 세상물정을 더 잘 알고 말주변도 더 좋았다. 아이들은 휴대전화로 문자를 보내거나 통화하고 있었고, 어른을 상대할 때는 내가 기억하는 우리 패거리 중 누구보다도 더 편안한 모습을 보였다.

한편, 나는 열 살이나 열한 살 무렵의 아이들은, 오늘날의 축구장이나 리틀 리그 야구장에 있더라도, 그들 나름의 개인적인 놀이 영역(play domain)을 창출한다고 믿는다. 그 놀이 영역은 코치가 쳐다보고 있지 않을 때 그냥 빈둥거리는 것 같은 모습으로 보일 것이다. 자연의 놀이 설계(nature's design for play)는 지나치게 강렬하기 때문에 고려할 필요가 전혀 없는 것으로 치부할 수가 없다. 아이들은 자신들의 커뮤니티를, 사회화 패턴을, 개성을 주장하는 나름의 새로운 방식을 찾아낼 것이다. 최근에 어느 저널리스트가 자기 아이들과 아이들의 친구들을 어느 활동에서 다른 활동으로 태워다준 일에 대해 썼다. 그러는 동안 그는 뒷자리에 있는 아이들 무리가 이상하게 키득거리는 것을 감지했다. 더 자세히 알아본 그는 아이들이 어른이 앞에 있을 때 솔직하게, 그러나 은밀하게 '얘기를' 나눌 수 있도록 각자의 휴대전화로 문자를 주고받고 있다는 것을 알게 됐다. 아이들은 자유로이 사회화할 수 있는 나름의 사적인 놀이 지대(private play zone)를 만들어내고 있었다.

이런 상황을 접하면 아이들이 나름의 놀이를 만들어낼 때 따르는 위험에 대한 걱정이 들기 십상이다. 아이들이 내가 듣기를 원치 않으면서 주고받는 문자의 내용은 무엇일까? 상스러운 말일까? 부적절한 성적(性的) 대화일까? 누군가에게 상처를 주고 있는 걸까? 아이들을 자유롭게 돌아다니게 놔두면 아이들이 차가 다니는 도로에서 자전거를 타는 건 아닐까? 연못에서 익사하는 건 아닐까? 마약을 하기 시작하는 건? 태고 이래로 부모들이 씨름해 온 종류의 질문들로, 앞으로도 영원히 계속 제기될 질문들이다. 그런데 부모가 된다는 것의 일부는 아이들을 안전하게, 성공하게, 행복하게 만드는 우리의 능력에는 한계가 있다는 것을 인정하는 법을 배우는 것이다. 우리는 이것들을 모두 얻으려 분투해야 하지만, 결국 아이들은 자라면서 본연의 모습이 되는 법을 배울 것이다(우리 모두는 그러기를 희망한다). 모든 부모는 아이들이 자신들에 대해 더 안정적인 자신감을 품을 수 있게 해줄 놀이를, 내면에서 추동되는 놀이를, 자발적인 놀이를 발전시킬 필요가 있다. 이런 종류의 놀이에는 위험이 따르지만, 관찰을 통해 그 위험을 최소화시켜야 한다. 그렇지만 자유로운 놀이를 억압하거나 아이들의 활동을 완고하게 통제하려 애쓰다 보면, 내 오랜 경험상, 아이들의 미래의 건강과 성공, 행복에 훨씬 더 큰 위험을 안겨주는 결과를 맞게 될 것이다.

어른 되기: 청소년의 소포모어 의식
sophomoric rites of adolescence

그리스인들은 '소포모어(sophomore)'라는 용어로 청소년기의 패러독스를 완벽하게 포착했다. '소포모어'라는 단어의 문자 그대로의 뜻은 '지혜롭고 멍청한(wise-foolish)'이다. 청소년기의 아이들은 양립이 불가능한 정반대의 방향들로 끌려다닌다. 아이들은 분열된다. 청소년은 어른들의 책임을 떠맡을 거라는 기대를 받지만 어른들이 누리는 특권은 아직까지는 누리지 못한다. 그들은 자라서 어른이 됐을 때보다도 훨씬 더 뛰어난 놀라운 통찰력을 발휘할 수도 있지만, 한편으로는 지독히도 터무니없이 엄청난 판단 실수를 할 수도 있다.

결국, 청소년의 목표는 상호의존적으로 살아가는 세상을 잘 살아가는 데 필요한 기술을 습득하는 것에서 그치지 않고, 개성 있고 독특한 의식(sense)을 습득하는 것까지 아우른다. 아이들에게는 자신들을 부모에게서 분리시키는 동시에 부모와 밀접하고 애정 넘치는 관계를 유지해야 하는 과업이 있다. 따라서 그 시기가 힘들고 혼란스러운 시기인 것은 놀랄 일이 아니다.

청소년은 이런 과업을 수행하기 위해 새로운 뇌를 성장시킨다. 내가 한 이 말은 약간만 과장됐을 뿐이다.

신경과학자들은 출생 이후 잠들어 있던 완전히 새로운 뇌 유전자 세트(set of brain genes)가 사춘기에 켜진다는 것을, 그러면서 새로운 신경이 한껏 성장하고 대뇌피질의 뉴런의 나무(cortical neuronal tree)의 가지들이 태내에서 성장하던 시기 이후로는 비교할 상대가 없는 수준으로 가지치기를 당한다는 것을 보여줬다. 엉켜 있는 신경의 타래(neural tangle)가 작동하는 동안, 아이들은 세상을 독특하고 놀라운 방식으로 볼 수 있다. 다양한 표정을 담은 사진을 본 청소년들이 사진에 찍힌 사람들이 느끼고 있는 감정에 대해 매우 이상한 (그리고 틀린) 추론을 하는 경우가 잦다는 것을 여러 연구가 실증해서 보여줬다. 일상적인 자극을 이렇게 이상하게 지각하기 때문에, 10대들은 어떤 면에서는 세상의 나머지 사람들하고는 다른 현실을 살아가는 셈이다. 그런데 이것은 10대에만 국한돼서 일어나는 일이 아니다. 이런 식의 뇌 성장은 20대에 접어들어서도 계속된다. 우리 사회가 전통적으로 고등학교를 졸업하면서 끝나는 것으로 간주하던 청소년기를 그 시기 이후로까지 연장하고 있다는 점에서 이 사실은 특히 중요하다.

청소년기는 아이들이 진지해지라는 압박을, '유치한 것들은 치워버리라는' 압박을, 어른들의 세상에 들어설 준비를 하라는 압박을 받는 시기인 경우가 잦다. 그런데 나는 나이에 걸맞은 방식들로 놀기 좋아하는 활력을 유지하면서 이런 책임들을 떠맡는 방법을 배우는 것이 이 연령대에서 제일 중요한 과업에 속한다고 말하고 싶다.

이 말이 진정으로 뜻하는 바는 무엇인가? 수행해야 할 일이 그토록 많은 시기에 놀기 좋아하는 활력을 **유지하는** 것은 어떻게 가능한가? 아이들에게는 완료해야 할 숙제와 잔심부름, 스포츠 프로그램이 있다. 많은 가정에는 방과 후에 해야 할 일과 교회나 사찰에서 열리는 종교행사에서 맡은 책임, 그리고 식구로서 맡게 되는 다른 의무도 있다. 지나치게 많은 일을 하고 있지 않느냐는 질문을 받은 일부 아이들은 이런 과업 리스트를 보고는 이렇게 대답할 것이다. "이것도 하고 있고, 이것도 하고 있고, 여기에 적힌 일은 모두 다 하고 있어요."

많은 가정에서, 아이들이 열심히 공부하고 학업을 성취하는 동시에 잘 놀면서 나름의 즐거움을 찾아내야 할 필요성은 아이들이 대학에 진학할 나이에 가까워질수록 정점에 달한다. 이것은 결코 다루기 쉽거나 간단한 문제가 아니다. 부모들은 자식들에게 제공할 수 있는 최상의 기회를 제공해야 한다는 책임감을 느낀다. 최고 수준의 교육을 베푸는 것, 그리고 고등학교 2학년을 마칠 무렵이면 자기소개서에 채워 넣을 인상적인 스펙들을 적립하는 것을 돕는 것이 많은 가정이 지키려는 규범이다. 그런데 장난기 많은 내 친구 보웬 화이트(Bowen White) 박사 말마따나, 이 패턴은 "정상적이지만 건전하지는 않다." 대안은 무엇인가? 나는 당신의 아이들이 주도적으로 개인적인 선택을 할 수 있도록 현명하게 지도해주라고 조언한다. (고등학교에 입학하기 훨씬 전부터 시작되는) 초기에 기회가 많은 환경을 풍부하게 제공하고, 아이들이 초기에 한 놀이가 드러낸 자연스러운 선택들을 통해 직접 발생한 초기의 놀이 패턴을 따르라고 독려하라. 댄서이자 안무가인 질리언 린의 부모는 (처음에는 큰 문제로 보였던) 아이의 재능을 조기에 알아보고는 그 재능을 맘껏 발휘하라고 독려했다. 부모와 교육자, 기업의 리더, 그리고 다른 이들은 장기적으로 인생을 살아가는 데 필요한 기술과 그에 따른 보상인 성취감이, 그리고 당연히 성과가 강요로 얻어낸 성적보다 놀이와 관련된 활동의 부산물에 더 가깝다는 증거 앞에서 그 점을 납득해야 한다.

어떤 사람이 평생에 걸쳐서 하는 진정한 숙달(mastery)은 그 사람의 내면에 있는 놀이 나침반(play compass)에서 비롯된다. 부모와 선생님이 아이가 과업을 수행하지 못할 정도로 지나친 압박을 가하면, 아이는 자신이 능숙해졌다는 기분을 경험하지도 못하고 자신이 숙달됐다는 나름의 의식을 갖고 창조적인 행위를 하지도 못한다.

명문대학에 입학해야 한다는 압박감의 출처가 계급 상승을 노리는 부모의 야심이건 문화적 압력이건 경제적 필요건, 그에 따른 결과는 많은 고등학생이 자기소개서를 완벽하게 만들려고 추구하는 과정에서 즐기는 모든 것을 포기하는 것이다. 하버드를 졸업한 마이클 위너립(Michael Winerip)은 하버드 입학사정위원회 소속으로 영민한 어린 입학지원자를 인터뷰한 경험에 대한 글을 썼다. 그 학생은 평점이 4.0이고 SAT 점수도 높았으며 지역 호스피스에서 자원봉사를 했고 지역 교도소에서 읽기(reading)를 가르치려고 여름방학까지 포기했으며, 그 외에도 많은 일을 했지만(달리 말하면, 이력서가 완벽했지만), 입학 허가를 받지 못할 가능성이 무척 큰 또 한 명의 학생이 될 터였다. 하버드를 지원한 이런 '완벽한' 아이들이 무척 많기 때문이다. 부모들은 이 점을 알고, 그래서 이보다 더 완벽해지기를 기대한

다. 그 결과, 아이들에게는 극단적인 압력이 가해진다. 최근에 〈뉴욕타임스〉는 입학지원서에 적어 넣을 학점을 최대화하려는 목적으로 점심도 거르면서 공부하는 고등학교 아이들에 대한 기사를 실었다. 〈슬레이트(Slate, 미국의 웹진-옮긴이)〉에 최근에 실린 기사에는 이런 내용이 있다. "제일 집중적으로 게임을 한 아이들이 보상을 받는 경우가 잦다. AP(Advanced Placement, 고등학생이 대학 입학 전에 듣는, 대학이 인정하는 학점을 취득할 수 있는 고급 학습 과정-옮긴이) 코스 15개를 듣고, 오케스트라 세 곳에서 클라리넷을 연주하며, 여름에는 캄보디아 난민캠프에서 활동하고, 겨울 내내 점심을 거른 아이는 방과 후에 집 근처 공터에서 발야구를 한 아이보다 대학에 들어갈 확률이 실제로 더 높다."

이 기사가 보여주는 현실은 자유로이 선택한 놀이 기반 활동들이 장기적인 삶의 만족도에 기여한다는 사실이 제대로 인정을 받지 못하고 있다는 것이다. 나는 10년여 동안 매해 가을에 사전에 선정된 스탠퍼드대학 2학년생 집단을 상대로 놀이에 대한 세미나를 주최했고, 그 참가자들은 이후에 2주짜리 리더십 집중과정에 참가했다. 나는 이 학생들이 하나같이 똑똑한 모습을 꾸준히 보여준다는 사실을 인지했다. 그런데 스탠퍼드대학 입학을 위한 경쟁이 최근 들어 더욱더 치열해짐에 따라 그들이 느끼는 자율의식(sense of autonomy)이 줄어들었다는 사실도 인지했다. 그들은, 적어도 내 눈에는, 과거 몇 년 전에 만났던 학생들보다 진취성이 낮고 자발적으로 찾아내서 누리는 즐거움의 수준도 낮았다. 그들은 정보는 더 많이 가진 듯 보였지만, 그 정보들을 교수들을 기쁘게 해주기 위한 활동을 하는 데 꾸준히 활용하고 있었다. 몇 명의 예외는 있었지만, 내가 생각하기에 그들은 만성적인 놀이 부족에 시달리고 있었다. 게다가 (여전히 청소년인 상태에서도) 눈코 뜰 새 없이 바쁘고 압박이 심한 생활에, 높은 성적을 올리는 데 주력하는 생활에 너무 익숙해진 탓에 자신들이 학문적 탁월성과 성공을 추구하는 과정에서 놓친 것이 무엇인지를 알아차리지 못했다.

일리노이주 네이퍼빌 203학구(Naperville School District 203)는 보다 더 건전한 트렌드를 설정하고 있다. 존 레이티(John Ratey)는 획기적인 저서 『스파크(Spark)』에서 매디슨 중학교의 체육교육 책임자 필 롤러(Phil Lawler)가 체육교육에 다가가는 학교의 접근방식에 어떻게 혁명을 일으키기 시작했는지에 대해 썼다. 네이퍼빌에서 발전된 이 모델은 에어로빅 운동과 평생에 걸쳐 행하는 피트니스에 초점을 맞추면서, 신체적으로 활발한 생활을 영위하는 데 필요한 기술과 경험을 아이들에게 부여한다. 학교는 개인별로 다양한 접근방식을 취하면서 학생 각자에게 개인적인 피트니스 목표를 향해 나아가라고 독려한다. 학생들은 전통적인 게임과 활동을 비롯한 몸을 격렬하게 써야 하는 광범위한 놀이 외에도 암벽 타기, DDR(Dance Dance Revolution), 코스 시뮬레이터인 고정된 인터랙티브 자전거 같은 비디오게임 등의 더 참신한 놀이 활동에도 참여한다. 미국 학교가 고급 체육교육을 시행하도록 장려하는 활동에 전념하는 비영리 단체 PE4life는 네이퍼빌 모델을 채택했고, 현재 미국 전역의 학교에 PE4life 아카데미를 설립해서 그 모델을 전파하고 있다. 이 단체는 활동을 '선택'할 수 있게 해주면서, 놀이를 학습 프로그램의 필수적인 차원으로 도입하고 있다. 네이퍼빌 203학구 고등학교는 나이가 더 많은 아이들에 맞춰 수정한 중학교 프로그램을 지속시켜나가는 것을 통해 새로운 앞날을 열었다. 피트니스가 향상되면서 학업 성적도 극적으로 향상됐다. 운동선수가 아닌 학생들을 비롯한 모든 학생에게 심혈관 피트니스(cardiovascular fitness)를 소개하는 것으로 이 프로그램을 시작한 필 롤러는 아이들의 학업성적이 향상되는 것을 보고는 깜짝 놀랐다. 건강과 학업의 성공사례가 쌓이기 시작하면서 더 활기찬 활동들이 도입됐는데, 하나같이 스퀘어 댄싱을 비롯한 무척이나 활발한 활동들이었다.

따라서 내가 판단하기에, 네이퍼빌은 자기소개서에 추가할 수 있는 학업 코스를 더 많이 늘리고 체육 시간을 줄이거나 폐지하는 대신, 격렬한 신체 활동을 학업과 놀이에 결합시켰다. 심혈관 피트니스를 모니터하는 것이 이 프로그램들의 주요 요소였다. 아이들에게 (반드시 격렬한 에어로빅 운동이어야 하는) 자신이 할 활동을 **선택**하도록 허용해서 아이들이 재미있는 시간을 보냄에 따라 신체와 뇌 기능이 향상된다는 증거가 압도적으로 많다.

나는 아이들이 균형감각을 유지하게 만드는 것이 중요하다고 생각한다. 책임감을 갖는 것, 학교에서 좋은 성적을 받는 것, 그리고 10대에게 부여된 다른 모든 의무는 중요하다는 것을 인식하는 것도 중요한 일이지만, 그것들이 인생의 전부이자 제일 중요한 것은 아니다. 역설적이게도, 이것들은 모두 중요하지만 중요하지 않다. 현실하고는 약간 거리를 둔다는 생각, 아이러니한 생각(sense of irony)이 우리로 하여금 힘든 시간을 겪어낼 수 있게 해준다. 어른들은 이런 특징들을 모델로 삼고는 그 과정에서 나름의 삶의 질을 향상시킬 수 있다.

내가 말한 아이러니한 생각이라는 것은 세상을 바라보는 암울한 관점에서 비롯된 냉소주의(cynicism)를 뜻하는 게 아니다. 내 말은, 아이들이 자신의 모습을, 그리고 자신이 살고 있는 우스꽝스러운 세상을 보고는 깔깔거릴 수 있게 해주는 아이러니한 관점이다. 나는 아이러니한 관점을 강하게 유지하는 아이를 볼 때마다 생각한다. "이 아이는 앞으로 잘 살 거야." 인생에 대한 활기 넘치는 태도가, 인기나 경쟁적인 학업이나 어른들의 비판 같은 모든 것을 지나치게 심각하게 받아들이지는 않는 태도가 비결이다. 동시에, 철이 드는 것의 필요성에 전념하기, 법의 테두리 안에 머무르기, 과도한 리스크는 감수하지 않기, 중독 회피하기 등등도 비결이다. 내가 책을 추천하는 일은 드물지만, 이와 관련한 모범적인 책을 소개하려 한다. 조지프 미커(Joseph Meeker)의 『생존의 코미디(The Comedy of Survival)』로, 청소년을 (그리고 어른을) 이상적이지 않은(nonidealized) 세상으로 안내하는 빼어난 교과서다.

내가 아이들과 어른들 모두에게 자주 내놓는 탁월한 연습문제는 앞으로 5년이나 10년 후의 자신들의 인생을 상상해보라고, 변호사나 부자가 되고 싶은지 여부에 집중하는 대신, 그들을 정말로 행복하고 신나게 만들어줄 활동은 무엇일지에 집중해보라고 요청하는 것이다. 이것 자체가 일종의 상상 놀이다. 이 놀이는 사람들이 자신들의 일상생활에서 한 걸음 벗어나 더 큰 그림을 볼 수 있게 해준다. 또한 그들이 인생의 목표를 얼마나 간절히 원하는지를 명확하게 보게 해주고, 세상이 원하는 존재가 되는 데 필요한 요소들보다는 자신들의 진정한 핵심적인 자아에서 비롯된 요소들에 초점을 맞출 수 있게 해준다. 사람들은 이런 종류의 비전을 갖게 되면 그걸 현실화하려는 쪽으로 이동하려는 의욕을 갖게 된다.

나는 누구나 특정한 비전에 무지막지하게 매달려야 한다고는 생각하지 않는다. 무슨 놀이 활동을 하든, 사람은 임기응변과 세렌디피티에 개방적인 태도를 취해야 한다. 이 연습문제의 요점이 개인적인 발전을 위한 5개년이나 10개년 계획을 세우는 게 아니라는 걸 명심하라. 요점은 자신의 본연의 모습을, 그리고 어떤 종류의 미래가 자신의 감정에 열렬히 호소하는지를 명료하게 가다듬으라는 것이다. 제일 큰 보상을 안겨주는 활동과 관심사는 우리가 그것들에 우리 자신의 문을 활짝 열었을 때 환하게 빛을 발한다. 목표는 좋은 것이지만, 그런 목표를 지나치게 융통성 없이 추구하다 보면 성장과 이해력이 저해될 수도 있다. 우리에게 감정적으로 어필하는 것이 무엇인지를 발견하고 나면, 우리가 품은 제일 강한 감정은, 또는 제일 큰 울림을 남기는 감정은 앞날의 현실적인 경로를 창출하는 결과로 이어진다.

빌 게이츠(Bill Gates)가 하버드를 떠난 건 컴퓨터를 사랑했기 때문이다. 손을 써서 하는 놀이의 중요성을 JPL에 보여줬던 네이트 존스는 자동차를 좋아했다. 오프라 윈프리는 자신의 재능을 인식하고 그것들과 함께 성장했다. 은퇴한 야구 스타 오지 스미스(Ozzie Smith)는 지붕 위로 공을 던지고 그것들을 쫓아다니던 꼬마 시절에 메이저리그 선수로 뛰는 자신의 모습을 상상했다. 이것들은 의식적으로 세운 10개년 계획이 아니라 감정이 듬뿍 담긴 선택들이다.

스포츠와 어른이 조직한 다른 활동들은 지나치게 과도한 수준이 될 수도 있다고 생각하지만, 스포츠는 10대 시절 동안 활기찬 생활을 할 수 있게 해주는 강력한 트레이닝일 수도 있다. 스포츠는 공동의 목표 아래 단결된, 준비된 또래 집단을 제공한다. 역경에 맞서 투쟁하는 법을 가르친다. 승산이 도저히 없어 보이는 경우에조차 말이다. 어른이 조직한 스포츠라 하더라도, 경기를 제대로 치른다면 반드시 놀이와 반대되는 활동(antiplay)인 것은 아니다.

나는 모델 스포츠 프로그램을 생각할 때면 여섯 살부터 아홉 살까지 아이들에게 하키를 지도하는 코치인 게리 아비치오우스(Gary Avischious)를 떠올리는 경우가 잦다. 그는 지도할 팀을 특정한 목표 없이 되는대로 결성한다. 그는 재능 있는 아이들을 선발하지 않는다. 그래서 그 결과로 재능의 정도가 들쭉날쭉한 아이들로 구성된 팀이 생긴다. 그는 아이들과 곧바로 게임을 뛰는 것으로 지도를 시작하지 않는다. 아이들에게 롤러블레이드를 신기고는 시내 이곳저곳의 인도와 빈 주차장에서 머리 위로 하키 스틱을 올린 채로 스케이트를 타라고 지시한다. 스케이트를 신고 잔디가 깔린 언덕을 오르라고 지시한다. 그러면 아이들은 넘어질 수도 있지만 다치지는 않는다. 아이들은 재미있는 시간을 보내면서, 스케이트를 타고 물건들을 돌아가는 법과 뒤로 스케이트를 타는 법을 배운다. 이런 활동은 아이들이 기술을 쌓을 수 있게 해준다. 게리가 아이들 각자의 성격에 대한 감을 잡을 수 있게도, 그리고 별도의 도움이 필요한 아이가 누구인지 포착할 수 있게도 해준다. 그리고 이 활동들은 아이들이 하나의 팀으로 똘똘 뭉치게 만들어준다.

마침내 링크에 들어선 아이들은 곧바로 퍽(puck)을 사용하지는 않는다. 소형 미식축구공을 사용한다. 이 공은 통제하는 게 거의 불가능하다. 그래서 아이들은 움직이고 패스하는 느낌을 얻을 수 있지만, 엉망진창의 플레이를 하더라도 창피하다는 생각은 하지 않는다. 아이들은 퍽을 사용할 무렵이면 패스에 더 익숙해져 있고, 퍽은 다루기가 훨씬 쉽다는 걸 알게 된다. 아이들은 퍽을 패스하고, 패스하고, 또 패스해야 한다. 그렇게 여러 차례 퍽을 패스한 후에야 연습경기에서 골대를 향해 슛을 시도할 수 있다. 이 시점에서, 아이들은 자신들이 지금까지 코치에게 받은 것은 온통 긍정적인 피드백뿐이었다는 것을 깨닫는다. 마침내 실전을 뛸 준비를 마쳤을 무렵, 아이들은 에너지와 기술을 갖춘 팀으로서 함께 뛰는 법을 배우고 경쟁의 재미를 고대하는 상태가 돼 있다. 스타덤(stardom)이 아니라 개인적인 실력의 향상에 대한 인정이 상호 존중을 위한 측정기 노릇을 한다.

그 결과, 게리가 지도한 팀은 지난 15년간 그 지역의 챔피언에 13번 등극했다. 그런데 그보다 더 중요한 건, 아이들은 이기건 지건 플레이하는 걸 무척 좋아한다는 것이다. 나는 그 팀이 우승하지 못한 어느 해에 결승전이 끝난 후에 열린 연회에 갔었다. 연회장에서 게리의 팀과 우승팀은 가까이 놓인 테이블에 앉아있었다. 그런데 두 팀의 모습은 두드러질 정도로 대조적이었다. 게리의 팀은 깔깔거리고 장난을 치면서 끝내주는 시간을 보내는 반면, 우승팀은 축 가라앉은 분위기에 심각한 모습이었다. 그 팀 멤버들은 우승을 즐기고 있는 것처럼 보이지 않았다. 우승팀 코치는 이 연령 그룹을 지도하기에는 지나치게 근엄한 사람이었다. 항상 타이 차림이었고 빈틈은 전혀 보이지 않으면서 꾸준한 기술 훈련을 통해 팀을 운영했다. 그들은 우승팀이었지만, 두 팀을 지켜보는 사람은 누구라도 게리의 아이들이 챔피언이라고 생각했을 것이다. 실제로, 게리의 팀에게 다가간 웨이터는 트로피를 따낸 기분이 어떠냐고 물어보기까지 했다. 아이들은 행복한 표정으로 자기들은 결승전에서 졌다고 대답했다.

운동선수들은 자신의 신체적 재능에 대한 피드백을, 그리고 경기에 참가하고 승리하고 패배하고 공정한 플레이를 할 때 어떤 기분인지에 대한 피드백을 제공한다. 그리고 스포츠 경기는 게임이기 때문에, 그래서 경기 결과가 우리의 웰빙에 물리적으로 영향을 주지 않기 때문에 (또는 영향을 줘서는 안 되기 때문에) 우리에게 살면서 겪게 되는 다른 투쟁들에 대한 관점을 제공한다. 우리 사회가 스포츠에 집착하는 것은 놀랄 일이 아니다. 프린스턴대학교 전임 총장인 윌리엄 보웬(William Bowen)은 언젠가 운동선수들이 대학에 입학할 때 받는 특혜(낮은 SAT 점수 합격선, 별도의 경제적 지원)가 불공정한 것인지를 결정하기 위한 대규모 통계 연구를 수행한 적이 있다. 하나의 집단으로서 운동선수가 대학을 졸업한 후에 다른 일반 학생들에 비해 재정적으로 더 뛰어난 활동을 한다는 것을 발견한 보웬은 깜짝 놀랐다. 그는 이 현상의 원인으로 스포츠가 길러주는 추진력과 에너지를 꼽았다. 다른 연구들은 대학생 때 (반드시 학교를 대표하는 선수 수준은 아니더라도) 스포츠에 참여했던 사람들이 이후 인생의 정신 건강이 훨씬 좋다는 것을 실증으로 보여줬다.

우리 사회는 어린 시절에 집단의 성격을 구축하는 필수적인 활동으로서 스포츠에 초점을 맞추는 일이 잦지만, 10대들이 건설적인 또래 집단을 구축할 수 있는 다른 무대도 많다. 연설과 토론, 연극 공연, 수학 클럽, 미술, 밴드, 오케스트라도 비슷한 생각을 하는 아이들의 집단에 소속돼 놀이와 탐구를 할 포럼을 제공한다. 30년 전에 실리콘밸리에서는 집에서 컴퓨터를 조립하는 클럽이 꽤나 흥했었다. 요즘 실리콘밸리의 아이들 사이에서는 로봇공학이 대단한 인기다 (경쟁이 믿을 수 없을 정도로 치열하다). 이것은 오늘의 장난감이 어떻게 내일의 기술이 되는지를 보여주는 또 다른 사례일 뿐이다.

아이에서 어른으로

청소년에서 성인으로 이행하는 과정에서 겪는 통과의례는 특정한 변화들을 수반한다. 통과의례에는 자신감이 동반된 자아의식(sense of self)의 성취가 포함된다. 그리고 규범과 결별하면서 나름의 경로를 만들어내고 역경을 대면하며 사회에 요긴한 기여를 하는 것이 포함된다. 신화(神話)에서, 귀환하는 영웅은 더 성숙해지고 강인해져서 돌아올 뿐 아니라 커뮤니티에 유익한 새로운 무엇인가도 가져온다. 이것이 인류의 역사 내내, 민담과 신화에서뿐 아니라 현실에서도, 일어났던 일이다.

나 자신의 통과의례에 용(龍)이 등장하거나 하지는 않는다. 그렇지만 내 통과의례에도 난제는 여전히 많았다. 열다섯 살 때 시카고 남부의 극빈층 동네에 청과물을 배달하는 일자리를 얻었다. 부모님은 내가 거리 아래쪽에 사는 번창하는 잡화점 주인 밑에서 일하고 있다는 건 알았지만, 내가 잡화점에서 하는 일을 정말로 상세하게 알지는 못했다. 나는 주말이면 낡은 4층짜리 아파트 건물들이 장악한 여러 인종의 블루칼라가 거주하는 동네에서, 대부분이 (엘리베이터도 없고 난방도 되지 않는) 꼭대기 층에 사는 굉장히 식구가 많은 대가족들에게 잡화가 담긴 커다란 상자들을 배달했다. 손님이 가게에서 상당한 액수를 구매하면 물건을 무료 배달해주는 것이 그 가게의 거래조건이었다. 거주자가 지나치게 많고 냄새가 무척 심한 아파트에는 전후(戰後)에 시카고에 몰려든 다양한 인종의 저소득층이 뒤섞어 살고 있었다. 거기에는 죽어가는 고령자, 정신지체자, 알코올중독자, 장애인, 미국 도처에서 시카고에 막 도착한 사람들이 있었다. 그들은 하나같이 가난했고, 매주, 또는 격주로 잡화상에서 배달해주는 품목들을 일일이 검사하는 일을 열심히 하는 여성 가장(家長)이 세대마다 있었다. 내가 달걀을 깨뜨리기라도 하면, 그것은 모두가 가슴 아파하는 비극적인 사건이 됐다. 나는 그들이 거주하는 꼭대기 층에 올라가려고 기를 쓰면서 긴 하루하루를 보냈다.

이 일자리를 얻기 전까지는 사람들이 그렇게 산다는 사실을 몰랐다. 이곳이 위험한 일이 자주 벌어지는 지역이라는 것도 (무분별한 젊은 기사騎士인) 나로서는 결코 제대로 알기 힘든 사실이었다. 그래도 나는 비좁고 어두운 계단을 올라 꼭대기 층까지 층층이 쌓인 상자들을 배달하기에 충분한 힘이 나한테 있다는 사실을 한껏 즐겼다. 매시간 주차 문제로 씨름을 해야 했다. 경찰한테 딱지를 끊지 말아 달라고 하소연했고, 가게주인의 신형 머큐리 스테이션왜건이나 점점 부피가 커져가는 내 지폐뭉치(모든 배달은 현금으로 거래됐다)를 훔치려는 시도는 무엇이건 저지했다.

나는 이 경험을 하면서 세상에 눈을 떴고, 이 경험은 나를 바꿔놓

왔다. 힘들거나 위험한 상황에 대처할 수 있는 능력이 나에게 있다는 걸 알게 됐다. 물론, 지금 와서 돌이켜보면 그 시절의 나는 그곳이 대단히 위험한 지역이라는 사실을 제대로 이해하지 못했다는 것을 알 수 있다. 부모님은 그 사실을 알았다면 내가 그 일을 하는 걸 허락하지 않았을 것이다. 그 시절의 부모들은 요즘 부모들처럼 아이들을 보호하며 책임져야 한다는 생각을 심각하게 하지는 않았던 것 같다. 그런데 오랜 동안 쌓은 개인적인 경험이라는 렌즈를 통해 돌이켜보면, 그때가 내가 목격한 사람들의 분투와 페이소스에 활발하게 동일시하는 것에 눈을 뜨게 해준 좋은 시기였음을 깨닫는다. 나는 도심의 빈곤 지역에서 청과물을 배달하는 고등학생에 불과했지만, 이 모험은 나로 하여금 앞으로 살아가는 동안 운전 실력을 완벽하게 가다듬는 것보다 더 긍정적인 일을 하라고 선동했다. 신나고 점점 규모가 커져가며 전체적으로 재미있는 이 통과의례는 오늘날에도 열정적으로 지속되고 있다. 우리의 삶에 중요한, 놀이에 대한 확장된 관점을 이 책을 통해 다른 이들에게 안겨줘야 한다고 느끼는 열정과 함께.

우리 모두에게, '길이 없는 숲으로 들어가는 것'은, 그리고 우리 자신의 길을 발견하는 것은 우리 자신을 변화시키는 경험의 필수적인 일부분이다.

아웃워드 바운드(Outward Bound) 프로그램은 실제로 존재하는, 그렇지만 리스크를 통제한 활동들이 포함된 프로그램의 좋은 사례다. 그 리스크는 항상 리더보다는 참가자들에게 훨씬 더 크게 느껴진다. 나는 그런 통과의례가 아이들을 어떻게 바꿔놓을 수 있는지를 목격했다.

내 친구에게는 열여섯 살짜리 아들이 있었는데, 그 아이는 좋은 의도에서 행한 일로 아이의 기를 꺾어놓기 일쑤인 부모의 커다란 걱정거리였다. 해리(Harry)라는 이 아이는 무척 영리했지만 가식적인 카우치 포테이토로, 비디오게임에 담긴 음울한 주제들에 사로잡혔고, 대단히 심각한 실존적인 문학에 매력을 느꼈다. 아이는 사춘기 아이 특유의 기질에 단단히 붙잡혀 있는 게 분명했다. 그때 나는 아웃워드 바운드 이사회에서 활발하게 활동하고 있었고, 그래서 당시 노스캐롤라이나의 산악지대에서 진행되는 프로그램이 잘 지휘되고 엄격하며 안전하다는 걸 알고 있었다. 나의 조언에 따라, 해리의 부모는 (해리의 가벼운 저항만 겪고는) 해리를 그 프로그램에 입소시켰다. 도시에서 자란, 남녀가 섞인 열여섯 살짜리 아이들 집단은 아침을 푸짐하게 먹은 후 멀리 떨어진 야영지로 출발했다. 아이들은 물을 비롯한 무거운 짐을 운반하고 있었지만, 그 짐에 식량은 없었다. 오전 10시쯤, 지치고 허기진 해리는 걸음을 멈추고는 먹을 걸 달라고 요청했다. 리더는 말했다. "나중에, 한참 있다가." 해리 입장에서, 이것은 배가 고픈데도 간식을 먹을 수가 없는, 생전 처음 겪는 일이었다. 흐음, 그날은 길었고, 심각한 피로감이 아이들을 덮쳤다. 그러다가 오후 4시쯤, 아이들은 무척 지치고 허기진 상태로 야영지에 도착했다. "여기, 저녁이다." 리더가 공표했다. "불을 피우고 조리해라!" 사전에 보관해둔 살아있는 닭이 가득 담긴 자루와 감자 부대가 아이들 앞에 놓여졌다. 난장판이 벌어졌다. 살아있는 닭을 잡아 조리할 준비를 하는 법을 아는 아이가 아무도 없었기 때문이다. 그런데 허기와 피곤은 영장류가 육식동물로 돌변하는 것에 대한 거부감을 압도했다. 오후 7시쯤에 털이 뽑힌 닭들은 꼬챙이에 꿰어져 불 위에 올려졌고, 배고파 죽을 지경이던 아이들은 허겁지겁 배를 채웠다.

예상하지 못한 도전적인 (그러나 수행할 수 있는) 과업이 가득했던 이 특별한 아웃워드 바운드 투어는 3주일 반 동안 이어졌고, 12.8킬로미터 길이의 구보 행군으로 끝을 맺었다. 해리는 프로그램을 수료했다. 그는 이 경험을 마무리하며 자신에 대한 새롭고 자신감 있는 이미지를 갖게 됐다. 그는 과거를 결코 돌아보지 않았다. 사람이 바뀐 그는 지금은 뛰어난 트라이애슬론 선수이자 의대생이다. 그는 자신의 변화를 멘토들의 가르침과 자연을 직접 경험한 덕으로 돌렸다. 이 경험은 처음에는 압도적인 경험으로 시작됐지만, 점차 재미있어지면서 성공적인 초기 성인기로 들어가는 입구를 제공했다. 일부 부모는 자립심을 배우는 데 필요한 독립적인 활동을 아이들에게 허용하지 않는다. 나는 아이들이 써서 제출해야 하는 연구 논문을 여전히 직접 작성해주는 부모를 많이 봤다. 그런데 그 아이들은 대학생이었다. 아이들 중 일부는 정상급 대학을 우등으로 졸업했지만, 그러고 나서는 길을 잃었다. 그 아이들은 자기 본연의 모습을 제대로 알지 못했다. 그걸 스스로 찾아본 적이 결코 없었기 때문이다. 그 아이들은 사람들하고는 능숙하게 교류한다. 어떻게 하면 남들을 기쁘게 해줄 수 있는지를 잘 알기 때문이다. 그 아이들의 상사와 옛 선생님들은 그 아이들을 사랑한다. 그렇지만 아이들이 내면에서 느끼는 감정은 공허감이고 불완전하다는 기분이다.

청소년기가 초래하는 마지막 잠재적인 변화가 하나 있는데, 그것은 아이들의 변화가 아니다. 부모로서 행해야 할 일들의 상당 부분이 용케 그럭저럭 수행되고 있다. 식사는 균형이 잡혀있고 학업은 잘 이뤄지고 있는지 확인하면서, 책임감과 관대함을, 옳고 그른 것을 가르치려고 노력하면서 말이다. 그런데 우리 인생에는 인생에서 정말로 중요한 것에 대한 지식을, 누군가의 눈을 쳐다보고 상대와 자신 있게 악수하는 법에 대한 지식을, 비전을 갖고 목표를 선명하게 설정하고는 그것들을 획득하기 위한 수련을 하는 법에 대한 지식을 자식들에게 전달하는 시기가 있다. 어른들은 아이들에게 이런 것들을 알려주는 와중에 가끔은 최상의 상태에 있는 우리 자신의 자아를, 그리고 우리가 자신의 삶을 어떻게 하면 더 잘 살 수 있는지를 힐끔 엿보게 된다.

부모 노릇을 하는 것에 따르는 즐거움과 고통의 일부는 자신에게서 부모님의 모습을 보는 것이고, 우리의 목소리에서 그분들의 장점과 결점이 되풀이되는 것을 보는 것이다. 즐거움과 고통은 자식들에게서 우리 자신의 모습을 보는 것에서도, 그리고 그 아이들의 경험에 반영된 우리 자신의 행복한 나날들과 가슴 아픈 트라우마들을 보는 것에서도 비롯된다. 우리가 본연의 모습을 완벽하게 이뤄내지 못했거나 지나치게 심각하게 세상을 살고 있다면, 우리는 아이들이 스스로 노는 법을 떠올릴 수 있도록 도와줄 경우 아이들이 더 즐거운 삶을 살 수 있게 도와주는 일을 더 잘 해내는 셈이라는 걸 확인할 수 있다. 자기평가(self-evaluation)에 개방적인 태도를 취한다면, 그리고 인생의 기회들을 향한 밝은 마음가짐으로 그런 태도를 취한다면, 놀이를 하는 방법을 제대로 찾아내게 될 것이다.

5장

놀이의 반대말은
일하지 않는 게 아니다

내 동료인 바버라 브래넌(Barbara Brannen)은 30대에 탄탄대로에 제대로 오른 듯 보였다. 병원과 테크놀로지기업의 인적자원(HR) 담당 임원인 그녀는 오랫동안 꾸준히 승진해 왔다. 그녀는 행복한 결혼생활을 하면서 아이를 한 명 낳고는 다시 또 한 명을 낳았다. 아이들이 자라는 동안, 커뮤니티 활동에 더 많이 참여해야겠다고 느낀 그녀는 지역 푸드 뱅크에서 자원봉사 활동을 시작했고, 학부모회(PTA) 회장이 됐으며, 콜로라도 트레일(Colorado Trail, 콜로라도 주에 있는 782킬로미터 길이의 장거리 트레일 코스-옮긴이) 재건을 도왔고, 그녀가 속한 전문가 협회의 회장이 됐다. 그녀는 아이들을 플레이데이트(playdate, 부모들끼리 잡는 자녀들의 놀이 약속-옮긴이) 한 곳에서 다른 곳으로, 체계적인 활동 한 곳에서 다른 곳으로 실어 나르는 데 더욱 더 많은 시간을 썼다. 그러던 어느 순간, 그녀는 자신이 즐기던 라켓볼과 스키를 타는 데 쓰는 시간이 적다는 걸 깨달았다. 어느 순간부터는 주말에 장을 보고 빨래를 하는 게 엄청난 과업을 수행하는 것처럼 느껴지기 시작했다. 친구들과 술을 한잔하면서 장시간 퀴즈게임을 하는 파티를 기획했지만, 이런 활동들도 시들해지기 시작하면서 이런 모임도 덜 갖게 됐다. 이후로 한동안, 그녀와 친구들은 지나치게 피곤한 탓에 TV로 영화를 보면서 식물인간처럼 지내는 것이 자기들 휴식 시간의 하이라이트가 됐다는 걸 알게 됐다. 친구들과 전화로 수다를 떠는 것이 그녀의 사회생활의 대부분을 차지했는데, 통화내용은 살림살이와 아이들, 날씨, 생활에 대해 하소연하는 게 전부였다.

그녀의 생활이 완전히 붕괴된 것은 크게 놀랄 일이 아니었다. 그녀는 과로 탓에 팔을 다쳤다. 뼛속 깊이 스며든 슬픔을 느끼기 시작했는데, 그 슬픔은 예전에 영위했던 즐거웠던 삶을 살아가는 능력이 사라졌다는 사실에서 비롯된 거였다.

대학에서 미술을 전공한 제이슨(Jason)은 보석(jewelry)세공에 푹 빠지게 됐다. 그는 디자인이 구현하는 가능성을, 보석세공사가 작업 대상으로 삼을 수 있는 무수히 많은 재료를, 디자인을 열매 맺게 만드는 데 필요한 뛰어나고 섬세한 장인(匠人)의 솜씨를 무척 좋아했다. 그는 보석세공의 명장 밑에서 2년을 도제로 일한 후 캘리포니아 팔로알토(Palo Alto)에 자기 소유 매장을 열었다. 제이슨은 엄청난 성공을 거뒀다. 자신이 원하는 것이 무엇인지를 정확하게 이해하는 사람들과 가까이 작업하면서, 패물을 직접 디자인한 후 원석을 구해서는 그것을 제품으로 만드는 데 공을 들였다. 그는 사람들이 비전을 실현하는 것을 돕는 과정에서, 그러고는 꿈을 현실로 탈바꿈시키는 마술을 부리는 마술사로 변신하는 과정에서 늘 짜릿함을 느꼈다. 그런데 오랜 세월이 지난 후, 그는 불완전하다는 느낌을 받기 시작했다. 일솜씨가 탁월하고 그 일솜씨 덕에 찬사를 받았음에도 말이다. 사람들과 일하는 것은 마음에 들었지만, 매장에서 홀로 오랜 시간을 보내는 것은 고역처럼 느껴지기 시작했고, 그런 기분은 시간이 갈수록 커져만 갔다. 그 기분을 무시하려 애쓸수록, 일은 더욱 더 무거운 짐짝처럼 느껴지기만 했다. 결국 그는 작업장에 가고 싶다는 생각이 눈곱만큼도 들지 않는 지경이 됐다. 패물을 쳐다보는 것조차 싫었는데, 이건 보석세공인에게는 심각한 핸디캡이었다.

고등학교를 졸업하자마자 레스토랑에 취직한 마크(Mark)는 레스토랑 일이 무척 좋았다. 레스토랑 주인은 마크가 열심히 일하는 모습에 강한 인상을 받았지만, 정작 마크는 자신이 열심히 일하는지 여부에 관심도 없었다. 레스토랑에서 하는 여러 일과 레스토랑의 시스템을 배우는 게 마냥 좋았을 뿐이었다. 그러던 중에 마크는 티가 확 나지는 않지만 레스토랑의 생존을 결정하는 핵심적인 세부 사항들을 개선하자는 제안을 내놓는 재능이 자신에게 있다는 걸 알게 됐다. 그는 식사의 질을 떨어뜨리지는 않으면서 식사의 단가를 낮추는 쪽으로 메뉴를 바꾸자는 제안을, 빈 그릇을 치우는 담당자의 업무 스케줄을 변경하자는 제안을, 심지어 일반 쓰레기와 재활용 쓰레기를 분류하고 정리하는 시스템을 바꾸는 일 같은 효율과 수익을 제고하는 아이디어들을 내놓았다. 레스토랑 구석구석을 살펴볼 때마다 흥미로워 보이는 일이 눈에 들어왔다. 레스토랑 사업의 모든 부분이 그가 풀어낼 수 있는 퍼즐처럼 보였다. 동시에, 그는 재미있는 시간을 보내고 있다고 느꼈다. 주방 일꾼들과 서빙 인력들과 농담을 주고받았고, 업무에 지장을 주지 않는 방식으로 빈둥거렸다. 그러면서 시간은 쏜살같이 흘러갔다.

그는 오래지 않아 승진했고, 그러고서 다시 승진했다. 주인이 그를 더 많은 책임을 지는 지배인 자리에 앉히자, 농담 따먹기를 하며 돌아다녀서는 안 된다는 생각이 들기 시작했다. 남들이 빈둥거리지 못하게 막는 것이, 그래서 일을 더 많이 하게 만드는 것이 자신의 소임이라고 느끼기 시작했다. 불만을 늘어놓을 권리를 가진 사람은 아무도 없다고 느꼈다. 그 자신이 누구보다 열심히 일하고 있었기 때문이다. 오후 11시에 레스토랑이 문을 닫으면, 그는 사무실에 몇 시간 동안 앉아 청구서를 검토한 후 축 늘어진 채로 귀가했다. 주방에서 묻은 얼룩을 씻어내려고 샤워를 할 기력조차 없이 잠자리에 들었다. 그러고서는 식자재 배달을 감독하러 오전 8시 이전에 레스토랑으로 돌아갔다. 어느 날 아침, 그는 아침 식탁에 앉아 커피를 마시면서 시계의 분침이 똑딱거리는 걸 멍하니 지켜보기만 했다. 오전 8시가 되고, 9시가 되더니, 10시가 됐다. 아픈 데는 없었지만, 진이 완전히 빠진 그는 테이블에서 일어날 기력을 짜낸다는 생각조차 할 수가 없었다. 그의 머릿속을 계속 흘러가는 의문은 그에게는 무척 새로운 것이라서, 그는 지금껏 그런 생각에 방해를 받는 건 세상에 자기 혼자뿐일 거라는 생각을 하기에 이르렀다. 그런데 그것은 무척 많은 사람들이 결국에는 묻게 되는 질문이었다. 인생살이는 이게 전부인가?

이 사람들, 그러니까 바버라와 제이슨, 마크는 놀이의 반대말은 일(work)이 아니라는 중요한 사실을 보여주는 본보기다. 놀이의 반대말은 우울함(depression)이다. 압도적인 책임의식이 다양한 것을 추구하고 도전적인 활동을 하려는 우리의 타고난 욕구를 묻어버릴 수 있다. 삶의 양념 같은 이런 요소들이 장기간 사라지면, 남는 건 빈약해진 영혼뿐이다.

놀이와 일은 정반대쪽 위치에 존재하기는커녕, 상호보완적이다. 그것들은 우리 세계의 정반대쪽 끄트머리에 박힌 말뚝들이 아니다. 일과 놀이는 집이 우리 머리 위로 무너져 내리지 않도록 막아주는 대들보와 무척 비슷하다. 우리는 일과 놀이는 원수지간이라고 배워왔지만, 내가 발견한 것은 어느 쪽도 다른 쪽 없이는 번창하지 못한다는 것이다. 우리는 놀이의 참신함이, 놀이가 안겨주는 몰입감이, 그 순간에 몰입한다는 느낌이 필요하다. 무엇인가를 발견했다는 의식과 그 의식이 제공하는 활력이 필요하다. 일을 해야 하는 목적도, 일이 제공하는 경제적 안정도, 남들을 위해 봉사하고 있다는 의식도, 우리는 필요한 존재이고 우리가 사는 세상에 통합되는 존재라는 의식도 필요하다. 일을 능숙하게 한다는 기분도 느껴야 한다. 부를 쌓은 덕분에 살면서 단 하루도 일을 할 필요가 없는 사람들조차 타인들과 연결됐다는 의식과 목적의식을 느끼려고 훌륭한 대의명분을 추구하는 활동에 자원봉사를 하거나 기부를 할 필요가 있다는 걸 알게 된다.

일과 놀이가 공통으로 가진 특징은 창의성(creativity)이다. 우리는 두 활동을 하면서 우리의 세계를 건설하고 새로운 관계와 신경 연결망, 물체를 창조하고 있다. 건물을 철거하거나 모래성을 무너뜨리는 일조차 일종의 창의성에 해당한다. 풍경을 깨끗이 정리하면서 새 건물을 짓기 위한 길을 터주는 행위이기 때문이다. 일과 놀이가 하나로 어우러지는 최상의 상태에 도달하면, 우리가 사는 세상과 우리 자신을 제대로 이해하게 된다.

우리에게 생물학적으로 프로그래밍된 욕구인 놀이를 하려는 욕구를 존중하면 일을 변화시킬 수 있고, 그렇게 하면 우리의 직무에 짜릿함과 참신함을 되돌려놓을 수 있다. 놀이는 난제들을 다루는 것을 도와주고, 자아가 확장됐다는 의식을 제공하며, 우리가 가진 솜씨를 숙달시키는 것을 장려한다. 놀이는 창의적인 과정의 필수적인 일부분이다. 제일 중요한 것은, 우리 자신의 내적인 욕구와 욕망에서 비롯된 진정한 놀이는 우리가 일을 하면서 찾아낼 수 있는, 장기간 지속되는 즐거움과 만족감으로 이어지는 유일한 통로라는 것이다. 장기적으로 보면, 일은 놀이 없이는 작동하지 않는다.

지금쯤이면 업무에서 벗어나서 하는 놀이는 의심의 여지 없이 좋은 것이라는 점이 명백해졌을 것이다. 놀이가 레크리에이션 (recreation)이라고 불리는 것은 그것이 우리를 다시금 새롭게 만들어주기 때문이다. 우리와 우리 세계를 다시 창조하기(re-create) 때문이다. 로렐이 승마를 시작했을 때 보여준 것처럼, 생활에 가미한 약간의 놀이만으로도 일을 비롯한 그 외의 모든 것을 균형 잡힌 상태로 되돌려놓을 수 있다. 짐을 꾸리고 운전하고 비행하고 조직적인 활동으로 점철된 끝없는 잔일들로 구성된 휴가가 아닌, 진정으로 사랑하는 활동들에 푹 빠져들게 해줄 수 있는 휴가인 좋은 휴가도 우리를 달라지게 만드는 효과를 낳을 수 있다. 진짜로 활기차게 보낸 휴가를 마치고 일터로 돌아온 사람들은 일을 하려는 열의와 에너지가 넘쳐난다.

놀이는 새로운 신경 네트워크를 창조하기 위해, 그리고 인지(cognitive)에 따르는 어려움을 해소하기 위해 자연이 활용할 수 있는 제일 빼어난 도구다. 새로운 패턴을 만들어내고 평범한 것들 사이에서 특이한 것을 찾아내며 호기심과 두 눈 부릅뜨고 하는 관찰에 불을 댕기는 능력은 하나같이 놀이 상태에 빠져드는 것에 의해 길러진다. 우리가 놀 때, 딜레마와 난제들은 무의식에 의해 자연스레 걸러지면서 스스로 해결될 것이다. 사람들이 원기를 되찾을뿐더러 업무를 위한 참신한 아이디어도 갖추고 일터로 복귀하는 것은 전혀 보기 드문 일이 아니다.

칼(Carl)에게 필요한 것은 일터를 떠나서 보내는 하루가 전부였다. 과로를 하는 데다 병원 경영인이라는 직업에 갇혀버렸다고 느낀 그는 어느 날 아침 순간적인 충동에 따라 하루 휴가를 내고 경주 트랙에 올라 그가 느낀 좌절감을 해소하는 데 착수했다. 그가 거주하는 지역에 있는 말리부 그랑프리(Malibu Grand Prix)는 매주 목요일에 25달러만 내면 가솔린으로 구동되는 소형 레이싱 카를 몰고 트랙을 무한정 돌 수 있게 해줬다. 그는 오전 내내 급하게 꺾어지는 코너를 아슬아슬하게 돌고 직선주로는 쏜살같이 달렸다. 그러는 동안 업무에 대한 생각은 전혀 하지 않으려 애썼고, 트랙을 돌 때마다 랩 타임(lap time, 트랙을 한 바퀴 돌 때 걸리는 시간-옮긴이)이 줄어드는 것을 지켜봤다. 그런데 오전 중반 무렵이 되자, 그는 정체기에 들어간 듯 보였다. 기록은 바퀴를 돌 때마다 10분의 몇 초 올라가거나 내려가거나 했지만, 그가 아무리 완벽한 주로로 코너를 돌더라도 랩 타임이 줄어들지는 않았다. 그래서 그는 정말로 공격적인 드라이브를 하려고 애썼다. 매 코너를 힘껏 돌고, 회전할 때마다 네 바퀴가 한껏 미끄러지도록 만드는 식으로 방향을 틀었으며, 필요할 때면 브레이크를 힘껏 밟거나 가속페달을 힘껏 밟았다. 그러자 기록이 줄어들었다. 그가 차가 더 빨리 달린다는 것을 느낀 것은 객관적인 숫자를 통해서가 아니었다. 눈에 보이지 않는 장벽들을 저돌적으로 돌파하고 있는 것 같다는 느낌을 통해서였다.

이른 오후 무렵, 칼은 덥다고, 땀에 흠뻑 젖었다고 느꼈다. 그런데 역설적으로 그는 깨끗하게 목욕을 하고 난 뒤에 느끼는 나른한 기분이었다. 그는 업무에 대한 생각을 머릿속에서 성공적으로 제거했다. 그런데 무척 이상하게도, 마지막으로 피트(pit)에 들어섰을 때 업무에 대한 통찰(epiphany)을 얻었다. 그는 프로젝트를 진행할 때마다 사람들의 합의를 이끌어내려고 지나치게 열심히 일해 왔다는 것을 깨달았다. "사람들은 때때로 의사결정과정에 참여하고 싶어 하지 않는다는 것을 깨달았습니다." 그가 내게 한 말이다. "자기 의견을 강하게 고수하지 않는 사람의 경우, 남들의 승인을 받아내려고 애쓰는 것은 주사위 모양의 젤리로 탑을 쌓으려고 드는 거랑 비슷합니다." 칼은 경주 트랙에서 보여줬던 목적의식과 자주성을 갖추고는 병원의 관료제가 빚어낸 우여곡절을 돌파할 필요가 있다는 걸 깨달았다. 칼의 놀이하는 마음이 랩 타임 문제를 해결하는 와중에 훨씬 더 중요한 문제에 대한 해결책과 이어진 것이다.

일터에서 하는 놀이

그런데 일터에서 하는 놀이는 유용할 수 있을까? 나는 일터에서 하는 놀이는 **필수적**(essential)이라고 주장하려 한다.

무엇보다도 먼저, 상황이 힘들어질 경우, 강인한 사람들은 놀이를 한다. 소방관이나 경찰관에게 물어보면, 그들은 익살을 부리고 서로를 조롱하며 짓궂은 장난을 치는 것이 자기들이 수행하는 일의 일부라고 대답할 것이다. 그들이 구사하는 음울한 유머가 직무에 내재된 위험에 대처할 때 도움을 주는 경우가 잦다. 근무 중에 순직할지도 모를 경우, 그 사실을 지나치게 과하게 심사숙고하는 것은 업무효율 제고에 도움이 안 된다. 목숨을 잃을지도 모르는 숱하게 많은 상황에 집착하는 것은 이해할 만한 반응이지만, 그런 집착을 하는 것은 위험을 맞닥뜨린 순간 꼼짝 못하고 얼어붙는 결과를 낳을 가능성이 무척 크다.

마사 겔혼(Martha Gellhorn)은 어니스트 헤밍웨이(Ernest Hemingway)와 결혼생활을 했던 저널리스트였다. 종군기자로 활동했던 그녀는 미군 장교 무리와 장교식당에 앉았을 때 베트남전이 어떻게 진행되고 있는지를 순식간에 파악하게 됐다는 말을 했다. 겔혼은 종군기자로서 2차 세계대전(그녀는 D-데이 직후에 프랑스에 상륙했다)과 한국전의 전투를 목격한 인물이었다. 그런 경험을 한 그녀의 견해에 따르면, 으뜸가는 장교들은 자신이 수행하는 위험천만한 임무에 대해 쾌활한 태도—삶의 환희(a joie de vivre) 또는 전투의 환희—를 보이면서 으스댄다. 그런 그녀가 베트남의 장교식당에 앉았을 때였다.

가까운 곳에 박격포 포탄이 떨어지기 시작했다. 그런데 포탄이 위험할 정도로 가까운 거리에 떨어진 게 아니었음에도 황급히 몸을 숨기는 장교들의 얼굴에 두려움이 어린 것을 본 그녀는 이 전쟁은 패했다는 것을 직감했다.

당연한 말이지만, 세상에 존재하는 직무의 대부분은 근무 중에 사망할 확률이 그리 높지 않다. 그런데 직무를 수행하는 사람이 개인적으로 위협적으로 느끼는 위험은 많다. 남들 눈에 꼴사나운 모습으로 비칠 위험은, 험담을 듣게 될 위험은, 공금을 허비할 위험은, 해고될 위험은 상존한다. 세상에는 경쟁에서 비롯된, 우리의 통제범위를 벗어난 시장의 힘에서 비롯된 불안감이 존재한다. 인생사의 많은 일이 그런 것처럼, 문제가 진짜 문제가 아닌 경우가 잦다. 진짜 문제는 우리가 그 문제에 대응하는 방법이다. 문제를 접한 우리가 보이는 반응이 달려오는 자동차의 헤드라이트 안에서 얼어붙은 사슴이 보여주는 그것이라면, 상황이 로드킬(roadkill)로 마무리될 확률은 엄청나게 치솟는다. 모든 직원의 관심이 개인적 또는 집단적 실패 확률에 쏠린다면, 장례식장 같은 침울한 분위기는 성공에 필수적인 에너지와 낙관론을 약화시킨다. 이 시점에서, 놀이는 사람들에게 반등을 위한 감정적인 거리(distance)를 제공한다. 내가 아는 어느 CEO는 최근의 부진했던 4분기(quarter)에 대한 얘기를 하자며 직원들을 회사 강당에 모았다. 그는 회사 실적에 대해 자기 자신을 탓했다. 모든 의자 밑에 스티로폼 다트(dart)를 쏘는 장난감 다트 총이 있다고 직원들에게 말하고는 자기한테 그걸 쏘라고 말했다. 노란 궤적을 그리며 날아가는 다트가 공중을 가득 채웠고, 회의 분위기는 완전히 바뀌었다. 그리고 나자 CEO는 상황을 어떻게 반전시킬 것인지에 대해, 모든 게 괜찮아지게 될 이유에 대해 설명했다. 그런데 그가 한 이야기에서 제일 중요한 요점은 언어를 통해 전달된 게 아니었다. 스티로폼 다트는 지금 상황이 지독히도 끔찍한 상황은 아니라는 말을 모두에게 전했다. 더 중요한 것은, 자기한테 총을 쏘라는 CEO의 장난기 넘치는 요청이 실적에 어느 정도는 차질이 생겨도 괜찮다는 뜻을, 실패를 인정하고 타격을 받는 것도, 그것들을 고칠 방법들을 궁리하는 것도 괜찮다는 뜻을 전했다는 것이다. 스티로폼 세례는 성공을 위해 필수적인 직원들의 전투의 환희를 일깨우기 위한 장난기 넘치는 설정이었다.

가끔씩 상황이 정말로 나빠지고 있을 때는 상상 놀이를 하는 순간이야말로 곤경에서 벗어날 길을 찾아내기에 충분할 정도의 거리를 제공하는 유일한 대안이다. 어느 고위급 임원이 내게 한 얘기처럼 말이다. "옴짝달싹 못 하게 될 때마다 나보다 더 영리한 사람이라면 이럴 때 어떻게 할 것인지를 상상하려 애쓴 다음에 그 일을 실행에 옮깁니다."

앤드루 그로브(Andrew Grove)는 인텔(Intel)의 역사에서 중요했던 순간에 그와 고든 무어(Gordon Moore)가 인텔의 사세(社勢)를 반전시키기 위해 어떤 상상 놀이를 활용했는지를 내게 들려줬다. 인텔은 컴퓨터용 메모리칩을 만들면서 성공을 구가했다. 그런데 1980년대 초반, 일본 기업들이 성능이 탁월하고 가격이 저렴한 메모리칩을 생산하면서 인텔은 돈을 벌기가 힘들어졌다. 회사가 생존하려면 또 다른 제품라인을 찾아내야 했다. 그런데 회사의 역사와 정체성을 통틀어볼 때, 인텔은 메모리칩 분야에 묶여 있는 회사였다. 거의 모든 엔지니어와 영업 인력이 메모리칩 생산을 중심으로 조직돼 있었다. 게다가 회사는 최근에 더 많은 메모리칩을 생산할 대규모 공장을 많은 돈을 들여 지은 참이었다. 인텔은 회사를 상투적으로 운영하는 쳇바퀴에 갇혀 있었다.

어느 날, 그로브와 무어는 그로브의 사무실에서 이런 진퇴양난의 상황을 상의했다. 그들은 이 문제를 해결하지 못하면 이사회가 그들을 해고하고는 이 문제를 해결할 수 있는 사람들을 찾아낼 거라는 걸 알고 있었다. 그들은 자신들의 자리를 차지할 대체인력을 상상하면서 그 자리에 앉을 슈퍼 임원들은 어떤 일을 할 것인지를 궁금해했다. 그로브는 무어를 쳐다보며 물었다. "그걸 우리가 직접 해보면 어떨까?" 그들은 그러고는 자신들을 해고한 후 사무실 문을 나섰다. 그러고는 자신들을 대체할 더 뛰어나고 영리한 임원들이 돼서는 사무실로 돌아갔다. 다른 사람인 척하는 순간을 약간 연기한 직후, 명료한 해답이 떠올랐다. 들어가는 비용이 얼마가 됐건, 사내의 저항이 얼마나 심하건, 회사를 메모리칩 사업에서 끌어내야 했다. 결국 그들은 마이크로프로세서를 설계하고 생산하는 쪽으로 사업 방향을 틀었고, 현재 인텔은 그 분야의 강자로 유명하다.

역설은, 어떤 문제와 약간의 거리를 두는 것이, 균형감각을 약간 갖는 것이, 사람들이 아이들에게 채울 기저귀로 팸퍼스(Pampers)를 놔두고 하기스(Huggies)를 선택하는 것이 결국에는 그리 중요한 문제가 아니라는 것을 깨닫는 것이 성공에서 제일 중요한 요인 중 하나가 될 수도 있다는 것이다. 당신이 사람들에게 하기스를 사용하라고 설득하는 캠페인을 작업 중이라면, 어머니들이 당신과 뜻을 같이하게 만드는 것은 당신과 당신의 생계에 상당히 중요하다. 소비자들이 제품을 사용할 때 개인적으로 들여야 하는 노고에 대해 지나치게 많은 생각을 한다면, 당신은 당신의 제품이 경쟁 제품에 비해 가지는 진짜 이점이기는 하지만 그리 중요하지는 않은 이점(흡수성이 1.5퍼센트 더 좋고, 허리를 조이는 벨트를 뗐다 붙였다 할 수 있는 회수가 8회에서 10회로 늘어났다)에 지나치게 몰두할 수도 있다. 그런데 상상력을 발휘하는 행위를 해보면, 굴레에서 자유로이 벗어나 다른 가치들을 창조해 제품에 가미할 수 있게 된다. 팸퍼스와 하기스가 벌였던 실제 기저귀 전쟁의 승패는 엇비슷한 제품 품질에 대한 소비자의 판단에 의해 갈린 게 아니라, 뽀송뽀송하고 행복해하는 아기를 안은 어머니라는 감정에 호소하는 콘텐츠를 창작해 광고에 담아낸 것에 의해 갈렸다. 상상 놀이는 사람들이 업무에서 한 걸음 뒤로 물러나 어떤 문제의 정서적 요소와 사실적 요소 양쪽을 다 볼 수 있게 해준다.

스포츠의 장점은 진지함과 놀이의 패러독스를 포용한다는 것이다. 우리는 패트리어츠(Patriots)나 이글스(Eagles) 중 어느 팀이 승리할지에, 레이커스(Lakers)나 셀틱스(Celtics) 중 어느 팀이 승리할지에 정말로 관심을 쏟을 수도 있지만, 동시에 이건 그저 공놀이에 불과하다는 것을 깨달을 수도 있다. 응원하는 팀이 지면 낙담하겠지만, 다음 경기는, 다음 시즌은 항상 존재한다. 지금 당장의 경기는 무척 중요하지만, 중요하지 않기도 하다. 이것이 경제계에 스포츠를 소재로 삼은 비유가 풍부한 이유이고, 활력 넘치는 장난을 치기 위해 반드시 농담을 하거나 빈둥거려야만 할 필요까지는 없는 이유이다. 때때로 놀이는 팀들 사이의 우호적인 경쟁일 수도 있다. 아니면, 우리 중 나머지 사람들은 결코 보지 못하는 대단히 개인적인 놀이-게임(play-game)의 일종일 수도 있다-예를 들어, 메모를 얼마나 빨리 작성할 수 있는지를, 또는 그날의 수행업무 목록에 적힌 일들을 얼마나 많이 수행할 수 있는지를 두고 겨루는 개인적인 경쟁. 또는, 어렸을 때 타석에 들어서면서 머릿속으로만 웅얼거렸던 다음과 같은 내러티브의 일종일 수도 있다. "자, 이제 위대한 미키 맨틀(Mickey Mantle, 미국의 야구선수-옮긴이)이 타석에 들어서 여유 있는 연습 스윙을 몇 번 하고는 어깨에 배트를 얹고 투수를 노려봅니다." 요즘 사람들은 워런 버핏(Warren Buffet)이나 빌 게이츠, 또는 당신 회사의 CEO처럼 개인적으로 떠받드는 영웅에 빙의하려고 들지도 모른다. 그런 내러티브는 큰소리로 귀에 들리지 않을지도 모르고 의식적으로 인식하지 못할지도 모르지만, 그래도 여전히 그 자리에 존재한다.

직무를 놀이꾼이 가득한 게임으로 바라볼 수 있다면, 운동선수들이 동기를 부여하고 성적을 끌어올리려고 사용하는 많은 테크닉을 더 잘 받아들이면서 활용할 수 있다. 내가 방금 전에 언급한 것 같은 내적인 내러티브를 사용할 수도 있고, 머리를 식히는 방법(일하는 동안 끝내주는 음악을 들을 거야)을, 유체이탈(나는 지금 일하고 있는 게 아니라 남태평양의 섬에 있어)을, 이상적인 상황 상상하기(내가 이 보고를 마치면 모두들 나한테 기립박수를 칠 거야)를 활용할 수도 있다. 이 모든 것에는 약간의 거리가 필요하다. 일은 중요하지만, 우리는 일터에서 일상적으로 일어나는 사건들이 그것들이 수반하는 가치보다는 걱정거리를 더 많이 우리에게 안겨주도록 방치하는 일이 잦다. 하지만 자신을 놀이 상태에 들어가게 만들면, 급박한 목적의식과 거기에 결부된 일에 대한 걱정을 감추면서 효율과 생산성을 향상시킬 수 있다.

일터에서 하는 진정한 놀이만큼 사람들의 단결력을 증진시키는 것은 없다. 사람들은 놀이를 할 때 한마음이 된다. 실력이 남들보다 더 뛰어난 사람들은 게임을 장악하고 통제하는 대신, 게임을 계속 진행시키려고 스스로 핸디캡을 짊어진다. 집단들은 공동의 목표를 추구하는 과정에서 협력한다. 이것이 재계에서 '팀' 접근방식을 자주 활용하는 이유다. 팀 구축 연습은 놀이와 자주 관련된다. 퍼즐 풀기, 판지(cardboard)로 다리 만들기, 장애물 코스 통과하기. 우리는 한 팀으로서 함께 **일하는 것**에 대해 얘기하지만, 그보다는 사람들이 한 팀을 이뤄 같이 **노는 것**에 대해 얘기하는 것이 더 이롭고 생산적일 것이다. 한 팀으로 **일하는 단계**를 졸업하고 한 팀으로 **노는 단계**에 진입한 사람들은 회사 안팎의 다른 팀들을 상대하면서 정말로 즐거운 기분으로 한껏 기량을 발휘할 수 있게 될 것이다.

창의성과 혁신

기업들이 나하고 놀이에 대해 상의하고 싶어 하는 제일 큰 이유는, 현재까지는, 놀이가 창의성과 혁신에서 수행하는 역할 때문이다. 기업들이 나하고 이런 얘기를 하고 싶어 하는 건, 놀이가 자사가 보유한 제일 귀중한 원자재라는 점을 올바르게 파악하는 기업이 많기 때문이다. 기업 입장에서 당장 중요한 것은 생산이지만, 창의성은 모든 성장의 원천이다. 신제품, 신기술, 새로운 서비스, 앞으로 번창할 기업과 8트랙 녹음테이프보다 더 빠르게 최후를 맞게 될 기업 사이의 차이점으로 드러나는 해묵은 문제들에 대한 새로운 해결책들의 원천이다.

놀이가 기업의 성과와 무슨 상관이 있다는 말인가? 결국, 필요야말로 발명의 어머니 아니던가? 이 질문에 대한 대답은 "아니다 (no)"이다. 나는 필요는 발명과 혁신을 위한 무대를 설치할 뿐이라고 말하련다. 발명의 어머니는 놀이다. 폴라로이드(Polaroid)는 수익성 좋은 소비자 촬영사업(디지털카메라 때문에 지금은 거의 숨을 거둔 상태다)을 대체할 걸출한 신제품이 정말로 필요했지만, 대체상품을 찾아야 한다는 필요성이 성과로 이어지기 전에 파산을 맞았다. (폴라로이드가 보유한 자산은 다른 기업들에 매각됐고, 폴라로이드라는 이름은 계속 살아남기는 했지만 과거에 누리던 명성에 비하면 위상이 많이 영락했다.) 필요는 첫 데이트와 무척 비슷하다. 계속 발전하면 신부(新婦)가 되고, 그러고 나면 발명의 어머니는 훨씬 더 많은 것을 요구한다.

창의성과 혁신은 무엇인가? 일반적으로, 우리는 창작(creation)을 창의성(creativity)하고는 다른 것으로 생각한다. 우리는 눈덩이나 진흙더미를 만들어낼 수 있지만, 사람들은 그런 걸 창의성을 구현한 사례로 생각하지는 않는 게 일반적이다. 일반적으로 우리는 창의성과 혁신을 세상이나 문화를 어느 정도 지속적인 방식으로 바꿔놓는 아이디어와 상품을 생산하는 것으로 생각한다. 19세기에 전화가 발명된 것처럼, 20세기에 인터넷이 발명된 것처럼, 그것들은 대규모로 생겨날 수도 있다. 또는, 누군가가 파일을 정리하는 혁신적인 방법을 내놓을 때처럼 소규모로 생겨날 수도 있다. 그렇다, 창의적인 사람들이 창작을 한다. 그들이 창작한 것은 세상의 지각판을 이동시키면서 우리가 생각하는 법이나 일하는 법을 작거나 큰 규모로 바꿔놓는다.

사람들은 대체로 창의적인 과정을 미스터리한 것으로 여긴다. 대단히 창의적인 사람들은 기질도, 작업 습관도, 교육 배경도 다양하기 때문에 그들이 거치는 창작과정의 공통분모를 찾아내는 건 어려운 일이다. 그런데 대단히 귀중한 어떤 것이 창의성을 마음먹은 대로 만들어낼 수 있을 거라는 희망을 품은 사람들이 많은 생각을 짜내고 연구를 수행했다.

창의성을 연구하는 이들은 그 과정이 본질적으로 모순적이고 역설적이라는 걸 밝혀냈는데, 바로 이것이 이 과정이 미스터리하게 보일 수도 있는 이유다. 창의적인 사람들은 열심히 일하는 동시에 빈둥거릴 수 있다. 어떤 과업에 레이저 같은 집중력을 보여줄 수 있지만, 어떤 것을 더 큰 그림에 적합하게 만드는 방법을 볼 수 있게 해주는 넓은 시야를 유지할 수도 있다. 그들이 주력하는 지식의 영역(회화, 물리학, 문학, 마트 운영 등)에 정통하지만, 용인된 규범에 맞아 떨어지는 것처럼 보이지 않는 새로운 정보를 무조건적으로 무시하지는 않는다. (노벨상을 수상한 물리학자 리처드 파인만Richard Feynman은 언젠가 아원자 입자에 대한 급진적인 새 아이디어를 접했을 때 이렇게 말했다. "여태껏 들어본 중에 제일 말도 안 되는 얘기야." 그런데 그는 그 문장을 끝맺기도 전에 그 아이디어가 진리인 것 같다는 걸 알아차렸다.) 창의적인 사람들은 상상 속으로 도피할 수 있는데, 그러는 동안에도 현실에 발을 굳게 디디고 있을 수 있다. 창의적인 아이디어는 다른 영역이나 분야에서 비롯된 아이디어들을 하나로 엮어낸 아이디어인 경우가 잦다.

창의성의 역설 중 많은 것이 놀이에 포함된다. 창의적인 사람들은 게임의 규칙을 알지만, 임기응변과 세렌디피티에 개방적이다. 놀이 활동은 극단적으로 진지한 것일 수 있지만, 결국에 그것은 '그저 게임일 뿐'이다. 많은 놀이가 상상의 세계에서 행해지면서도 현실에 굳건히 발을 디디고 있기도 하다. 실제로, 놀이는 판타지와 현실을 뒤섞는 걸 장려한다. 놀이는 기능 면에서 다양한 뇌의 영역들이 수행하는 기능들을 시너지 있게 통합시키기 위해 활성화하도록 설계됐다.

혁신적이고 창의적인 인재를 찾아내는 것은 많은 기업에게 중요한 일이다. 이런 기업들은 누가 제일 창의적이고 왜 그런지를 가늠하려고 시도하기 위해 심리학자 군단을 규합해 수많은 실험을 해본다. 그 과정에서 거듭해서 발생하는 문제는, 내가 말했듯, 창의성으로 이어지는 심리적 요인들은 사방팔방에 흩어져있는 듯 보인다는 것이다.

미국의 주요 은행에서 일하는 인적자원 담당자인 데이브 스티븐스(Dave Stevens)는 잠재력을 가진 신입사원을 활용하기 위해, 그가 혁신평가도구라고 부르는 것을 고안하려 애쓰면서 많은 시간을 보냈다. 그는 MBTI(Meyers-Briggs Type Indicator)와 미네소타 다면적 인성검사(Minnesota Multiphasic Personality Inventory) 같은 확실하게 자리를 잡은 인성검사를 채택했다. 그런데 이런 측정방식을 활용하더라도, 어떤 직원이 사내의 다양한 부서에서 정말로 창의적인 인력이 될 것인지 여부를 확인하는 데는 여전히 몇 년이 걸렸다.

그러다가 내가 빈센트 앤 어소시에이츠 혁신실행자 네트워크

(Vincent & Associates Innovation Practitioner Network)에서 개최한 세미나를 들은 그는 놀이의 렌즈를 통해 창의성을 살펴보기 시작했다. 그는 감정이 충만한 어린 시절의 놀이 기억 내부에 숨어 있는, 혁신을 위한 정확한 지표들을 찾아냈다. 그는 다른 목적을 위해 고안된 표준적인 심리 테스트를 활용해 유망한 직원들이 참신한 것을 즐기는지 여부를, 실수를 저지르고 그것들로부터 배우는 것에 어떻게 반응하는지를, 위험을 기꺼이 감수하는지 여부를 알 수 있었고, 이전에는 정말로 중요한 것으로 파악하지 않았던 다른 요인들을 가늠하기 위한 기준을 확립할 수 있었다. 그는 이런 방식으로 창의성을 살펴보는 것이 몇 년간 찾아왔던 질 높은 결과를 낳을 가능성이 크다는 것을 알게 됐다. 그는 창의적인 사람들을 정확하게 식별할 수 있었고, 혁신과 창의성이 주요한 본성이 아닌 사람들을 걸러낼 수 있었다. 이런 발견을 한 스티븐스는 은행을 떠나, 그가 발견한 사실에 공감하는 다른 HR 임원들과 함께 컨설팅을 시작했다.

기업들은 창의성을 제도화하려는 작업을 다양한 방법들로 해왔다. 그중에서 제일 널리 알려진 방법이 '브레인스토밍(brainstorming)'이다. 대부분의 사람들이 알 듯, 브레인스토밍에 참여한 사람들은 어떤 문제나 수수께끼를 부여받고는 많은 해법을 내놓으라는, 그것들 중 일부는 참신하면서도 실행 가능한 아이디어가 될 아이디어를 떠올리라는 부추김을 받는다. 브레인스토밍을 하는 집단은 아이디어의 질보다는 양에 집중해야 한다. 실제로, 이 과정의 기본적인 규칙 하나가 아이디어의 '질'은 전혀 고려하지 않는다는 것이다. 아이디어에 대한 판단이나 평가는 모두 유보된다. 튀거나 말도 안 되는 제안을 한 듯 보인다는 이유로 힐난을 듣는 사람은 없고, 브레인스토밍 실수라는 것도 존재하지 않는다. 그 아이디어들에서 '우수한' 아이디어들을 가려내는 분류 작업은 나중에 행해질 것이다.

브레인스토밍 과정이 잘 진행되면, 창의적인 과정이 향상될뿐더러 사람들은 더 영리해지고 더 에너지가 넘치며 동료들에게서 더 많은 인정을 받았다는 기분을 느끼게 된다. 브레인스토밍은 작업 집단의 생산성을 두 배 이상 높여준다는 긍정적인 평가를 받아왔다.

잘 진행된 브레인스토밍은 놀이이기도 하다. 사람들은 농담을 던지고 끊임없이 폭소를 터뜨린다. '훌륭한' 해답들만큼이나 터무니없는 해답들도 내놓는다. 다른 놀이 형태처럼, 브레인스토밍을 하면 자아에 대한 의식이 줄어들고 임기응변에 개방적이 되며 과정을 계속 진행시키고픈 욕망을 느끼게 된다. 집단 멤버들 사이에 기브 앤 테이크가 역동적으로 행해지고, 모든 참가자가 이 과정에 참여한다. (다른 놀이처럼, 더 지배적인 멤버들은 덜 지배적인 멤버들과 동등한 입장에 서기 위해 스스로 핸디캡을 짊어질 것이다.) 시간은 쏜살같이 흘러가는 듯 보인다. 브레인스토밍은 일처럼 보이지 않는다(아무 목적이 없는 행위처럼 보인다). 그렇지만 그 과정이 끝났을 때는 정말로 훌륭한 아이디어가 많이 나와 있다.

한편, 그 결과가 항상 뛰어난 것은 아니다. 일부 연구는 브레인스토밍으로 얻은 결과가 개인들에게 각자 아이디어를 제안해달라고 요청했을 때 얻은 결과보다 더 뛰어나지는 않다고 보고했다. 내 생각에, 문제는 브레인스토밍 세션들 중에는 놀이처럼 활기차게 진행되는 일이 결코 없는 세션이 일부 있다는 것이다. 비판을 받는 사람은 아무도 없어야 하지만, 일부 그룹 멤버들은 누구도 입 밖에 내뱉지 않은 비판하는 분위기가 자신들을 짓누른다고 느낄 것이다. 또는, 일종의 무언의 위계가 자유로운 의견 표출을 방해한다. 무척 창의적인 집단조차 이런 문제들의 희생물이 될 수 있다. 나는 창의적인 결과물을 내놓는 것으로 세계적으로 유명한 어느 기업을 잘 안다. 그런데 그 회사는 차츰 침체돼버린 브레인스토밍 세션 때문에 곤경에 처했다. 관찰해 본 결과, 하나같이 영리한 사람들인 그룹 멤버들은 자신들이 늘 빼어난 아이디어들을 내놓을 거라는 기대를 내면화했는데, 그런 건 세상의 누구도 할 수 없는 일이었다. 아이디어에 대한 판단을 하는 것은 해서는 안 되는 일이지만, 그들은 동료들이 자신들을 판단하고 있다고 느꼈다. 내가 제안한 해법은, 그 그룹이 놀이를 하려고 결성된 것처럼 느껴지게 만드는 활동을 의식적으로 설정하라는 거였다. 브레인스토밍을 제대로 시작하기에 앞서 트위스터(Twister, 바닥에 매트를 펼치고는 그 위에서 몸을 써서 하는 게임-옮긴이)부터 먼저 하는 식으로 말이다. 하나같이 영리한 사람들이 놀이를 하면, 영민한 아이디어들이 자연스럽게 흘러나올 것이다.

더 큰 차원에서, 모든 기업이 창의성과 혁신의 고취에 대한 얘기를 자주 하면서도 사내에서 나온 최상의 아이디어들을 묵살하고 그 아이디어들을 내놓은 사람들을 내쫓거나 그들에게 족쇄를 채운다. 내 동료 래니 빈센트(Lanny Vincent)는 왜 이런 일이 벌어지는지를 분석하는 데 많은 시간과 창의적 에너지를 썼다. 그는 사내에서 제안된 새로운 아이디어들이 기존의 질서를 위협한다는 걸 발견했다. 그 아이디어들은 그 기업의 '자가 면역(autoimmune) 시스템'을 자극해 작동시키고, 그 시스템은 '우리 회사에서 발명된 게 아니거나(not invented here)', '우리 회사가 파는 게 아닌(not sold here)' 제품에 맞서 기존의 기업구조를 보호한다. 나는 폴라로이드 사내에는 재앙이 임박했다는 조짐을 보고는 디지털 이미징(digital imaging) 같은 다른 제품을 연구하는 데 자원을 투입하고 싶어 했던 사람들이 있었을 거라고 확신한다. 문제는, 그런 연구를 하려면 기존의 사내 부서들에게서 예산을 가져와야 하는데, 그런 일이 생기면 기존의 사내 부서들은 '이미 상처를 입고 있는 상황인데다, 폴라로이드는 디지털 이미징 시장을 이미 확보한 기업들을 결코 따라잡지 못할 것'이라고 투덜거릴 것이라는 사실이다.

래니가 보기에, 기업들은 혁신적인 아이디어들과 그것들을 내놓는 집단들을 기존의 기업구조에서 차단하고는 보호해줘야 한다. 새로운 아이디어는 갓 태어난 아기와 비슷하다. 경제적으로는 빈약하고, 빠르게 회복된다는 희망은 거의 없다. 나는 이 사실을 1990년대 중반에 깨달았다. 당시, 대부분의 임원들은 월드와이드웹(WWW)에 대한 생각을 해봤다고 하더라도 그것을 사업에 응용할 여지는 거의 없는 것으로 간주했다. 직원들이 인터넷을 탐험하는 데 근무시간을 쓰고 있다는 걸 알게 됐을 경우, 그들은 그걸 기껏해야 시간 낭비로 간주하거나, 심하면 그 직원을 해고할 근거로 삼았을 것이다.

래니는 아이디어들이 자립할 수 있을 때까지 사내에서 그 아이디어들을 육성하고 지원해야 한다고 생각한다. 이런 아이디어들을 내놓은 사람들을, 그들의 활동을 시간 낭비로, 회사 방침을 거스르는 행위로 보려고 들 임원들과, 더 심하면 사람들에게 그 아이디어들은 그런 낭비적 성격의 것들이라고 설득할지도 모르는 임원들과 단절시켜야 한다. 나아가, 기업이 이런 아이디어들을 보호할 때조차도 그 아이디어들의 생존 가능성은 그리 크지 않다. 황당한 아이디어와 방법들을 꾹꾹 참아가면서 육성해준다는 평판이 자자한, 그리고 건전한 사업 결정을 내린 이력도 가진 사내((社內)의 독불장군이 내놓은 아이디어가 아닌 한에는 말이다. 때때로 이 독불장군들은 기업의 일상적인 활동을 계속 운영해 온 기업 창립자였다가 더 많은 인정을 받는 사업 리더로 탈바꿈한 사람들이다. 나는 기업의 발전과정에서 독불장군이 수행하는 심리적 역할을 아이의 발달과정에서 과도기적 대상(transitional object, 잠자리나 낯선 환경에서 아기를 안심시키는 물건-옮긴이)이 맡은 역할에 비유한다. 아이들은 테디 베어나 이불을 새로운 상황에 가져가 부모에게 의존하던 시절과 자립적인 어린 시절 사이를 이어주는 안전하고 친숙한 교량으로 삼는다. 독불장군들은 기업의 지배층이 혁신이 거주하는 낯선 세상에서 편안함을 느끼도록 도와주고, 혁신자들이 기업의 세계에서 편안해 하도록 도와준다. 그러면서도 두 세계 어느 쪽에도 속하지 않는다.

개인 차원에서, 당신의 창의성은 외부의 비판자들에게서뿐 아니라 당신 자신의 내면에 있는 비판자로부터도 보호받아야 한다. 우선 당신이 생각하거나 느끼거나 하는 행동에 대한 판단을 하지 않는 것부터 시작해서, 당신 자신이 당신의 창의성에 깊이 몰두해보라. 당신의 아이디어만을 갖고 놀아보라. 당신이 일을 하는 방식을 갖고 놀아보라. 그러다가 옴짝달싹 못하는 처지가 되면, '불가능한' 해법 50가지를 상상해보려고 애쓴 다음, 그중에서 45개를 스스로 기각해보라. 내가 아는 특히 유명한 과학자는 자신이 영민한 아이디어를 내놓는 비법은 정말로 큰 쓰레기통을 갖고 있는 거라고 내게 말했다. 이런저런 생각을 하는 것을 즐기면서, 좋은 아이디어 1개를 찾아낼 때까지 형편없는 아이디어 100개를 쓰레기통에 던져 넣는다는 것이다.

숙달

어느 분야가 됐건 놀이가 숙달의 경지로 이어지는 길을 안내하는 역할을 맡는다는 것을 입증하는 증거는 대단히 많다. 어떤 분야를 암기를 통해 학습하는 것은 학습자를 어느 정도 경지까지만 데려갈 수 있을 뿐이다. 달인이 되려면, 학습자는 자신이 배운 차원을 넘어서야 하고, 그 분야에 속한 다른 이들이 보여주지 않은 것들을 학습해야 한다. 예술과 과학의 역사를 공부하는 이들은 사전에 계획된 일련의 실험을 진전시키는 과정을 통하지 않고 이뤄진 (또는 적어도 계획한 대로 진행된 일련의 실험을 통하지 않고 이뤄진) 발견 사례를 많이 안다.

로제 기유맹은 노벨상을 받게 해준 오랜 탐구과정에서, 신진대사와 스트레스, 번식과 다른 규제적인 성격의 호르몬에 의해 추동되는 생리작용에 대한 용인되고 '입증된' 뇌하수체의 통제가 그 메커니즘의 전부는 아닐 거라고 짐작했다. 그는 호르몬 피드백과 규제과정으로 그 생리작용을 설명하는 것만으로 충분하다고는 생각하지 않았다. 그는 뇌하수체를 현미해부(microdissection)하면서 여러 가능성을 심사숙고하는 동안, 뇌에서 혈액을 빼내 뇌하수체에 투입하는 정맥의 용량이 뇌의 그 부분에 혈액을 투입하는 뇌하수체 동맥에서 혈액을 빼내는 데 필요한 용량보다 훨씬 더 크다는 것을 발견했다. 그는 생각했다. 흐음, 재미있는걸. 오래지 않아, 그는 추가 용량은 뇌(정확히 말하면, 시상하부hypothalamus)에서 비롯되는 뇌하수체의 슈퍼호르몬에 의한 통제(superhormonal control)에서 비롯됐다는 걸 알아냈다.

새로운 발견과 새로운 학습은 학습자가 세렌디피티에 개방적인 태도를 취할 때, 참신한 것과 이례적인 것을 반길 때, 그러고는 그런 예외적인(outlying) 결과를 더 넓은 지식 분야에 통합하려고 시도할 때 찾아오는 경우가 무척 잦다. SF 작가 아이작 아시모프(Isaac Asimov)가 말했듯, "과학계에서 제일 짜릿하게 들리는 문구는, 새로운 발견을 예고하는 문구는 '유레카!'가 아니라 '그거 재미있는걸.'이다……."

그런 세렌디피티 같은 순간들을 한껏 장려하면서 이례적인 것에 개방적인 태도를 취하게끔 만드는 상태가 놀이 상태다. 우리가 "그거 재미있는걸……."이라는 말을 할 가능성이 제일 큰 것은 재미있거나 예상하지 못한 것의 진가를 인정하는 데 개방적일 경우다. 그렇지 않다면, 우리는 매우 재미없는 실패한 실험만 보게 될 것이다. 1856년에, 열여덟 살 난 윌리엄 헨리 퍼킨(William Henry Perkin)은 석유에서 파생된 물질을 갖고 말라리아 치료제 키닌(quinine)을 합성하려 시도했지만 실패했다. 그가 얻은 것은 시커먼 타르 같은 지저분한 물질이었다. 이 에피소드는 여기에서 끝날 수도 있었지만, 회화와 사진 촬영에 관심이 있던 그는 이 지저분한 물질 소량에 알코올을

섞어 희석하면 옷감을 밝은 자주색으로 물들일 수 있다는 걸 알게 됐다. 당시 모든 옷감 염료는 값이 비싸고 툭하면 물이 빠지는 천연 파생물질로 만들어졌다. 자주색은 구하기도 제일 힘들고 값도 제일 비싼 염료였다. 퍼킨의 아닐린(aniline) 염료는 최초의 자주색 화학 염료로, 1890년대를 '연보라색 10년(mauve decade)'으로 만든 자주색 옷감의 유행을 선도했다.

어쩌면 제일 중요한 마지막 교훈은, 놀이가 전혀 없는 일은 따분한 일이거나 고역이라는 것이다. 우리는 순수한 의지력을 통해 엄청나게 먼 곳에 다다를 수 있다. 그리고 일부 사람들은 완벽주의와 자제력(self-denial), 고통을 감내하는 엄청난 능력을 갖고 있다. 그러나 궁극적으로, 사람은 하고 있는 일을 즐기지 않을 경우에는, 놀이를 할 시간을 내지 않는 경우에는 자신이 종사하는 분야에서 최고 수준에 오르는 데 성공하지 못한다. 고된 일에 한껏 전념하는 것만으로는 충분치 않은 경우가 잦다. 재미있다는 생각이나 놀이가 없으면, 사람은 어떤 분야를 그 분야의 달인이 되기에 충분할 정도로 장시간 고수하지 못하는 게 보통이다.

사람들은 '죽도록 일해야' 정상에 도달할 수 있다는 말을 달고 살지만, 스포츠 성적 전문가 척 호건(Chuck Hogan)의 견해대로, 이것은 진실이 아니다. 사람들이 어떤 분야의 최고 수준에 도달하는 것은 애정이, 재미가, 놀이가 그들을 추동하기 때문이다. "위대한 선수들이 탁월한 플레이를 하는 것은, 대단히 우아한 모습으로 플레이를 하는 것은 자신이 하는 일을 사랑하기 때문이다." 호건이 피력한 견해다. "그것은 일이 아니다. 놀이다."

타이거 우즈(Tiger Woods)가 골프 샷을 수천 번 하는 것은 그걸 무척 좋아하기 때문이다. 그리고 그가 그걸 무척 좋아하는 것은, 그런 일을 일로써 하는 게 아니라, 놀이로써 하기 때문이다. 우즈는 어렸을 때 공을 숲으로 던져 빽빽한 러프(rough)에 무작위로 떨어뜨리고는 했다고, 그러고는 어떤 식으로건 그걸 파(par)로 만들고는 했다고 〈60분(60 Minutes)〉의 에드 브래들리(Ed Bradley)에게 말했다. 그러는 쪽이 더 재미있어서 그랬다는 것이다. 우즈가 학부를 다닌 곳인 스탠퍼드대학에 있는 내 지인은 우즈가 슬라이스(slice, 공이 한쪽으로 휘어져 날아가게 하는 타법-옮긴이)가 극단적으로 나도록 샷을 날려서는 공이 스탠퍼드 골프연습장의 왼쪽 측면에 있는 아파트를 넘어갔다 커브를 그리면서 풀밭으로 다시 올라오게끔 하고는 했다는 말을 내게 들려줬다. 그는 순전히 재미있어서 이런 짓을 했는데, '평범한 골프 샷을 날리는 게 때로는 지루했기' 때문이었다. 우즈는 나이키(Nike) 광고 촬영장에서 카메라와 조명을 설치하는 동안 9번 아이언 끄트머리로 공을 40번이나 50번 튕기다 공이 땅에 떨어지기 전에 공을 힘껏 후려치는 동작을 하며 시간을 보냈다. 광고 감독은 우즈에게 카메라 앞에서도 이런 플레이를 할 수 있겠느냐고 물었고, 그렇게 찍은 광고는 히트작이 됐다. "나는 창작을 즐깁니다." 그가 브래들리에게 한 말이다. "창조적인 샷을 날리는 걸 즐깁니다."

운동선수들이 훈련과정의 모든 순간을 사랑하는 건 아닐 것이다. 게임이나 경쟁의 모든 순간을 사랑하는 것도 아닐 것이다. 때때로 즐거움은 승리했다는 환상에서 비롯된다. 내가 여태껏 만난 모든 운동선수는 그 운동을 시작하고 싶지 않다는 기분을 자주 느꼈다. 그런데 그들이 일단 운동을 시작하면, 지금 하고 있는 그 일을 사랑하는 이유가 빠르게 그들에게 되돌아왔다.

우리가 하는 일도 똑같은 방식일 것이다. 사실상 모든 직무의 일부분에는 그 일을 즐길만한 일로 만들 수 있는 가능성이 있다. 어렸을 때 바닷가에 모래성을 쌓거나 막대기와 신문지와 끈으로 만든 연을 날렸을 때 느꼈던 것과 같은 끝내주는 재미와 창의성을 찾을 수 있는 가능성이 있다. 즐거움은 우리에게로 이어지는 길을 찾아내야 하고, 우리는 즐거움으로 이어지는 길을 찾아내야 한다.

놀이의 상실

놀이가 우리 일에 그토록 필요한 요소라면, 우리는 어째서 그걸 상실하는 걸까? 대답은 우리가 자의(自意)와 타의(他意)에 의해 놀이로부터 멀어진다는 것이다. 커리어에 대해 진지해지고, 결혼해서 가정을 꾸리고, 일터에서 위계의 사다리 위쪽으로 이동하고, 부모님을 보살피고, 커뮤니티 활동과 종교 활동에 참여하고, 몸매 유지를 위해 운동하며 건강 문제를 예방할 때, 우리는 개인적인 놀이를 할 시간을 가차 없이 빼앗긴다. 이것이 이 장의 도입부에 소개했던 HR 임원 바버라 브래넌이 처한 상황이었다. 중년기에 접어든 성공한 사람들에게 일부 종류의 위기는 유별난 것이 아니지만, 이런 중년기의 멘탈 붕괴(midlife meltdown)가 일어나는 연령이 더 일찍, 더욱 일찍 앞당겨지기 시작했다. 사람들은 30대에 '스라이시스(thrisis, thirties와 crisis의 합성어로, '30대에 겪는 중년의 위기'를 가리킨다-옮긴이)'를 겪고 20대에 '쿼터 라이프 크라이시스(quarter-life crisis, 수명의 4분이 1 지점에서 겪는 위기-옮긴이)'를 겪기 시작했다. 나는 이보다 더 어린 사람들에게서도, 심지어 학업과 숙제, 방과 후 활동, 커뮤니티 자원봉사, 과외, 시험 준비로 일정이 빡빡한 청소년에게서도 동일한 패턴을 봤다. 이 문제를 가리키는 기억하기 쉬운 명칭은 아직 못 들어봤지만, 그 청소년들도 남들이 거는 기대에 자신의 모든 시간과 존재를 쏟아붓는 것에서 비롯된 영혼의 동일한 위기에 시달리고 있다.

놀지 않고 지나치게 오랜 시간을 보낸 사람들은, 그러면서 남들이 그들에게 기대하는 일을 고생스레 해나가는 사람들은 어느 시점엔가 인생을 살펴보며 (보통은 남몰래 머릿속으로) 이렇게 자문할 것이다. "인생살이는 이게 다일까? 여생 동안 기대할 수 있는 건 이게 전부일까?" 좋은 성적이나 많은 보너스를 받는 것은, 인생의 핵심과 관련된 게 아니라면, 설령 포상이 축적되는 경우에도 사람을 의기소침하게 만들 수 있다. 일부 사람들은 이런 신념 상실을 열여섯 살에 겪게 될 것이다. 예순 살에 이런 일이 생기는 사람도 있을 것이다. 그러나 완벽하고 능숙한 놀이꾼에게는 이런 일이 생기지 않는다.

우리는 자의적으로 놀이에서 멀어지기도 하지만, 타의에 의해 놀이로부터 밀쳐져 나가기도 한다. 인간에게는 놀이가 필요하다는 것을 이해하지 못할뿐더러 놀이를 존중하지도 않는 문화가 놀이를 거부하면서, 노는 것을 부끄러운 짓으로 만들기 때문이다. 앞서 밝혔듯, 사람들은 놀이를 아이들이 하는 짓으로 본다. 어른들의 세상에서는 하지 않는 유치한 짓으로 본다. 당신이 진지한 사람이라면 진지한 일을 하고 진지한 존재가 돼야 옳다는 메시지를 전하는 것이다. 그것도 엄청나게 진지한 태도로.

'놀이는 시간 낭비'라는 사회적 메시지가 우리 내면에 대단히 깊숙이 자리 잡은 탓에, 우리는 대부분의 시간 동안 놀이를 포기하지 못하는 우리 자신을 부끄러워한다. 살다 보면 마음 편히 먹고 재미 좀 보라는 말을 하는 사람을 만나기도 하지만, 우리는 자신이 그렇게 하는 것을 용납하지 못한다. 레스토랑 지배인인 마크는 직원일 때는 재미있는 시간을 보내면서 맡겨진 업무를 수행할 수 있었다. 그런데 그는 지배인으로 승진하기 무섭게 부모처럼 구는 사람으로 변신했다. 그는 사람들 눈에 자신이 놀고 있는 것으로 비쳐서는 안 될 일이라고, 노는 것은 지배인이 할 일이 아니라고 느꼈다. 그가 바보 같은 짓을 하며 장난을 치는 **동시에** 맡은 소임을 수행해나갈 수 있는지 여부와는 무관하게 말이다. 마크는 지배인에게 맡겨진 책임에 노는 것은 들어 있지 않다고 느꼈다.

때때로 사람들이 놀이를 정말로 강하게 막아서는 걸 보고는, 놀이에 대한 노골적인 적대감을 보이는 걸 보고는 깜짝 놀라고는 한다. 최근에 참석한 컨퍼런스에서 놀이에 대한 강연을 했는데, 다른 참석자들이 내게 보여준 반응은 대체로 따뜻했다. 아동용 TV 프로그램을 창안하면서 무척 성공적인 커리어를 쌓아 온 연사 한 명이 내 강연을 들은 후에 일어나 말했다. "나는 하고 싶은 프로젝트는 무엇이건 제작비를 끌어올 수 있습니다. 그런데 우리가 진정으로 제작비를 끌어와야 하는 작업은 놀이에 대한 연구입니다. 이 주제는 정말로 중요합니다." 그런 얘기까지 들었기에, 나는 커피를 가지러 가는 길에 누군가가 다가와 말을 걸었을 때 큰 충격을 받았다.

"이봐요, 당신은 어째서 독서보다 아이들하고 바닥을 나뒹굴면서 노는 것에서 더 많은 것을 배울 수 있다고 말하는 건가요?" 이렇게 묻는 사내는 완벽한 정장 차림이었고, 한쪽 팔에 컴퓨터를 끼고 있었다. 나보다 덩치가 훨씬 큰 그는 나한테 지나치게 바짝 붙어 섰다. 나는 당신들은 원하는 독서 학습은 전부 할 수 있다고 말하려고 노력하는 중이라고, 그리고 대단히 순수한 마음으로 놀이를 추구하는 아이들과 함께 놀이를 경험하는 것을 통해 손쉽게 얻을 수 있는 놀이의 감정을 이해하는 것은 여전히 어려운 일이라고 설명했다.

"흐음, 그렇다면, 당신은 지금 세상을 정확하게 이해하고 있지는 않다는 거로군요." 그는 내게 말했다. "당신은 무책임하게도 사람들에게 놀라고 말하고 있어요. 당신, 뭐하는 사람인가요? 히피(hippie)인가요?"

기분이 대단히 불편했다. 그가 나한테 폭력을 행사하지 않으리라는 확신이 서지 않았다. 분명한 건, 이 사람은 자유로운 놀이는 우리의 삶에 대한 위험이라고 보는 사람이고, 어린 시절에 자유로이 노는 것의 즐거움을 누리는 것을 금지당했을 가능성이 큰 사람이라는 거였다. 컨퍼런스 참석자 중에서 그의 관점에 동조하는 사람을 찾아냈느냐고 그에게 물었다. 그랬더니 그는 몸을 휙 돌려서는 서둘러 자리를 떴다. (그 컨퍼런스는 '진지한 놀이serious play'를 중점적으로 다루는 주요 컨퍼런스였다.)

그가 보여준 공격성은 흔치 않은 거였지만, 그런 일이 흔치 않은 건 아니었다. 나는 놀이의 본질과 중요성에 대한 강연에 내내 귀를 기울였던 사람들이 놀이에 대해 지나치게 냉담하고 적대적인 반응을 보이는 경우를 많이 경험했다. 그런데 사람들은 자신들이 자발적인 놀이를 박탈당한 삶을 살아왔다는 사실을 서서히 깨닫는다. 사람들은 살아오면서 경험했던 사랑하는 것들은 자신들이 거둔 성적을 바탕으로 만들어진 조건에 의해 얻은 것이라는 사실에서 강한 인상을 받는다. 어른이 돼서 참석한 자리에서 이 점을 제대로 깨닫는 것은 지나치게 과해서 감당하기 힘든 압도적인 경험이 될 수 있다. 이런 경험에 대한 반응은 강한 (그러나 무의식적인) 방어적인 반응인 경우가, 자기 인생의 충만함이 낭비됐다는 사실을 부정하는 반응인 경우가 잦다. 그리고 그 결과로 느끼는 감정은 그 메시지를 전달한 사람을 향한 분노인 게 보통이다.

즐거움은 우리의 생득권(birthright)이고, 우리를 지금의 형태로 빚어낸 본질적인 설계도에 내재된 것이다. 무척이나 경쟁심이 강하고 심각한 태도로 살아가는 사람 입장에서, 자신이 이런 즐거움을 놓치면서 살아왔다는 걸 깨닫는 것은 굉장히 충격적인 일일 수 있다. 이 사실의 전면에는, 노는 걸 좋아하는 사람은 깊이가 없고 현실 세계에서 살아가고 있지 않으며 딜레탕트(dilettante)거나 도덕관념이 없는 게으름뱅이라는, 문화적인 지지를 받는 관념이 놓여 있을 것이다.

시간과 여건이 허용할 경우, 나는 상대를 자신의 놀이 이력을 철저히 검토하는 길로 점잖게 인도하고는 한다. 그에게 그가 느끼는 분노의 출처를, (그 상황에 적절하지 않은) 분노의 강도(强度)를 살펴보기 시작하라고 요청하면서, 되도록 큰 공감을 품으면 이 분노의 출처가 어디인지를 찾아내기 위한 문을 활짝 열어젖힐 수 있을 거라고 말하고는 한다.

나한테 이런 방식으로 반응하는 사람들은 대체로 놀지 않는 사람들, 놀이의 유혹에 무릎을 꿇지 않았다는 사실에 자긍심을 갖는 사람들이다. 그들은 자신을 부모님과 선생님, 상사로부터 근면성과 협소한 규범 내부에서 거둔 성취에 대한 보상을 받아온, 허튼짓을 하지 않는 사람으로 정의한다. 그들은 충분히 열심히 일하지 않는다는 이유로 처벌을 받았던 적이 있을 것이다.

내가 놀이의 자연사(史)와 놀이의 간절한 필요성에 대한 의견을 제시하기 시작할 때, 놀이의 본질은, 그리고 삶에는 놀이가 중요하다는 관념은 놀이에 대해 고착된 태도를 보이는 많은 어른들 입장에서는 지나치게 과해서 감당하기 힘든 관념이다. 그들이 인생에서 놓친 것이 무엇인지를, 자신이 무척이나 흡족하고 즐거운 놀이가 안겨줄 수 있는 것을 누리지 못하고 살아왔다는 것을 감정적으로 감지하기 시작하면, 방어기제가 작동한다. 그들은 놀이를 우선순위로 삼아야 마땅하다는 관념을 단순히 거부하는 수준에 머무르지 않고 단호하게 짓이겨 버려야 하는 관념이라고 느낀다.

나 자신이 진정으로 진지한 전문직인 의료계에서 경력을 쌓던 과거에 이런 사례를 직접 목격했었다. 물론 당신이 의사라면, 대단히 심각한 질환에 시달리는 환자를 진찰하고 진단하면서 익살을 부리거나 환자의 처지에 공감하지 않는 것처럼 보이고 싶지는 않을 것이다. 그런데 유머와 활기찬 장난이 환자와 의사를 이어주는 치유적인 관계를 창출해낼 수 있다는 것을 보여준 (동명의 영화에서 로빈 윌리엄스Robin Williams가 연기했던 패치 애덤스Patch Adams 같은) 의사들이 많다. '폭소가 최고의 명약'이라는 말이 있는데, 그 말은 참말인 경우가 잦다고 생각한다.

그런데도 잠을 못 자게 만드는 실험과 남학생 클럽의 고약한 신입생 신고식이 뒤섞여 펼쳐지는 곳처럼 보일 때가 가끔씩 있는 의과대학의 신입생과정 동안, 학생들의 명랑한 분위기는 대부분 자취를 감추는 게 보통이다. 다행히도, 환자의 얘기에 공감하면서 귀를 기울이는 것의 중요성이 현대 의과대학의 커리큘럼에 도입됐고, 수면 박탈이 끼치는 부정적 영향에 대한 연구들 덕에 긴급 대기(on-call) 스케줄이 변경됐다. 그런데 젊은 수련의였던 나는 고된 근무를 좋아했고, 다양한 코스와 병동 경험을 매혹적으로 여겼다. 당시, 의과대학생이 진지함과 활기찬 장난기를 겸비할 수 있다는 것은 문화적 규범에서는 있을 수 있는 일이 아니었다. 그 결과, 나는 놀이꾼이라는 내 정체를 숨겼다. 어느 동료 학생과 나는 만만치 않은 학위논문을 집필해야 했다. 그런데도 우리는 좋은 몸 상태를 유지하는 동시에 학교 밖에서 시간을 보내고 싶었다. 그래서 우리는 인내력을 훈련하는 기간에 일어날 성싶은 인슐린 흡수량의 변화와 다른 생리적 변화를 측정하기로 결정했다. 우리는 대대적으로 판을 벌이기 전에 서로의 피를 채취한 후, 재미를 보러 갔다. 신나게 즐긴 자리가 파하면 땀범벅이 돼서는 만족스러운 심정으로 두 번째 혈액 샘플을 채취했다. 우리는 즐기기도 끝내주게 즐겼고, 논문의 결과도 훌륭했다. 상을 받지는 못했지만. (조금만 더 진취적이었다면, 재미는 재미대로 보고 상도 몇 개 받았을 것이다.)

세계 전역의 사무실에서 일하는 사람들도 이와 비슷한 전복적인 접근방식을 취해서 업무를 즐겨야 한다. 사람들은 당신이 일을 지나치게 과하게 즐기는 것을 충분히 열심히 일하고 있지 않다거나 할 일이 충분히 많이 있지 않다는 표식으로 받아들일지도 모른다. 당신이 보이는 그런 모습은 업무가 과중한 사람들에게는 (또는 적어도 업무가 과중하다고 느끼는 사람들에게는) 무례한 모습으로 비칠지도 모른다. 행복한 모습으로 일을 하려고 달려드는 열의를 보이면, 남들은 당신을 상사에게 알랑방귀를 뀌는 사람으로, 지나친 낙천주의자로, 또는 돈이 많아서 실직을 하더라도 상관없는 사람으로 생각하게 될지도 모른다. 대체로, 일을 향해서는 활기 차지만 금욕적인 태도를 취하는 것이 최선이다. 설령 그렇게 하더라도, 업무량을 놓고 어느 정도 체념하거나 심지어는 냉소적인 모습을 보이는 것이 지배적일 수 있다.

이것은 난센스다. 우리는 주어진 일을 즐길 수 있다. 재미를 볼 수 있다. 어떤 프로젝트에 참여할 때 우리에게 맡겨진 일을 해나가면서 충분히 많은 즐거움을 찾는 법을, 종이비행기를 접고는 옥상에서 그걸 날렸을 때 누렸던 만큼의 즐거움을 찾는 법을 알아낼 수 있다.

일을 하면서 그렇게 명랑한 기분을 느끼지 못한다면, 그것을 경고 표시로 받아들여야 옳다. 그것은 계단을 올라갈 때 느끼는 가슴 통증이나 헐떡거림처럼, 고혈당 수치처럼, 빈혈처럼 걱정스러운 일이어야 한다. 당뇨나 고혈압 상태를 확인하려는 것처럼 놀이를 위한 간단한 테스트를 해볼 경우, 수치를 확인하고는 위험에 처했다는 걸 깨달을 수 있다. 그런데 우리에게는 그런 테스트가 없다. 그 대신, 삶에서 무엇인가가 실종됐다는, 한때 느꼈던 즐거움과 원기를 얻고 있지 못하다는, 속에서 부글부글 끓는, 놀이가 결여됐다는 의식만 있다.

문제는 이것이다. 그 기분을 어떻게 되찾을까?

되찾기

당신의 생활과 일에 놀이의 감각을 되돌려 놓아줄 간단한 비결은 존재하지 않는다. 세상의 모든 사람에게 스크래블(Scrabble, 철자를 이어 단어를 만드는 보드게임-옮긴이)을 두 판하거나, 베니스를 방문하거나, 코를 씰룩거리라는 충고는 못하겠다. 그것들도 출발점으로 나쁘지는 않다고 생각하지만 말이다. 놀이를 빠르게 활성화하는 방법들이 있다. 앞서 강조했듯, 나는 신체적인 활동에, 그러니까 종류를 불문한 **운동**(movement)에 우리의 정신에 쳐져 있는 방어책들을 통과하는 방법이 있다고 생각한다. 미국놀이연구원 고문으로, '활기찬 동물(Exuberant Animal)'이라는 놀이 기반 단체를 설립한 프랭크 포렌시크(Frank Forencich)는 뒤뚱거리는 판 위에 한 발로 서는 것으로 그런 작업을 시작하라고, 거기에서 다음 단계로 나아가라고 권한다. 우리 연구원의 어느 이사는 바닷가에 자기밖에 없다는 걸 발견하고는 깡충깡충 뛰어다니다가 나름의 놀이 통찰을 얻었다.

오래 전에, 정기적으로 하는 신체적 활동이 심한 우울증에 시달리는 여성들을 우울증에서 구해내는 데 도움을 줄 수 있다는 것을 보여주는 연구를 수행했었다. 우울증에 시달리는데도 치료제를 복용하는 요법에서 아무 효험도 보지 못한 (또는 그런 약을 복용하는 것을 거부한) 여성들이 일주일에 닷새간 참여하는 1년에 걸친 연구였다. "내 결혼생활은 왜 잘 굴러가지 않았을까?"나 "왜 나는 친구를 더 많이 사귀지 못하는 걸까?" 같은 자기를 회의하는(self-doubting) 질문들에서 헤어나지 못하는 듯 보이는 사람이 많았다. 그들에게 이 연구를 추천한 사람은 그들이 사는 지역의 의사들이었다. 샌디에이고의 해변 관리 당국은 그들이 의료진의 승인을 받은 후에 3.2킬로미터 길이의 깔끔한 트랙을 이용할 수 있게 해줬다. 나는 매주 45분씩 4회에 걸쳐 최대 심박출량(cardiac output, 심장이 1분간 박출하는 혈액의 분량-옮긴이)의 80퍼센트를 유지하라고 그들에게 조언했다. 운동전문가와 나는 참가자들이 자신의 활동을 가늠할 수 있을 때까지 맥박수(pulse rate)와 맥박회복횟수(pulse recovery time)를 모니터했다. 처음 3개월 동안은 어마어마하게 힘이 들었다. 그런데 훈련과 운동, 집단 유대감의 긍정적인 효과 덕에 (일부가 탈락한 후) 다수가 우울증이 완화됐고 전반적인 웰빙이 향상됐다고 밝히게 됐다. 참가자 중 다수에게, 인내심이 필요한 훈련을 유지하는 것은 우울증이 재발하는 것을 막는 데 필수적인 요소였다.

단 한 번의 짧은 산책조차도 기분을 좋게 만들 수 있다. 신체는 정신이 망각한 것을 기억한다. 신체를 써서 하는 놀이는 진화과정에서 모습을 드러내는 첫 요소다. 놀이를 하는 능력을 가진 종들은 과장된 점프와 몸 비틀기, 방향 바꾸기, 별나게 균형을 잃는 동작을 취한 후에 균형 찾기 등의 활동을 하면서 이 점을 보여준다. 그 종들이 그런 짓들을 하는 것은 재미있는 경험이기 때문인 게 분명하다. 세렝게티(Serengeti)의 작은 연못에서 새끼하마가 물속에서 뒤로 360도 회전을 하는 것이나 새끼오랑우탄이 날뛰는 추(pendulum)처럼 거꾸로 매달려 그네를 타는 것 같은 행동이 여기에 해당한다. 운동은 우리 자신의 발달과정에서 처음으로 모습을 드러내는 요소이기 때문에, 우리가 놀이로 되돌아가려고 취하는 첫걸음이 될 수도 있다.

반려동물이나 어린아이와 함께 노는 것도 우리가 자신에게 놀이를 허용하는 것을 어려운 일로 만드는 자기검열 충동을 통과할 수 있게 해준다. 나는 사람들에게 고양이들이 노는 모습을 찍은 동영상을 고속으로 재생해서 보여주면 내가 한 시간 강연해서 놀이에 대해 이해시키는 만큼을 이해시킬 수 있다는 것을 알게 됐다. 언젠가 딸이 나한테 전화를 걸어, 자신의 여덟 살짜리 딸이 도무지 답이 없는 불쾌한 기분에 젖어 있다고, 자기가 무슨 말을 하건 무슨 짓을 하건 아이를 그런 기분에서 건져내지를 못하겠다고 하소연했다. 딸에게 아이를 개랑 같이 뒤뜰에 내보내고는 20분간 함께 있도록 놔두기만 하라고 권했다. 10분 후, 창밖을 내다본 딸은 둘이 함께 노는 모습을 봤다. 실내로 돌아온 손녀의 기분은 완전히 달라져 있었고, 그 기분은 그날 내내 그 상태를 유지했다.

하지만 이것들은 하나같이 단기적인 해결책일 뿐이다. 당신의 생활에 놀이를 정말로 다시 되돌려놓으려면, 현시점에서 당신한테 효과가 있는 놀이를 위한 방안을 창조하는 데 도움을 얻으려면, 과거로 돌아가는 여행을 떠날 필요가 있을 것이다. 이것은 완전한 놀이 이력을 기록하는 것을 통해서 수행할 수 있다. 또는 단순히 자리에 앉아 무제한적인 쾌감을, 시간이 한없이 정지해버린 듯한 느낌을, 몰아지경의 느낌을, 이 활동을 하고 또 하고 싶은 느낌을 제공했던, 과거에 당신이 했던 일을 기억하는 것으로 (종종은 시각화하는 것으로) 수행할 수 있다. 그 활동이 당신에게 어떤 기분을 안겨줬는지 기억하나? 그 감정을 기억하고 **느껴라**. 그리고 그 기분을 유지하라. 그것이 당신을 구해줄 활동이기 때문이다. 그 감정에 대한 기억은 당신이 익사하는 것을 막아줄 구명보트가 될 것이다. 그것은 놀이 결여라는 우물에서 당신을 끌어 올려줄 밧줄이 될 수 있다.

당신이 해야 할 일은 그 느낌을 재창출할 수 있게 해주는 활동을 찾아내는 것이 될 것이다. 이것이 바버라 브래넌이 '진심에서 우러난 놀이(heart play)'라고 부른, 당신의 마음과 영혼에 이야기를 거는 종류의 놀이다. 그녀는 저서 『놀이의 선물: 성인 여성들이 노는 것을 중단한 이유와 다시 놀기 시작하는 법(The Gift of Play: Why Adult Women Stop Playing and How to Start Again)』에서 자신이 자기 인생을 어떻게 살펴봤는지를, 그러면서 어린 시절에 했던 제일 좋은 놀이의 기억들은 실외 활동을 하던 기억들이었다는 것을 어떻게 깨달았는지를 묘사한다. 그녀의 가족은 시골에 살았는데, 그곳에서 그녀는 하루 종일 숲에서 하이킹을 하거나 근저 호수에서 헤엄치는 것을 무척 좋아했다. 그것이 그녀의 진심에서 우러난 놀이였다. 그녀의 남편은 독서나 음악 감상, 보드게임 같은 실내 활동을 즐기는 사람이었다. 바버라는 남편을 사랑했고, 그래서 자연스레 남편과 오락 시간을 보내고 싶었지만, 남편의 진심에서 우러난 놀이는 결코 자신의 그것이 되지 못할 거라는 걸 깨달았다. 자신의 진심에서 우러난 놀이를 할 시간이 필요할 거라는 것을 깨달은 그녀는 그 깨달음을 실행에 옮기기 시작했다. 그녀는 진정한 놀이를 다시 경험하기 시작했다. 잊고 지냈던 삶의 짜릿함을 느끼기 시작했다. 놀이가 그녀의 일에 스며들었다.

그런 느낌을 기억하기 시작하는 것은 위험한 일일 수 있다. 그 기억은 그 사람의 인생을 심각하게 뒤집어놓을 수 있다. 바버라의 결혼생활이 그토록 튼튼하지 않았다면, 그녀가 혼자서 장시간 하이킹에 나섰을 때 남편은 아내가 멀어지고 있다고 느꼈을지도 모른다. 이 장의 도입부에서 묘사했던 보석세공인 제이슨은 보석세공을 하면서 정말로 즐겼던 것은 자신이 구하는 것이 무엇인지를, 자신에게 필요한 것이 무엇인지를 이해하는 사람들과 함께 일하는 거였다는 것을 깨달았다. 그는 자신이 진정으로 원하는 것은 그런 종류의 일을 하면서 더 많은 시간을 보내는 것이라는 걸 깨달았고, 그래서 임상심리학 박사학위를 따기 위해 대학원으로 돌아갔다. 택하기 쉬운 행로는 아니었다. 이수해야 하는 과목이 많았고 돈도 많이 들었다. 그러나 결국 그는 진정으로 사랑하는 일을 하게 됐다.

사람들은 일에서 놀이의 감각을 찾아낼 수 있을 때 진정으로 강력한 인물이 된다. 그것은 사람을 바꿔놓는 경험이 될 수도 있다. 잠깐 동안 앨 고어(Al Gore)하고 프로젝트를 같이 작업한 적이 있다. 그래서 부통령이었고 대통령 후보였던 그의 인생 이력을 잘 안다. 그는 유복한 미국 상원의원의 아들로, 워싱턴 D.C.의 호텔에 거주한 적이 많았다. 그런데 그의 아버지는 아들이 버릇없이 자라는 것을 원치 않았고, 그래서 여름철에는 아들에게 테네시의 농장에 가서 일하라고 시켰다. 내가 고어에게서 받은 느낌은 늘 책임감을 느끼고 예의 바르게 처신할 필요가 있다고 느끼는 사람이라는 것이다. 그래서 그는 헝클어진 모습으로 제멋대로 놀려고 드는 일이 거의 없다- 적어도 공적인 상황에서는 그러지 않는다. 그가 대통령에 출마했을 때, 내가 받은 느낌은 사실이라는 게 확인됐다. 사람들은 그를 독일 병정(stiff)이라고 불렀다. 그가 무엇인가를 가슴속에 억누르고 있다고 느꼈다. 대선에서 '패배'한 고어는 이해할 만한 공적 활동의 유예 기간을 가지면서 자신이 할 일의 우선순위를 찬찬히 검토한 후에 다른 사람이 됐다. 그는 그의 영혼에 진정한 에너지를 제공했던 일을 마침내 자유로이 추구할 수 있게 된 것 같았다. 그는 나중에 〈불편한 진실(An Inconvenient Truth)〉이라는 영화와 책이 된, 지구온난화에 대한 프레젠테이션을 준비했다. 그 영화와 책에서는 고어가 느끼는 즐거움과 고어의 감정이 고스란히 드러난다. 사람들은 그가 무엇인가를 억제하고 있다는 느낌을 더 이상은 받지 못했다. 고어는 내가 참석한 컨퍼런스에서 지구온난화에 대한 프레젠테이션을 했다. 나중에, 역사상 제일 성공적인 동기부여(motivational) 강사 중 한 명인 토니 로빈스(Tony Robbins)가 그에게 말했다. "당신이 2000년 대선에서 그런 열정적인 모습으로 연설을 했다면 그 인간(that guy)을 무참히 꺾었을 거라고 믿습니다."

진정한 놀이의 느낌을 기억하고 그것을 당신의 길을 안내하는 별(guiding star)로 삼아라. 그 느낌을 다시 발견하기 위해 무책임하게 처신하거나 직업과 가족에게서 멀어질 필요는 없다. 놀이의 감정을 북극성(North Star)으로 삼는다면, 평생 동안 진정하고 성공적인 인생 행로를, 일과 놀이가 하나로 어우러지는 행로를 찾게 될 것이다. 제임스 미치너가 자서전에 쓴 다음의 문장처럼 말이다.

인생살이라는 예술 분야의 달인은 일과 놀이 사이를, 노동과 레저 사이를, 정신과 육체 사이를, 정보와 레크리에이션 사이를, 사랑과 종교 사이를 거의 구분하지 않는다. 그는 어느 것이 어느 것인지를 거의 알지 못한다. 그저 자신이 하는 일은 무엇이 됐건 탁월한 비전을 품고 추구할 뿐으로, 그가 일하는 중인지 노는 중인지 여부를 결정하는 것은 남의 몫으로 남겨둔다. 그에게 있어, 그는 늘 **양쪽을 다** 하고 있는 중이다.

6장

함께 놀기

46세 동갑인 게일(Gail)과 제프(Geoff)는 보스턴대학교의 정교수들이다. 두 사람은 처음에는 미술사(史)를 향한 관심을 공유한 까닭에 15년 전부터 한데 어울리게 됐다. 그들이 함께한 처음 몇 년은 지적(知的) 도전의식과 감정적인 탐구의식, 낭만적인 열정이 격하게 뒤섞인 시기였다. 그들은 자신들을 '섹스를 정말로 좋아하는 최고의 단짝'이라고 묘사한 적도 있었다. 그런데 결혼한 지 10년이 지나고, 거기에 세 아이와 고된 직무까지 더해지자, 지적인 동지애는 점점 시들어졌다. 성적인 관계를 생각하는 것만으로도 많은 '이슈'가 제기됐다. 이제 그들은 자신들을 하얗게 불태운 사람들로 묘사하면서 자신들이 어쩌다 이렇게 우울한 상태가 됐는지를 궁금해하고 있다. 그들은 자신들이 지금도 서로를 좋아하고 있는지조차 확신하지 못하는 상태다.

그런데 어느 금요일 밤, 그들은 어쩌다 보니 다른 교수 커플 세 쌍과 함께 손과 발을 덕트 테이프(duct tape)로 묶고는 샴쌍둥이 같은 모습이 돼서는 뱀처럼 꿈틀거리며 마룻바닥을 가로지르고 있었다. 커다란 커뮤니티센터 식당의 바닥 저쪽 끄트머리에 그어진 선을 향해 '레이스'를 펼치고 있었다. 그 식당은 놀이치료사(play therapist)가 부부 놀이 숍(play shop)을 개최하는 곳이다. 폭소는 쉽게 전염됐다. 식당 내부는 시끌벅적한, 사실상 통제가 불가능한 공간이었다. 그들은 땀에 흠뻑 젖고 기진맥진해서는, 그래도 여전히 배꼽을 잡고 깔깔거리면서 결승선에 도달했다. 그날 밤, 게일과 제프는 다섯 달 만에 처음으로 사랑을 나눴고, 이튿날 아침에 깨어났을 때는 새로 사귄 친구들이 돼 있었다. 이런 변화가 찾아온 것은, 두 사람이 오랜만에 처음으로 본능적인 유대관계를 맺을 기회를 제공하는 상황에 스스로 처했기 때문이었다. 두 사람에게 부여된 유치하고 우스꽝스러운 공동과업 덕에 두 사람은 방어막을 내리고는 서로와 철저히 **함께**하게 됐다. 그들은 놀이를 할 수 있었다.

놀이 이력을 확보하는 과정에서 많은 부부를 인터뷰했는데, 일부는 부부관계가 곤경에 처한 부부였고, 일부는 그렇지 않았다. 곤경에 처한 부부들 사이에서, 일부는 애정의 불길을 다시 붙일 수 있었지만 일부는 그러지 못했다. 다시 로맨스를 피워낼 수 있었던, 심지어 예전에는 탐구하지 못했던 친밀한 감정의 새로운 분야들을 찾아낼 수 있었던 부부들이 가진 결정적인 요인은 함께 놀 방법을 찾아낼 수 있었다는 것이다. 함께 놀았던 사람들은 함께 머물렀다. 그러지 못한 사람들은 갈라서거나, 심하면 제 기능을 못하는 불행한 관계를 그저 감내하기만 했다.

지금 나한테 명백해진 것은, 놀이가 어떻게 일상적인 교류부터 장기적인 애정까지 이르는 모든 개인적 관계의 초석이 될 수 있는가 하는 것이다. 사실, 나는 놀이가 없으면 감정적 친밀함을 지속적으로 유지하는 것은 불가능한 일이라고 주장하려 한다. 이것은 결혼생활의 행복에만이 아니라 장기적인 우정의 활력을 지속해나가는 데도 진리이다.

태초에

놀이가 모든 개인적인 관계의 초석인 이유를 이해하려면 어머니와 자식 사이의 최초의 애정 관계로 돌아가 봐야 한다. 앞서 기술했듯, 양육하면서 사랑을 베푸는 부모가 잘 먹고 안도감을 느끼는 젖먹이와 마음에서 우러난 만남을 할 경우, 양쪽 다 전염성이 강한 즐거움을 뿜어낸다. 이 타고난 자연스러운 반응은 아이가 느끼는 안도감과 친밀감의 주춧돌이다. 과학적인 측정 방법을 활용해서 자세히 살펴보면 이 만남이 아이와 부모의 놀이 상태를 보여준다는 게 보인다. 자라는 아이가 평생토록 친밀감을 느끼기 위해서는 초창기의 놀이 상태에 접근해야 한다. 나이를 먹는 동안, 우리의 놀이 상태를 빚어내는 것은 우리가 속한 문화다. 보르네오에서 자라는 아이는 식물 섬유로 만든 인형을 갖고 노는 반면, 미국 아이는 컴퓨터나 말하는 봉제 인형을 갖고 놀 것이다. 그렇지만 이 모든 것은 동일한 기본적인 놀이 상태에서 비롯된다.

아이가 사람에 따라, 아이가 친구, 동기, (더 복잡한 방식으로) 부모와 함께 참여하는 놀이는 그 아이가 어른이 됐을 때 하는 교류를 위한 무대를 설정한다. 내가 놀이 이력을 알아보려고 인터뷰했던 어느 여성은 자신과 친구가 바비 인형을 가지고 놀았던 방식과 그들이 훗날 인생을 살면서 맺었던 관계들에서 했던 처신이 정확히 일치했다고 말했다.

"쉰 살 난 친구하고 나는 최근에 우리가 옛날에 갖고 놀았던 바비 인형들을 찾아냈어요." 그녀가 말했다. "그녀가 아홉 살 때 자기 바비를 갖고 놀았던 방법에 대해 하는 말을 들으니까 놀랍더군요. 그러고 나서는 내 얘기를 들려줬고, 그런 후에는 우리가 어른이 돼서 살았던 상이한 인생에 대해 생각해봤어요. **내** 바비는 항상 다리와 가슴골을 살짝 드러내고는 곤경에 처한 여자처럼 굴면서 남자들을 유혹한 반면, **그녀의** 바비는 담배를 피우고 켄(Ken)의 셔츠를 입는 힙스터(hipster, 유행을 좇는 사람-옮긴이) 타입이었어요. 지금 우리는 50대인데, 나는 결혼을 세 번 했고, 그녀는 쭉 독신이었지만 늘 남자를 사귀면서 터프 걸 태도를 유지했죠. 인형을 갖고 놀 때, 우리 중 누구도 바비 인형에 푹 빠지지는 않았어요. 그리고 지금 우리한테는 아이가 없어요. 생각해보면, 우리는 아홉 살 때 인형을 갖고 놀면서 어른이 된 후 살아갈 인생살이에 대한 시나리오를 쓰고 있었던 거예요."

아홉 살짜리들에게 어른 행세를 주제로 한 그런 놀이는 곤혹스러운 일일 거라고 생각하는 사람들이 일부 있다. 이것은 바비 인형이 세상에 처음 등장한 1959년에 가해진 비판이기도 했다. 바비 인형 이전에 나온 인형은 항상 갓난아기 인형이었다. 엉덩이와 가슴골이 두드러져 보이는 어른처럼 생긴 인형을 아이에게 주는 것은 부적절한 일로 보였다. 그런데 소녀들은 그 인형을 무척 좋아했다. 청소년기의 이슈들 때문에 고민하고 있던 소녀들은 그 이슈들을 인형 놀이라는 안전한 무대에서 다루고 싶은 욕구가 간절했다. 앞서 언급한 두 여성처럼, 소녀들은 자신들에 대한 핵심적인 진실을 표명하고 자신들이 그 진실을 어떻게 느끼는지를 확인하기 위해, 그리고 그런 진실이 어떤 관계(사내아이들과 맺은 현재의 우정과 미래의 관계 모두) 안에서 어떻게 작동할 수 있는지를 궁리하기 위해 놀이가 필요했다.

어른이 맺은 관계 내부의 놀이

우리 개 제이크는 나를 맞을 때면 꼬리를 치고, 스트레칭을 하는 것처럼 플레이 바우를 하고, 빠르게 헐떡거려서 사람이 터뜨리는 폭소와 비슷한 소리를 내고는 한다(침팬지와 쥐도 흥분해서 의사소통할 때는 목소리를 내는 것과 더불어 이렇게 헐떡거리는 모습을 보여준다). 이것들은 놀이 신호다. 거기에서 밖으로 나와 공을 던지거나 같이 뛰자는 요청이다.

인간도 놀이 신호를 사용한다. 우리는 서로를 맞을 때 미소를 지으면서 '부드러운' 눈으로, 상대를 응시하지만 노려보는 것은 아닌 눈으로 상대를 쳐다본다. 상대를 맞을 때 눈썹을 치켜올리거나 턱을 재빨리 들기도 한다. 상대와 가까워지면 악수를 하려고 손을 내밀거나 포옹을 하려고 두 팔을 벌리거나 뺨에 입을 맞추려고 입술을 오므릴 수도 있다. 이것들은 상대방에게 우리가 하는 표현을 고스란히 따라 해달라는, 이제부터 감정적인 유대감을 키워나가겠다고 하는 약속인 동시에 유대관계를 맺는 의식(ritual)에 참여해달라는 요청이다. 그러면서 언어가 아닌 몸짓이나 분위기의 형태로 안전과 신뢰의 취지를 전달한다.

사회괴학자들은 이런 세스저늘은 우리는 위협적인 존재가 아니라는 것을 나타내는 제스처라는 말을, 예를 들면 악수를 하려고 펴서 내민 손은 무기를 갖고 있지 않다는 것을 보여주는 제스처라는 말을 자주 한다. 그런데 위협할 의도가 전혀 없다는 표현은 사뭇 다르게 보인다. 위협적인 존재로 비치지 않으려 애쓰는 사람들은 바쁜 사람으로 보이거나 눈에 잘 띄지 않으려고 애쓰면서 눈을 마주치지 않으려고 들 것이고, 벽에 있는 어떤 지점이나 다른 물건을 응시할 것이다. 우리는 이런 종류의 표현을 지하철에서, 마트에서 항상 본다. 이것들은 호감을 얻으려는 사회적 표현이 아니다. 이런 행동들은 미러링(mirroring)이나 그에 대한 보답을 요청하지 않는다. 이것들은 아무것도 요청하지 않는다. 어떤 교류가 불러올지 모르는 반응에 대한 두려움에 기초하는 게 보통인, 또는 사회적 영역을 구축하려는 노력에 대한 피로감에 기초하는 게 보통인 회피성 행동들이다. 기초적인 사회학적 용어로, 이것들은 친숙하지 않은 사람에게 보이는 선천적인 '낯가림(stranger anxiety)' 반응이다.

우리가 놀이 없는 세상에 산다면, 어른들이 하는 모든 공적인 교류는 지하철 탑승객과 엘리베이터 탑승자들이 하는 그런 교류를 모델로 삼을 것이다. 그런 세상은 살아가기에 무척 암울한 세상일 것이다. 놀이 신호가 하는 일은, 비록 잠깐일지라도, 안전하고 감정이 담긴 관계를 맺자고 요청하는 것이다. 무심하게 하는 잠깐의 교류일지라도, 진지한 칭찬과 무더운/비 내리는/무척 추운/습한 날씨를 소재로 한 한담(閑談), 농담이나 호의적인 의견 개진은 사람들의 마음을 감정적으로 열어젖힌다. 음울하고 두렵고 외로운 세상을 활기찬 세상으로 바꿔놓는다.

나는 이렇게 세상을 바꿔놓는 힘을 최근에 직접 경험했다. 나는 약국에 늘어선 긴 줄에 서 있었다. 맨 앞에 있는 사람은 복잡한 보험 청구 관련 용무를 보는 중이었다. 줄은 꿈쩍도 안 했고, 모두들 짜증을 냈다. 한 여자가 들어와 줄을 보더니 밖으로 나갔다. 잠시 후, 그녀는 돌아와서 줄을 다시 살폈다. 나는 미소를 지으면서 그녀에게 말했다. "여기 사람들은 모두 여기에서 소일하는 걸 정말로 좋아하기 때문에 여기 있는 거예요. 여기는 시간을 죽이기에 끝내주는 곳이죠." 그녀는 빙그레 웃었고, 줄에 있는 다른 사람들은 맞장구를 쳤다. "그래요, 우리는 여기에서 옛 친구들을 다시 만났어요." "여기는 요리 팁을 얻기에 끝내주는 곳이에요." "이 줄의 마지막 사람이 업무를 보게 될 때까지 얼마나 오래 걸릴지를 놓고 내기를 해봅시다." 오래지 않아 모두들 깔깔거리면서 농담을 던지고 있었다. 내가 떠날 때, 내 바로 뒤에 서 있던 사람은 나한테 자기는 이렇게 재미있는 줄은 서본 적이 없다고 말했다.

실은, 나는 약국에 들어서기 전까지는 일진이 그리 좋지 않았다. 기운은 하나도 없었고 가벼운 두통도 나를 괴롭혔다. 줄을 선 나는 꾹 참으면서 짜증을 내지 않으려 몸부림을 치며 시간을 보낼 수도 있었다. 그런데 나는 활기찬 태도를 취하자는 의식적인 결정을 내렸다. 주차장으로 돌아가는 내 기분은 처음에 차에서 내렸을 때 느꼈던 기분하고는 생판 달랐다. 나는 그날을 무척 기분 좋은 날로 느꼈다. 내가 남들을 기분 좋게 만드는 걸 거들었다는 사실도 기분이 좋았다. 내 두통은 온데간데없었다.

사람들과 진정으로 감정이 담긴 접촉을 하려면, 우연히 맞닥뜨린 상황이나 장기적인 관계에서 감정적으로 친밀해지고 싶다는 요청을 하려면 우리 자신의 마음을 상대에게 열어줄 필요가 있다. 방어적인 장벽을 치지 않을 필요가, 다른 이들을 있는 그대로의 모습으로 받아들일 필요가 있다. 그러고 나면 다른 이들에게 놀이에 참여해달라고 요청할 수 있다.

배우이자 스탠퍼드에서 연극을 가르치는 강사인 케이 코스토폴로스(Kay Kostopoulos)는 연극에 처음 입문하는 학생들을 상대로 강의를 할 때 연기 연습을 시키는 것으로 강의를 시작하지 않는다. 관찰로 시작한다. 그녀는 학생들을 짝을 지어주고는 60센티미터 정도 떨어뜨려 세운 다음, 3분 내내 서로를 쳐다보라고 지시한다. 이걸 정말로 불편한 일로 여기는 사람이 많다. 사람들이 이런 식으로 강렬하게 서로를 쳐다보는 건 사랑에 빠졌거나 눈(eye)싸움을 할 때뿐이다. 이건 대단히 개인적인 행위다. 그런데 케이는 학생들에게 자기 자신을 잊어버리라고, 자신이 어떻게 보고 느끼는지에 대한 생각을 그만두라고, 그러는 대신 상대방에 대해 생각하라고 강권한다. 그들을 어떻게 그려낼 것인가? 그들의 얼굴을 어떻게 묘사할 것인가? 그들의 이목구비를 바탕으로 그들의 성격에 대해 무엇을 추측할 수 있을까? 그들은 어렸을 때 어떻게 생겼을까? 저기 있는 것은 작은 수두(水痘) 흉터일까? 그들은 땡볕 아래에서 살았을까? 1분쯤 지난 후, 학생들은 자신에 대한 의식을 버리기 시작하면서 정말로 상대를 보기 시작했다. 그런 후, 학생들은 마음을 열고 연기를 하기 위한 필수적인 전제조건인 놀이 상태에 들어갈 준비가 돼 있었다.

우리가 안전하게 마음을 열 수 있게 해주는 다양한 놀이 행동이 있다. 놀이는 감정적인 친밀감을 위협하는 깊숙한 심리적 두려움과 불안정성을 조절한다. 앞서 언급했듯, 짓궂은 장난은 어떤 관계의 경계선을 탐색하고 권력 문제를 해결하는 보편적인 방법이다. 일반적으로, 남자들이 여자들보다 짓궂은 장난에 더 많이 참여한다. 그리고 그런 짓궂은 장난은 익숙하지 않은 사람에게는 거친 행동으로 보일 수 있다. "저 똥차를 아직도 몰고 다니냐?" 어떤 남자가 다른 남자에게 물을 것이다. "그래. 그런데 적어도 저 차는 값어치는 해." 친구가 받아친다. "덩치만 큰 네 SUV하고는 다르다고. 네 차 연비는 1.6킬로미터에 2갤런이지, 그렇지?" 누군가가 정말로 불편해할 경우, 그 친구는 이런 말을 할 수도 있다. "야, 그냥 농담한 거야." 또는 "분위기 좀 부드럽게 만들려고 그런 거야." 일반적으로는 문화적인 규범이 이런 조롱하는 듯한 발언의 경계선인 게 보통이지만, 만남이 이뤄지는 동안 오간 보디랭귀지는 장난을 친 사람에게 계속 장난을 칠 것인지 이쯤에서 물러설 것인지를 결정할 준비를 시키는 게 보통이다.

농담은, 현실적이지 않은 허풍이 담겨있을 때는, 우리가 악감정을 담아 비난하는 것처럼 보이는 일이 없게 만들면서 실제 두려움을 안전하게 다뤄낼 수 있게 해준다. "당연하지. 너는 내 제일 친한 친구야. 그런데 너한테 돈을 빌려주면 너는 보라보라(Bora-Bora)로 떠날 거고 나는 다시는 너를 보지 못하게 되겠지." 어느 친구는 이런 말을 할지도 모른다.

농담은 인간관계를 수술하는 최소절개수술(minimally invasive surgery)이다. 절개한 자국을 남기지 않으면서 우리 감정의 깊숙한 부분까지 침투한다. 지금은 은퇴한 재능 있는 류머티즘학자인 내 친한 친구가 최근에 테니스코트에서 심장마비를 일으켰다. 그러면서 그는 약간의 뇌 손상을 입고 가벼운 혼수상태에 빠졌다. 그런데 우리는 농담을 통해 그와 마음이 통한다. 다른 친구들과 내가 그의 침대 주위에 서서 농담을 하면, 우리 모두는 깔깔거리고, 그의 마음이 우리와 통했다는 건 명백해 보인다. 유머는 뇌의 '고도의(higher)' 중추들에 있는 잡동사니들을 뚫고 들어가 피질 하부에 있는 감정 중추(subcortical, emotional center)로 직행한다. 바로 이것이 지극히 조리 정연한 정치 연설이 뛰어난 농담에 힘입어 듣는 사람의 장기 기억에 굳건히 자리를 잡을 수 있는 이유다.

사회적 놀이(social play)의 다양한 형태가 없다면, 함께 살아가는 것은 무척 힘든 일이라는 것을 알게 될 것이다. 사회는 과열된 엔진처럼 제대로 작동하지 못하게 될 것이다. 그리고 우리는 개미나 벌처럼 고도로 조직화된 경직된 사회 구조를 발전시키게 될 것이다. 놀이는 인간 사회가 작동하게 해주는, 그리고 개인들이 서로에게 가까워지게 해주는 윤활유다.

이것이 놀이가 사랑에서 제일 중요한 요소인 이유다.

사랑의 묘약 1호

러거스대학교 연구자 헬렌 피셔(Helen Fisher)와 뉴욕주립대학교 스토니브룩 분교의 아서 애런(Arthur Aron)은 사랑에 빠진 사람들의 뇌 활동을 살펴보기 위해 사람들을 MRI 기계에 투입했다. 두 사람은 성적인 지향을 하는 사랑과 관련된 별개의 뇌 시스템이 세 개 있다는 데 의견을 모았다. 세 개의 뇌 시스템은 각각 에로틱한 사랑(erotic love), 로맨틱한 사랑(romantic love), 애착(attachment)을 담당한다.

욕정(lust)이라고도 불리는 에로틱한 사랑은 성적 욕구가 낳은 결과물이다. 자신의 '타입'이라고 생각되는 사람이면 누구에게나 끌릴 수 있는 경우에 해당하는, 대단히 '불특정한 대상을 상대로 한(nonspecific)' 사랑에 해당하는 이 에로틱한 사랑은 밖으로 나가 짝을 찾아내 우리 유전자의 지속성을 보장하라며 우리의 등을 떠밀게끔 진화돼왔다. 성적 욕구는 즉각적이고 강렬하지만, 많은 경험 끝에 얻은 인지적 지혜에는 주입되지 않는다.

피셔는 로맨틱한 사랑을 훨씬 더 구체적인(specific) 사랑으로 본다. 로맨틱한 사랑에서, 우리는 한 사람에게 강하게 끌린다. 사랑에 빠진 사람은 각성제를 복용한 사람처럼 어마어마한 에너지를 느낄 수 있어서, 밤새 뜬눈으로 지새거나 엄청난 분량의 작업을 해치울 수 있다. 양쪽 다 로맨틱한 사랑에 빠진 연인들은 세상이 달라졌다고, 색상은 더 화사해지고 음식은 더 맛있어졌다고 느낄 수 있다. 사랑하는 이의 모습만 보이고 그가 내는 소리만 들릴 것이다. 연인들은 사랑하는 이를 위해서라면 목숨도 기꺼이 희생한다. 피셔는 로맨틱한 사랑은 우리가 최초에 일시적으로 강렬하게 몰두하는 에로틱한 사랑의 차원을 넘어 자신의 짝에게 지속적으로 헌신하는 데 초점을 맞추게끔 진화해 왔다고 믿는다.

피셔가 주장하는 사랑의 세 번째 단계는 애착이다. 욕정의 광란과 이상화, 로맨틱한 사랑의 강렬함이 사그라진 후에 누군가에게 느끼는 우애 같은 편안함과 유대감. 그녀는 애착은 우리가 아이들을 키우기에 충분할 정도로 오랫동안 파트너와 관계를 유지하도록 진화됐다고 가정한다. 피셔의 관점에서, 사랑의 이 세 가지 유형은 서로 독립적이다. 우리는 어떤 이를 향해서는 욕정을 느끼고 다른 이에게는 엄청난 애착을 가지며 또 다른 이에게는 로맨틱한 사랑을 느낄 수 있다. 이런 감정은 서로 혼동되면서 성가실 수도 있고, 우리 행동에 영향을 끼칠 경우에는 (아무리 좋게 말하더라도) 생활에 지장을 줄 수도 있다.

레이싱 카에 꽂힌 평범한 일반인인 내 친구에게 포뮬러 원 자동차를 타고 내가 사는 곳에서 가까운 라구나 세카(Laguna Seca) 트랙을 한 바퀴 돌 수 있는 기회가 생겼다. 그는 그 차의 파워는 약간 겁이 날 정도였다고, 차가 트랙에서 튀어나가지 않도록 파워를 억눌러야 할 지경이었다고 말했다. 가속페달을 약간 세게 밟았을 뿐인데도 뒷바퀴들이 쉽게 도로 밖으로 튀어나가곤 했다. 사랑은 이것과 약간 비슷하다. 사랑은 생물학적으로 그토록 강력한 힘이기 때문에 통제권에서 쉽게 벗어날 수 있다. 사랑을 장기간 성공적으로 유지하려면, 놀이가 각 단계의 일부여야 한다. 그리고 우리가 보유한 패키지의 일부가 호르몬에 흠뻑 젖은 뇌와 신체일 때 그것들을 사랑 행위에 제대로 포함시킬 준비가 돼 있으려면, 다양한 사랑과 사랑에 따른 이득을 충분히 경험해야 한다.

놀이는 어른들이 장기간 맺은 관계에 생기를 되돌려주고 에너지를 제공한다. 건전한 인간관계에서 놀이는 산소와 비슷하다. 세상에 널리 퍼져 있고 거의 인지되지 못하지만, 친밀감을 유지하는 데는 필수적이다. 유머를, 참신한 것의 향유를, 세상의 아이러니에 대한 명랑한 의식을 공유하는 역량을, 상호간 스토리텔링의 향유를, 상상과 환상을 개방적으로 누설하는 역량을 고취해서 생기를 되찾게 해준다. 활기찬 커뮤니케이션과 교류를 육성하면, 관계를 쉽게 맺을 수 있고 더 깊이 있고 큰 보상을 주는 진정으로 친밀한 관계를 맺을 수 있는 분위기가 생겨난다.

놀이를 구성요소에서 제거하면, 에버레스트산의 산소가 희박한 '죽음의 지대(death zone)'를 등반하는 것처럼, 인간관계는 생존을 위한 참을성 경쟁이 돼버린다. 놀이 기술이 없으면, 불가피한 스트레스를 다루는 대안의 레퍼토리는 협소해진다. 심지어 충직함과 책임감, 의무감, 착실함이 남아 있다 하더라도, 활기찬 장난기가 없으면 인간관계를 활발하고 만족스러운 상태로 유지하기에 필요한 활력이 남아 있지 않을 것이다.

우리는 이걸 어느 정도는 알고 있다. 바로 이것이 매력에 대한 서베이를 할 때마다 유머 감각이 제일 바람직한 속성으로 꼽히는 이유다. 데이트가 놀이 활동 위주로 구성되는 이유다. 저녁 식사를 곁들인 대화와 영화 관람, 전원 지역 드라이브 같은 표준적인 데이트 활동은 성적 욕구를 조절하면서 사람들에게 서로를 알아가게 해주는 의식적(ritual)인 공간을 제공한다. 놀이는 매력을 강조하기도 한다. 약간의 리스크(놀이의 주요한 요소 중 하나)가 사랑의 불길을 댕길 수 있다는 것은 상식인데, 이것이 놀이기구 탑승(또는 내 경험으로는 오토바이를 타고 도는 회전)이 인기 좋은 데이트 활동인 이유다. 놀이의 모든 요소를 하나로 결합시킨 활동은 강력한 사랑의 묘약이 될 수 있다.

물론, 많은 동화(童話)가 증명하듯, 사랑의 묘약은 때때로 실패한다. 피셔는 동료의 실험실 소속인 남자 대학원생 이야기를 하고는 한다. 그 학생은 알고 지내는 여학생을 사랑하게 됐다. 그에게는 불행히도, 그 여학생은 그의 사랑에 무심하게 반응했다. 남학생은 연구를 통해 뇌 내부의 도파민 수준을 높여주는 짜릿하고 참신한 활동이 그 경험을 같이 한 사람의 매력을 높여준다는 걸 알고 있었다. 그래서 베이징에서 열린 컨퍼런스에 참석한 그는 과학적 지식을 실천에 옮기기로 결심했다. 인력거 탑승이 짜릿한 경험을 안겨준다는 얘기를 들은 적이 있는 그는 여학생에게 인력거를 타자고 청했다. 그녀는 요청을 받아들였고, 그날은 완벽하게 지나간 듯 보였다: 인력거꾼은 그들을 데리고 도시의 뒷골목을 헤집고 다니는 멋진 여행을 시켜줬고, 여학생은 깔깔거리고 비명을 지르면서 그를 붙잡았다. 탑승이 끝난 후, 그녀는 활짝 웃으면서 감사인사를 했다. "환상적이었어! 정말 끝내주는 경험 아니었니?" 남학생이 흐뭇한 기분에 젖었을 때 여학생이 덧붙였다. "그리고 그 인력거꾼, 귀엽지 않았니?"

섹스심벌로서 놀이

생물학자 제프리 밀러(Geoffrey Miller)는 놀이 자체가 성적(性的)인 특성이라고 제안했다. 그는 놀이가 낳은 산물들—미술, 드라마, 스포츠, 음악—이 존재하는 것은 그것들이 인간의 짝짓기를 위한 표현의 일부이기 때문이라고 생각한다. 밀러는 예술과 인간성(humanity)은 공작(peacock)의 꼬리와 비슷하다고 비유한다. 커다란 꼬리는 처음에는 공작 수컷의 건강함을 보여주는 작고 화사한 깃털을 보여주는 것에서 시작됐을 것이다. 아프거나 유전적 돌연변이가 있는 공작은 그렇게 화려한 모습을 창조하지 못할 것이다. 따라서 화려한 꼬리를 가진 공작은 더 성공적으로 짝짓기를 할 것이다. 실제로, 꼬리의 크기는 일종의 페티시 같은 존재가 된다. 꼬리가 큰 공작일수록 유전자를 후대에 물려주는 데 성공할 확률도 커진다. 따라서 세대를 거치는 동안 꼬리는 점점 더 커지는 경향이 있다. 특정 시점에서, 3미터에 달하는 테크니컬러 꼬리를 끌고 다니는 것은 일상적인 생존을 저해하는 핸디캡이자 장애가 된다. 성 성택은 자연선택을 능가할 정도로 강력하다. 거대한 꼬리는 생존을 위한 실용적 용도는 하나도 갖고 있지 않지만, 암컷들에게는 정말로 근사하게 보인다.

밀러가 보기에, 이야기와 장난감은 공작의 꼬리처럼 건강을 보여주는 지표이자 개인의 영리함이나 감성지능의 표식으로 시작됐는데, 그런 뒤에는 그 과정 자체가 스스로를 주체하지 못하기 시작했다. 결국 우리는 피카소(Picasso)와 믹 재거(Mick Jagger)를 얻게 됐는데, 두 사람 다 짝짓기 분야에서 어마어마한 성공을 거뒀다. 그들이 종사하는 분야인 미술과 음악에는 생물학적인 생존의 이점이 전혀 없는데도 말이다.

내가 이 이론에서 느끼는 문제점은, 놀이 욕구의 산물인 예술과 인간성에는 실제로 생존의 이점이 있다는 것이다. 진화를 연구하는 많은 과학자들이 그러는 것처럼 그것들을 본질적으로 쓸모없는 것으로 보는 것은 놀이와 인간성이 우리가 개인으로서, 그리고 문화로서 서로와 조화하는 것을 돕는 방식들을 무시하는 것이다. 예술은 감성지능을 보여주는 지표이지만, 감성지능을 **생산**(produce)하기도 한다. 그것들은 우리가 성장하고 적응하는 것을 돕는다. 과학자들은 인간성의 실제 이점을 제대로 인식하는 것이 더딜지 모르지만, 조금 더 깊이 검사해보면 배우와 화가, 이야기꾼, 뮤지션은 단순히 무의미한 진화적인 유전적 페티시 때문에 섹스 심벌인 게 아니라는 것을 확인하게 될 것이다. 그들은 창작하는 종(種)으로서 전반적인 디자인을 규정하는 놀이 욕구를, 우리 모두가 한껏 발달시키기 위해 연습을 해야 하는 놀이 욕구를 강하게 드러내기 때문에 매력적이다. 강렬한 놀이 욕구는 훌륭한 번식을 할 정도로 건강한 상태라는 것을 보여주는 말 없는 증거물이다.

놀이와 놀이꾼

나는 많이 놀아야 진정한 놀이꾼(player)이라는 말을 자주 한다. 칭찬으로 하는 말이다. 그런데 데이트 분야에서 '선수(Player, 이 단어를 이런 식으로 사용할 때는 P를 대문자로 쓰겠다)'라는 용어는 부정적인 의미를 갖는다. 건전한 데이트에는 상호간의 대화와 상대에 대한 평가가 관련된다. 선수로 불리는 부류의 사람은 상대를 엄격하게 조종하는 놀이를 하는 것에서 즐거움을 찾는 자기도취적인 사람이다. (이 용어는 거의 항상 남성을 가리킬 때 사용되지만, 여성도 이런 종류의 행동에 관여할 수 있고 관여하는 게 확실하다.) 선수 입장에서는 타인과 조율하는 것은 아무 의미도 없는 짓이다. 그 또는 그녀는 데이트 상대의 생활과 욕구를 제대로 살펴보고 있지 않다. 자기도취적인 연인들은 자신에게는 상대에게 무슨 짓이든 할 권리가 있다는 생각이 강하고, 오르가슴이라는 목표를 지향하며, 상대를 구속하고, 평생에 걸친 의존이나 지배를 목표로 삼는다. 실제 놀이에서, 활동(이 경우에는 데이트)은 그 자체로 즐거운 일이며 그 자체를 위해 수행된다. 놀이는 어떤 목표를 의식하는 것을 중단시킨다. 진정한 놀이를 빼앗긴 사람은 자기도취적인 놀이에 참여할 가능성이 더 크다.

고급 차량, 고급 레스토랑, 금붙이, 홈시어터 같은 욕망의 다른 대상들은 자기도취적인 스릴을 증강시켜 줄 수 있지만, 거기에 솔직한 감정 표출이나 진정한 유대관계는 존재하지 않는다. 선수가 위험한 존재인 이유가 그것이다. 그들은 감정을 솔직히 털어놓으라고 상대에게 요구하면서도 그에 대한 화답은 하지 않는다.

'선수'라는 용어가 부정적인 뉘앙스를 갖게 된 건 불행한 일이라고 생각한다. (흔히들 하는 말마따나) 에스키모의 언어에 상이한 눈(snow)의 유형을 가리키는 단어가 많은 것처럼, 우리에게 상이한 유형의 놀이와 놀이꾼을 가리키는 단어가 많았으면 한다.

로맨스와 애착

로맨틱한 사랑은, 다시 말해 '**사랑에 깊이 빠지는**' 형태의 사랑은 힘이 어마어마하게 강력하다. 로맨틱한 사랑을 이상화하고 황홀해하는 것에는 약물 중독과 유사한 중독적인 특성이 있다. 실제로, 헬렌 피셔와 아서 애런이 사랑에 빠진 사람들을 이미징 머신(imaging machine)에 투입했을 때 발견한 것들 중 하나가 코카인을 복용한 사람의 뇌에서 밝아진 것과 동일한 뇌의 영역들이 밝아진 거였다.

다시 말하지만, 놀이가 가진 분위기를 부드럽게 만들고 극단적인 상황을 누그러뜨리는 영향력(moderating influence)은 필요하다. 놀이가 없으면, 로맨틱한 사랑은 자연스레 텃세나 소유욕, 지배, 공격성으로 넘어가는 경향이 있다. 로맨틱한 사랑의 감정은 연인과 완전하게 조화를 이룬 감정을 느끼는 것이지만, 연인들의 조화가 깨지면 다시 사랑에 빠지는 게 힘들 수도 있다. 건전한 유머 감각이나 아이러니는 사소한 문제가 심각한 문제로 비화하는 것을 막는 데 도움이 된다. 놀이는 모든 것의 균형을 맞추면서, 관계에 회복력과 유연성을 제공하고, 오해나 비현실적인 기대 때문에 위태로웠던 커플의 관계가 반등할 수 있게 해준다.

사랑에 덜 긍정적인 면이 있는 건 분명하다. 사랑에 빠지는 것은 대단히 즐거운 일이지만, 그에 따르는 고통 또한 무척 강렬할 수 있다. 사랑을 묘사할 때 폭력적인 비유가 가끔씩 동원되는 이유가 이것이다. 큐피드가 쏜 화살은 심장을 관통한다. 우리는 "사랑의 열병에 걸린다(love struck)." 심지어 '열정(passion)'이라는 단어의 어원도 '고통(suffer)'을 의미하는 라틴어다. 연인이 떠난다면, 더 심하게는 한 사람의 사랑에 반응하지 않는다면, 격렬한 고통은 특히 더 강렬하다. 상사병에 걸리는 것이 실제로 육체적 질병의 원인일 수 있다는 것을 여러 연구가 보여줬다. 실연(broken heart) 때문에 목숨을 잃는 것은 메타포이지만, 사람은 실제로 상사병의 만성적 스트레스에 시달리는 동안 감염과 뇌졸중, 심장마비, 기타 질병에 더 취약하다. 한편, 놀이가 면역력을 **강화한다는** 증거는 더욱 더 많이 입증되고 있다.

로맨틱한 사랑을 활기차게 유지하는 것을 통해 통증이나 상실에 따른 취약성 중 일부를 피할 수 있다. 놀이는 우리의 감정과 행동을 우리가 사는 더 큰 세상에 통합시킨다. 연인들은 사랑에 너무 깊이 빠져드는 바람에 나머지 세상과 단절될 수 있다. 그들 입장에서, 세상에는 그들 말고는, 극히 중요한 그들 한 쌍 말고는 아무것도 존재하지 않는다. 개인들을 위한 놀이가 자의식(self-consciousness)의 상실로 이어지는 반면, 놀이를 하는 커플의 활기는 그 한 쌍을 바깥세상과 조화를 이루는 원위치로 되돌려놓을 수 있다. 그들이 내적으로 느끼는 기분과 외적인 자아들은 조화를 획득한다. 신경생리학적 용어로 말하면, 그들의 내면의 감정 규제 능력은 외부세계의 현실과 유사하다. 놀이는 그들이 친구나 직업을 잃는 것을 막아준다.

세상 모두가 알 듯, 제일 정열적인 로맨틱한 느낌도 결국에는 사그라진다. 놀이가 처음부터 관계의 일부였다면 그런 상황이 벌어지더라도, 덜 강력한 성적 매력과 로맨틱한 사랑은 장기적인 감정적 친밀함의 산물인 애착이 합쳐지면서 그대로 남을 것이다.

쿨리지 효과

한 가지 '문제'는 우리가 참신한 것(novelty)을 욕망하도록 설계됐다는 것이다. 언젠가는 당신의 짝이 들려주는 모든 이야기가 다 들어본 이야기이고, 그 또는 그녀가 다음에 할 말이 무엇인지를 예측할 수 있을 것 같은 기분이 들 때가 온다. 참신함에서 비롯되는 성욕의 증가는 캘빈 쿨리지(Calvin Coolidge) 대통령의 이름을 따 '쿨리지 효과(Coolidge effect)'라고 불린다. 사연은 이렇다. 쿨리지와 영부인 그레이스(Grace)가 가금류 농장을 방문했을 때였다. 농장주는 정력이 넘치는 수탉을 가리키면서 이 닭은 날마다 수십 번씩 짝짓기를 할 수 있다고 자랑스레 설명했다. 그레이스는 남편이 들을 수 있는 거리에 있는데도 말했다. "그 얘기를 쿨리지 씨한테 해주세요."

쿨리지는 득달같이 농장주에게 물었다. "항상 똑같은 암탉을 상대하나요?"

"오, 아니죠." 농장주가 말했다. "매번 다른 암탉을 상대하죠."

"**그 얘기를 쿨리지 부인에게 해주세요.**" 그가 말했다. (이 이야기의 다른 버전들이 있지만, 나는 이 버전이 제일 재미있다고 생각한다. 아이러니하면서 장난기 넘치는 대화를 담고 있기 때문이다.)

동물의 세계에서, 쿨리지 효과는 새로운 짝짓기 상대가 소개됐을 때 성적인 관심이 증가하는 것으로, 관련 증거가 많다. 그러나 인간은 로맨틱한 관심을 높이기 위해 파트너를 바꿀 필요가 없다. 다른 참신한 것들이 그런 기능을 할 것이다. 애런은 개인적인 관계를 실험하는 실험실에서 이 사실을 확인했다. 몇 년에 걸쳐 수십 쌍의 커플을 모집한 그는 그들의 관계에 대해 느끼는 행복감의 기준을 측정한 후, 그들에게 다양한 활동을 맡겼다. 한 연구에서는 한 그룹에게 대중적인 조언을 받아들여 친숙하고 즐거운 활동을 하면서 시간을 보내라고 명령했다. 대조군(control group)에게는 다른 활동은 하나도 하지 말라고 지시했다. 세 번째 집단에게는 두 사람이 함께 새로운 할 일을, 평소에는 하지 않는 활동을 찾아달라고 요청했다.

10주가 지난 후에 발견한 것은 친숙하지 않은 새로운 일들을 애써 찾아서 한 커플들의 만족도가 친숙한 일들을 하면서 시간을 보낸 커플들의 그것보다 훨씬 높았다는 것이다. 애런은 신선한 활동에 참여하는 것이, 쾌감을 느끼는 데 필수적인 신경전달물질인 뇌의 도파민 수준을 높인다고 가정한다. 요약하면, 그들의 뇌는 놀이 상태를 성취하고 있다. 친숙하고 즐거운 일을 하고 있는 커플도 좋은 기분을 느꼈지만, 그들은 **놀고 있지** 않을 가능성이 크다.

평범한 루틴(routine)에서 벗어나기, 참신한 것을 찾아내기, 세렌디피티에 개방적인 태도를 취하기, 예상하지 못한 것을 즐거워하기, 약간의 위험을 받아들이기, 삶의 고양된 생생함에서 쾌감 찾아내기. 이것들은 모두 놀이 상태의 특징이다. 단순히 함께 더 많은 시간을 보내기만 한 사람들은 반드시 더 잘 어울리기 시작할 필요가 없었다. 둘 중 한 명, 또는 두 사람 다 시간을 함께 보내는 것을 의무로 간주할 경우에는 특히 더 그랬다. 커플의 기본적인 교류 패턴이 바뀌지 않는 상태에서 함께 시간을 보내면, 심할 경우 상황이 악화될 수도 있다.

상황의 열기를 유지하려면, 사람들은 계속 성장해야 하고, 새로운 영역을 스스로, 서로서로 계속 탐구해야 한다. 요약하면, 사람은 놀이를 해야 한다. 많은 임상심리학적 접근방법이 무엇이 잘못될 것인지를 상의하고 관계를 작업하거나 분석하는 것을 통해 우리 내면 깊숙한 곳을 파고든다. 커뮤니케이션을 하면서 긍정적인 관심을 갖고 상대의 이야기를 경청하는 사람이 되는 것은 중요한 일이라고 생각하지만, 건전하고 생기 넘치는 관계가 문제의 해결책이 될 수는 없다. 커플 상호간의 즐거움을 방해할지도 모르는 것에 대해 뜻도 제대로 모르는 심리학 용어를 나열하면서 지적인 설명을 하는 것은 실제로 즐거움을 **낳는** 것을 발견하는 것만큼 (또는 재발견하는 것만큼) 효과적이지는 않다.

삶은 그런 사랑을 어렵게 만드는 요소들을 빚어내고는 한다. 파트너 한쪽 또는 양쪽이 실직이나 소득 상실, 건강 문제, 커뮤니티 내의 위상 실추, 가족의 사별을 경험할 수 있다. 우리가 의사(doctor)가 되거나 완벽한 외모를 갖는 것 같은 외적인 지위를 자기중심적으로 고수하려 든다면, 지위 변화에 맞게 우리의 생활을 조정하는 것은 힘든 일이 될 것이다. 우리가 젊음을 잃는 것은 불가피한 일이다. 우리의 육체는 변한다. 통증과 고통은 더 자주 찾아오고 더 오래 지속된다. 경화증(sclerosis)이나 알츠하이머 같은 중병은 인간관계의 기초를 철저하게 바꿔놓을 것이다. 이런 변화에 대처하려는 사람에게는 오래도록 확립된 놀이의 유산(play legacy)이 필요하다. 심장마비가 일어난 후 뇌 손상을 입은 내 의사 친구처럼 놀이 인생이 활기찼던 사람은 커다란 변화가 그들을 덮쳤을 때 고통과 고생에 맞설 완충 장치들을 갖고 있다. 놀이는 침착성과 강인함을 낳는다. 완성된 놀이꾼은 이런 변화들을 의연히 더 잘 맞이할 수 있다.

놀이는 우리가 아이러니한 유머와 보편적인 인간성을 공유하면서 우리가 맞을 숙명을 포용하게 해주거나, 심지어는 그것을 빚어내게 해준다. 평생토록 놀이를 하는 사람은 이 점을 기억하고, 비통한 순간에조차, 상실의 순간에조차, 고초의 순간에조차 그걸 느낄 수 있다. 이런 인생관은 세상이 안겨주는 고통과 불공정함의 면전에서 힘과 용기를 준다. 계속해서 함께 놀 수 있다면, 우리는 감정적인 친밀함을 항상 찾아낼 수 있게 될 것이고, 참신한 것을 항상 발견하면서 우리가 사랑하는 것뿐 아니라 우리 자신에 대해서도 새로운 발견들을 해나갈 수 있을 것이다.

7장

놀이에는
어두운 면이 있을까?

로렌스(Lawrence)는 재능이 뛰어난 젊은이였다. 명문대학에 진학했고 선망받는 여자친구를 사귀었으며 앞날도 유망했다. 비디오게임을 하는 것도 좋아했다. 처음에는 비디오게임을 좋아하는 수준이었는데, 그러다가 그걸 사랑하게 됐다. 그리고 나서는 비디오게임 없이는 살 수가 없는 지경이 됐다.

로렌스는 하루 24시간을 온라인 인터랙티브 게임을 하며 보내기 시작했다. 여자친구는 진저리를 치며 그를 떠났다. 그는 다른 온라인 게이머 두 명과 함께 사는 집으로 이사를 갔다. 그들은 밤낮으로 게임을 했다. 스크린에 빛을 반사시키면서 게임 플레이 경험의 질을 떨어뜨릴지도 모르는 광원(光源)을 모두 제거하기 위해 집안 내부를 검정색으로 칠하고 창문이라는 창문에는 두툼한 어두운 색 커튼을 쳤다.

로렌스는 중독돼 있었다. 그는 자기 라이프 스타일이 낳을 사회적 결과나 경제적 결과, 건강상의 결과에는 신경 쓰지 않았다. 로렌스의 생활은, 그리고 룸메이트들의 생활은 온라인 게임에 장악돼 있었다. 그는 결국에는 룸메이트들과 교류하는 것조차 원하지 않게 되면서 혼자 살기로 결정했다. 이제 그가 가진 유일한 '친구'는 온라인으로만 연결되는 사람들이다.

밀워키에 거주하는 열다섯 살짜리 청소년 몇 명이 홈리스와 맥주를 마시다 몽둥이를 휘두르고 발길질을 해서 홈리스를 숨지게 만들고는 자리를 떴다. "게임으로 시작한 일이었어요." 그들 중 한 명이 기자에게 한 말이다. "우리는 모두 깔깔거리면서 [소년들 중 한 명이] 장난을 치는 거라고 생각했어요. 그런데 그렇지가 않았어요." 숲에서 홈리스를 발견한 플로리다의 고등학생들은 그를 구타했다. 이 청소년들이 붙잡힌 것은 폭행 장면을 동영상으로 찍었기 때문인데, 그 비디오테이프는 그들이 폭력을 행사하면서 깔깔거리고 농담을 던지는 모습을 보여줬다. 경찰이 심문하자, 그들은 "그저 재미있게 논 거였다."고 대답했다.

오클라호마시티 출신의 가정적이고 차분한 남성이 라스베이거스에서 잠깐 도박을 했다가 자신이 도박을 정말로 좋아한다는 걸 알게 됐다. 오래지 않아 도박판의 큰손이 된 그는 카지노에서 무료로 제공하는 항공 및 숙박 서비스를 통해 그 도시로 날아가서는 호텔에 투숙했고, 결국에는 집과 사업체를 잃었다. "포커를 칠 때는 세상의 어느 것도 그리 중요해 보이지 않았습니다." 요즘에 그가 한 말이다. "행운이 찾아와 대박이 터질 거라고 생각했지만, 그렇지 않았죠."

이런 사례들을 접하면 놀이가 흉한 결과로 이어질 수 있는지 여부를 의아해하게 된다. 놀이에 대한 건전한 의식이 실제로 우리에게 부작용을 안겨줄 수 있는 때가, 게임이 흉한 결과로 이어질 수 있는 때가 있을까? 놀이는 실제로 파괴적일 수 있을까?

이것은 더 활기차게 노는 것이, 또는 아이들에게 더 많이 놀도록 허용하는 것이 지혜로운 일인지에 대해 사람들이 때때로 의심을 품게끔 만드는 질문이다. 나는 이런 의혹들이 제기되는 배경을 이해한다. 결국, 우리를 놀이에 한껏 빠져들게 놔두는 것은 그 자체가 무서운 일로 보일 수 있다. 당신은 멍청한 사람으로 보일까봐 겁이 날지도 모르고, 시간을 낭비한다며 죄책감을 느낄지도, 경솔하거나 성숙하지 못한 사람으로 보일까봐 겁이 날지도 모른다. 놀이가 통제권을 벗어나 감당 못할 지경이 돼서는 실제로 당신의 삶에 부정적인 영향력을 행사하게 될 위험도 존재한다. 많은 사람들 입장에서는 이것이 놀이를 하지 않는 또 다른 이유가 될 수 있다.

특히 비디오게임 중독은 세계 전역의 선진국에서 골칫거리가 됐다. 수면 박탈, 정상적인 생활의 붕괴, 심지어 현실에 대한 이해력 저하를 경험하는 지경에 이르기까지 비디오게임과 컴퓨터게임을 강박적으로 하는 사람들을, 아이들뿐 아니라 성인들을 치료하기 위한 특별 진료소가 미국과 유럽, 아시아에 개설됐다. 중독자들은 컴퓨터 터미널을 보면 몸을 떨거나 땀을 흘리기 시작하기도 하고, 그것들과 차단됐을 때는 금단증상에 시달리기도 한다. 중독자들이 48시간 연속으로 게임을 하는 것은 드문 일이 아니다. 세계에서 제일 강한 게이밍 문화를 가진 나라로 묘사돼 온 한국에서는 아홉 살부터 서른아홉 살 사이의 인구 중 8분의 1이 게임에 중독돼 있거나 중독의 경계선 근처에서 충동을 느끼고 있다. 〈워싱턴포스트〉에 따르면, 2005년에 최소 10명의 한국 게이머가 장시간 같은 자세로 앉아 있을 경우에 발생할 수 있는 혈액응고(blood clotting) 탓에 사망했다.

놀이에 파괴적이거나 부정적인 요소가 있을 수 있느냐 여부는 과학 커뮤니티에서 벌어지는 논쟁의 근원이었다. 브라이언 서튼 스미스는 오래도록 놀이는 순수한 활동이 아니라고 느껴온 놀이이론가다. 그는 우리가 참여하는 놀이는 공정하지 않은 사기적인 행동이라고, 사디즘과 잔혹성은 놀이에 보편적인 요소로서 여생 동안 (어쩌면 그보다 더 오래도록) 그런 상태로 남을 거라고 생각한다.

서튼 스미스의 최근 저작인 『놀이의 모호성(The Ambiguity of Play)』은 이 주장을 강변한다. 책에서 그는 방황과 도둑질, 살인, 도주 등을 소재로 삼은 상상의 이야기들을 담은 놀이를 기록한다. 서튼 스미스는 이것을 실제 생활보다 훨씬 더 무섭고 음울하며 위협적인 '주마등(phantasmagoria)'으로 본다. 그가 생각하기에, 이런 종류의 놀이가 존재하는 것 자체가 놀이에 부정적인 면이 있다는 것을 입증한다.

나는 놀이가 본질적으로 세계에 대한 더 낙천적이고 탐구적인 관점과 더 조화로운 사회적 교류를 빚어내려는 진화의 메커니즘에 의해 주조됐다고 생각한다. 일부 사람들이 거론하는 놀이의 '어두운 면'은, 사실은, 다루기 까다로운 감정을 다루는 데 놀이가 사용되고 있을 때나 사람들이 전혀 놀고 있지 않을 때에 해당하는 사례들을 모아놓은 것이다. 다른 사람에 대한 통제력을 획득하는 수단으로 활용되는 사디즘이나 잔혹성은 놀이가 아니다. 충동적인 속성을 가진, 그리고 중단할 수 없는 욕망이 주도하는 행동은 놀이가 아니다.

사람들이 내놓은 부정적이거나 파괴적인 놀이의 제일 보편적인 사례 중 하나가 약자를 괴롭히는 짓(bullying)이다. 이런 사례가 보편적으로 거론되는 것은, 어렸을 때 친구들과 놀던 중에 놀림을 당하거나 괴롭힘을 당하거나 구타를 당하거나 따돌림을 받거나 창피를 당했던, 그리고 그러는 동안 우리를 괴롭힌 아이들은 깔깔거리며 재미있어 하던 사건들을 우리 모두가 기억할 수 있기 때문일 것이다. 그보다 더 심한 것은, 아이들이 육체적 공격을 가해 다른 아이들에게 (심지어 앞서 언급했던 홈리스의 경우처럼 어른들에게) 부상을 입혀 놓고는 그건 "그저 놀다 보니 생긴 일"이라고 주장하는 경우다.

이런 종류의 사례에서, 이것은 전혀 놀이가 아니라고 말하는 것은 내게는 쉬운 일이다. 놀이의 주요한 특징 하나는 그 활동을 계속해 나가고픈 욕망이다. 놀이에 참여한 당사자 중 한쪽의 힘이 다른 쪽보다 세다면, 그들은 놀이 공간을 평준화하고 게임을 계속 진행해가기 위해 자동적으로 스스로 핸디캡을 쓸 것이다. 스스로 핸디캡을 쓰는 것(self-handicapping)은, 북극곰이 허스키 허드슨의 목을 '물었을' 때처럼, 동물들이 하는 놀이에서 쉽게 볼 수 있다. 더 많은 사례를 보고 싶으면 유튜브에 가서 '놀이하는 개와 고양이(dog and cat playing)'를 검색하기만 하면 된다. 개는 고양이보다 덩치가 훨씬 크고 더 무섭지만, 덩치를 더 작아 보이게 만들려고 땅에 납작 엎드린다. 개는 고양이를 때리려고 발을 사용할 경우에도 무척 부드럽게 발을 놀린다.

내 어린 시절의 기억은 아이들이 알아서 핸디캡을 쓰는 것의 탁월한 사례를 제공한다. 때는 시카고의 11월로, 가랑비가 부슬부슬 내리는 우중충하고 쌀쌀한 초겨울의 오후다. 나는 열 살이다. 우리 동네의 사내아이 8명인가 10명이 동네 공터에서 미식축구 경기를 하려고 준비하고 있다. 두 주장 리니 키스와 더기 위버는 나이와 덩치, 능력을 기준으로 선정됐다. 우리 형 브루스하고 나는 리니의 팀에 배정됐다. 더기의 팀이 우리보다 한참 더 강하다는 건 분명하다.

어떤 규칙을 적용해야 하느냐를 놓고 15분쯤 입씨름을 벌인 후, 동전 던지기에서 이긴 더기는 킥 오프(kick off)를 선택한다. 나는 양 팀을 통틀어 덩치가 제일 작고 제일 어리고 제일 약한 선수다. 내가 이 경기에 끼게 된 건 오로지 형이 있었기 때문이었고, 형이 보여준 허세와 자신감 덕이었다. 그래서 더기가 나를 향해 나선을 그리며 날아오는 기가 막힌 하이킥을 날렸을 때, 모두들 이 경기의 첫 플레이가 어떤 결과를 낳을지를 이미 알아차릴 수 있었다.

공이 궤적을 그리는 도중에 리니가 목청이 터져라 소리를 질렀다. "무효! 이건 무효야!" 플레이는 곧바로 중단됐고 대대적인 입씨름이 벌어진다. 리니가 결국 입씨름에서 승리하면서 "우리 팀이 원치 않으면 '무효 플레이'로 세 번 판정할 수 있다"는 새로운 규칙이 게임에 첨가된다. 게임은 계속된다.

점수는 기억하지 못하지만, 우리 팀이 참패했다는 건 기억한다. 그런데 우리 팀의 누구도 그 결과에 딱히 속상해하지 않았다. 게임하는 동안 실제로 플레이를 하면서 보낸 시간보다 팀을 교체하고 규칙을 바꾸는 데 쓴 시간이 더 많았다. 그렇지만 그곳에서 우리는—어른들의 감독을 받지 않고, 부모님도 없이, 심판도 없이, 차가운 시카고의 진창을 나뒹굴면서—게임을 진행시키려 최선을 다하고 있었다.

어른들의 놀이라고 크게 다른 것은 아니다. 우리는 경쟁하려는 충동 때문에 단기간 동안은 경기를 지배하고 싶어 할지 모르지만, 이런 상황이 내내 벌어진다면 게임은 지루해질 것이다. 이것이 프로 스포츠에 팀들 간 전력이 어느 정도 균형을 맞출 수 있도록 약체 팀들에게 기회를 제공하는 드래프트(draft) 시스템이 있는 이유다. 놀이를 하면서 균형점을 찾으려는 선천적인 충동은 사람들이 항상 이기는 팀에 반감을 가지면서 약체(underdog)를 응원하는 이유이기도 하다. 극렬 팬을 제외한 어느 누구도 양키스나 패트리어츠가 매해 우승하는 것을 보고 싶어 하지 않는다. 아마추어 골프 같은 일부 게임에서, 핸디캡은 정교하게 계산된, 공식 경기의 명백한 일부분이다.

누군가가 위세를 부리거나 공격적으로 굴거나 폭력을 행사할 때, 그들이 하고 있는 일이 무엇이건, 그들은 진정한 놀이에 참여하고 있는 게 아니다. 그들이 모노폴리(Monopoly)나 야구, 잭스(Jack, 공을 튕겨서 하는 아이들 놀이-옮긴이)를 하거나, 그냥 익살을 부리면서 놀고 있을 수는 있다. 그런데 그들이 누군가에게 육체적으로나 정신적으로 상처를 주려 애쓰고 있다면, 그들이 하고 있는 활동은 놀이의 모든 기준을 충족시키지 못한다. 사람들은 폭력적인 짓을 하는 동안 농담을 하거나 놀이 행동에 참여할 수도 있는데, 그렇게 하면 양심이 편해지고 자신들의 잔혹성을 부인할 수 있기 때문이다. 이것은 배트맨 만화나 영화에서 조커(Joker) 같은 악당들이 보여주는 외설적이고 사악한 성향의 일부다. 조커가 일반적인 범죄자보다 더 심한 악당인 것은 폭력적으로 구는 동안 재미를 보는 사람이라는 것이 명확하게 보이기 때문이다.

스포츠와 게임의 필수적인 부분은 승리이지만, 심지어 경기를 할 때조차 특정한 규칙이 놀이를 지배한다. 참가자들은 승패가 결정된 후 상대와 악수하며 상대를 존중할 수 있는 '훌륭한 스포츠맨'이어야 한다는 합의가 있다. 페어플레이를 하려는 욕망은 우리의 유전자에

아주 깊숙이 박혀 있을 것이다. 콜로라도대학교 생태학과의 진화생물학 명예교수인 마크 베코프(Marc Bekoff)는 창발적 도덕성(emergent morality)을 갖춘 플레이의 조합에 대한 명쾌하고 능란한 글을 썼다. 펭귄과 코요테가 야생에서 하는 놀이에 대해 장기간 현장 연구를 하고 철학에 깊이 몰두했던 그는 동물의 사회적 행동과 이타심의 기본 원리 사이의 연결고리를 파악하는 분야의 세계적 권위자로 자리를 굳혔다. 그는 놀이 이론 분야의 선구적인 논문인「포유류의 놀이: 예상하지 못한 것을 위한 훈련은 재미있을 수 있을까?(Mammalian Play: Can Training for the Unexpected Be Fun?)」의 공동 저자이기도 한데, 이 논문은 그가 야생에서 수행했던 다양한 종의 놀이에 대한 관찰에서 비롯됐다. 그가 지도했던 대학원생들이 보여준 탁월한 업적(존 바이어스도 그중 한 명이었다)도 그의 권위를 한층 더 강화시켜 줬다. 베코프는 동물들이 주고받는 놀이 신호를 사회적 신뢰의 기초로, 사회적으로 적절한 최초의 '믿음의 아이콘'으로 묘사한다. (동물은 사실상 이렇게 말하고 있다. "이 플레이 바우 뒤에 이어지는 행동은 너에게 해를 끼치지 않을 거야.") 그는 동물들이 하는 놀이가 놀이터를 평탄하게 만드는 작용을 하면서 공정성을 고취한다는 것도 보여줬다. 그러므로 베코프가 보기에, 정의(justice)는 동물의 놀이에서 시작됐고 건전한 인간의 놀이에 의해 발전됐다.

맥신 시츠 존스턴(Maxine Sheets-Johnstone)은 저서『운동이 최고다(The Primacy of Movement)』와『도덕성의 뿌리(The Roots of Morality)』에 놀이를 주요한 선생님으로 삼은 신체 운동에서 비롯된 '앎(knowing)'의 기원에 대해 썼다. 무용과 철학 양쪽의 박사학위를 가진 그녀의 저서들은 그녀가 '머리 중심적(cephalocentric)'인 세계에서, 균형이 깨진 세계에서 관찰했던, 신체와 정신의 재결합을 지지하는 일련의 설득력 있는 주장을 담고 있다.

게임을 지나치게 심각하게 받아들이는 사람과, 패배를 참아내지 못하는 사람과, 패하고 나면 오랫동안 불쾌해하는 사람과 플레이해 본 적이 누구나 있다. 이런 가여운 스포츠맨들은 정말 재미없는 사람들이다. 그들은 게임을 망친다. 이런 버릇없는 스포츠맨을 상대로 이기는 것은 즐거운 일이 아니다. 가여운 스포츠맨들은 자기도취에 매몰된 경우가 잦다. 팀 스포츠의 공유된 감정에 사로잡히는 대신에, 제일 뛰어난 경우인 몰아지경에 빠지는 대신에 말이다. 정말이지, 그들은 놀이를 하고 있는 것이 전혀 아니다.

게임이 가진 매력의 일부는 그건 그저 게임에 불과하다는 것에, 게임 결과는 정말로 중요한 것은 아니라는 것에 모두들 뜻을 모은다는 것이다. 전문 운동선수들은 자기 자신에게 이 점을 상기시켜야 한다. 그들이 받는 연봉은 그들이 낸 성적에 달려있기 때문이다. 그들은 이건 '그저 게임일 뿐'이라는 것을 망각하고는 승패를 개인적인 일로 받아들이기 시작하기 쉽다. 그 시점에서, 스포츠는 사람의 진을 빼놓는 고역이 될 수 있다. 벨기에의 사이클리스트 챔피언 톰 부넨(Tom Boonen)은 자신이 그런 감정에 맞서려고 사용하는 수단에 대해 다음과 같이 얘기했다.

레이스에서 우승하는 것은 즐거운 일이 돼야 한다고 생각합니다. 그건 취미가 돼야지 직업이 돼서는 안 됩니다. 사이클링을 시작하는 날 그걸 마음에 새기도록 하세요. 전문 사이클리스트가 되는 거나 돈을 버는 것이 중요한 게 아닙니다. 우리가 사이클리스트가 된 것은 그걸 좋아했기 때문입니다. 취미로 출전한 레이스에서 우승하려고 노력해보세요. 사이클이 안겨주는 즐거움과 우리가 그것에서 되돌려 받을 수 있는 것들을 위해서요. 그걸 명심하면서 전문적인 라이더(rider)가 됐다면, 그 덕에 상황은 훨씬 수월해집니다. 레이스에서 우승하는 것은 무척 대단한 일이죠. 그렇지만 그건 그저 레이싱일 뿐입니다. 그건 당신이 좋아하는 일이어야 합니다. 그러고 나면 모든 게 잘 풀릴 겁니다.

우리는 놀이를 하는 동안 살아가며 겪을 승패를 우아한 태도로 다루는 법을 배운다. 결국, 우리는 악수를 하고 감정을 푸는 법을, 게임에서와 마찬가지로 '실제' 인생에서도 유용한 무엇인가를 배운다. 가여운 스포츠맨은 양쪽 영역 중 어느 쪽에서도 그런 일을 하지 못한다.

놀이 중독

비디오게임이나 컴퓨터게임 중독은 어떤가? 이런 사례에는 다른 플레이어를 향한 공격적인 행위나 폭력 행사가 전혀 없다.

그저 플레이어가 플레이를 중단하지 못하는 게임만 있을 뿐이다. 이것을 놀이의 병적(病的)인 형태로 볼 수 있을까? 대부분의 플레이어 입장에서, 게이머가 되는 건 즐거운 일이다. 내가 아는 대부분의 젊은 게이머는 비디오게임에서 거둔 성공에서 자신감을 얻는다. 그들은 비디오게임을 하는 동안 게임에 사로잡히고 도전을 받고 게이밍 스킬을 향상시킨다. 대부분은 다른 활동에도 참여한다. 아직 어린 까닭에 부모님에게 여전히 의존하는 게이머의 경우는 비디오게임에 접속하는 데 통제를 받게 되고, 그런 어린 게이머들은 재미를 주는 다른 대안들을 접할 수 있다. 그런 식으로 행해지는 게임은 뇌 발달에 긍정적인 효과를 안겨줄 수도 있다. 최근에 출판된 의학 저널에, 비디오게임을 하는 레지던트 외과 의사들이 최소 절개수술에서 사용하는 관절경(arthroscopic) 도구를 훨씬 더 정확하고 빠르게 다룬다는 걸 보여주는 논문이 실렸다. 공군(空軍)은 비디오게임에 능숙한 병사들을 언젠가는 유인(有人) 전투기를 완전히 대체할 무인(無人) 드론을 조종하는 조종사로 선발한다.

스크린을 중심으로 하는 놀이(텔레비전, 컴퓨터, 게임보이스Game Boys, 휴대폰과 아이팟iPod으로 하는 게임들)에 대한 내 우려는 본질적으로 그 놀이가 주로 한곳에 앉은 채로 몸을 그리 놀리지 않으면서 하는 놀이가 될 수 있고, 심리적 건강에 필수적인 부분인 현실 세계에서 사람들과 하는 교류로부터 사람들을 고립시킬 수 있다는 것이다. 누군가가 스크린을 보며 게임을 하거나 스크린을 지켜보고 있을 때, 거기에 자연 세계와 접하는 부분은 전혀 없고, 사회적 동물인 우리 내부에 존재하는 성숙함의 일부분인 사회적 뉘앙스도 전혀 발달하지 않는다.

스크린이 제공하는 강렬한 시각적 자극은, 사람을 사로잡는 내러티브와 더불어, 대단히 유혹적인 놀이 친구(playmate)가 될 수 있다. 나는 마룻바닥에서 블록을 갖고 놀면서 서로서로 교류하고 협상하며 새로운 스토리라인을 고안해내고 활기찬 대화를 주고받으며 행복해하는 아이들을 봐왔다. 그러다가 텔레비전이 등장했고, 그런 놀이는 중단됐다. 교류는 더 이상 이뤄지지 않는다. 스토리라인은 박스(box)가 이미 설정해놓았고, 아이들은 이제 몸을 움직이지도 않고 입도 열지 않은 채로 매번 진행되는 게임을 얌전히 따라가기만 한다. 이와 비슷하게, 1인 비디오게임은 아이들의 관심을 독차지하면서 아이들을 사회적으로 고립시키고 있다.

아이들은 현실 세계에서는 스크린과 게임이 낳는 이런 종류의 감정적 흥분을 신체적 활동을 통해 배출하는 게 보통이다. 이런 신체적 배출이 없으면, 아이들은 안달하면서 멍한 모습을 보일 수 있다. 관심 결핍과 과도한 게임 플레이 사이의 상관관계를 보여준 연구들이 있다. 강렬한 신체적 활동을 스크린 기반 게임 플레이와 결합시킨 위(Wii) 같은 비디오게임이 이 방정식을 어떻게 바꿔놓는지 확인하는 것은 흥미로운 일일 것이다. 이런 유형의 게임들이 주로 앉아서만 하는 게임들보다 플레이어들을 더 건강하게 만드는 것으로 판명될 수도 있다.

내가 스크린 기반 엔터테인먼트의 과도한 이용과 관련해서 하는 다른 우려는 그것들이 물리적인 세계와 상호작용해야 하는 심오한 인간적 욕구를 도외시한다는 것이다: 우리를 잡아당기는 중력을 느껴보기, 공간과 시간의 차원들을 물리적으로 관통하며 이동하기, 단단한 물체들의 물리적 저항 느끼기. 우리가 이 세계와 하는 교류의 상당 부분은 손을 통해 이뤄진다. 프랭크 윌슨(Frank Wilson)은 손과 뇌 사이의 관계를 연구하며 시간을 보냈다. 윌슨이 보기에, 손과 뇌는 공진화(coevolve)했고, 서로에게 밀접히 의지한다. 손을 잃은 사람은, 당연한 말이지만, 다른 방식으로 환경과 상호작용한다. 그런데 인간의 혈통이 시작된 수백만 년 전부터, 손은 우리 몸이 우리를 에워싼 세상을 조작(manipulate, '손hand'을 뜻하는 라틴어 단어에서 파생된 단어)하는 데 활용하는 단연코 중요한 도구였다.

손과 뇌는 서로를 필요로 한다. 손은 세계와 상호작용할 수 있는 수단을 제공하고, 뇌는 방법을 제공한다. 윌슨은 신경학적인 표현으로 "손은 항상 뇌를 찾고 뇌는 손을 찾는다"고 말하는 걸 좋아한다.

내가 그러는 것처럼, 윌슨은 손과 뇌는 서로의 기능을 위해서만 중요한 게 아니라고 느낀다. 그는 3차원 물체를 조작하기 위해 손을 사용하는 것이 뇌 발달의 필수적인 부분이기 때문에도 손과 뇌는 중요하다고 생각한다. 세계 전역에서, 아이들은 블록을 갖고 놀고 머드파이(mud pie)를 빚고 장난감을 밀고 다니고 공을 던지고 '요새'와 '주택'을 짓는다. 평범한 놀이, 내가 보여준 놀이는 신경이 성장하고 복잡해지는 과정에 끝없이 거름을 제공하고, 손을 사용하는 모범 사례들로 가득하다.

이것이 수백만 년 동안 행해져 온 방식이다. 우리의 유전적 본질의 일부분이다. 따라서 일하는 중에, 노는 중에, 탐구하는 중에 손을 사용하는 아이들은 우리를 빚어낸 설계도에 따르는 방식으로, 모든 영장류가 오랜 진화의 궤적 동안 발달해 온 방식으로 뇌를 발달시키고 있다.

우리의 뇌가 3차원 물체를 대했을 때는 비디오나 컴퓨터 스크린에 표시된 2차원 영상을 대했을 때와 다르게 반응한다는 걸 증명하는 최근에 나온 과학적 증거가 있다. fMRI(functional magnetic resonance imaging, 기능적 자기공명 영상)로 알려진 뇌 이미징 기술을 활용하는 어느 특별한 연구는 실험자가 머리 위에 설치된 화면을 통해 영상을 직접 보는 것이 실험의 일부분이었다. 공을 쥔 **실제** 손의 이미지가 영상으로 뜨자, 뇌에서 시각을 담당하는 회로와 관련 회로들이 있는 커다란 영역들이 활성화됐다. 공을 쥔 손을 찍은 **사진**을 보여주자, 시각을 담당하는 피질은 비슷한 흥분을 보여줬지만, 관련된 영역들은 사실상 조용했다. 우리는 자연적인 상황에서 더 종합적으로 '보도록' 프로그래밍된 것처럼 보인다. 내가 비디오게임을 비롯한 스크린플레이에 대해 걱정하는 또 다른 주된 이유는 중독 가능성이다. 이것은 여전히 어느 정도 논란의 대상이지만, 대부분의 전문가는 컴퓨터게임 중독을 아편 중독 같은 더 명백한 중독에 비교할만한 것으로 본다.

오피오이드(opioid, 아편과 비슷한 작용을 하는 물질-옮긴이)는 정상적인 인간의 신체에 중요한 물질이다. 오피오이드의 기능 중 하나가 통증을 낳는 회로들을 차단하는 것이다. 사람들은 오피오이드에 취하면 웰빙과 편안함의 그윽한 감각이 생겨날뿐더러 딱딱하거나 거친 모서리들이 세상에서 모조리 없어지는 것 같은 기분이 된다고 묘사한다. 뇌는 평범한 생활을 하는 동안에도 우리가 극심한 스트레스나 심각한 통증에 시달릴 때 엔도르핀(endorphin)이라고 부르는 진통제를 소량 방출한다. 이런 엔도르핀과 다른 신경 신호분자들이 격렬한 운동을 한 후에 찾아오는 이른바 러너스 하이(runner's high)의 출처다. 그런데 우리에게 노출시켜야 하는 엔도르핀의 양을 조절하는 천연 피드백 회로들도 있다. 헤로인이나 코데인(codeine), 퍼코셋(Percocet) 같은 인공 오피오이드를 섭취하면 그런 규제 메커니즘이 끊어진다. 뇌는 엄청나게 큰 오피오이드의 충격을 받는다.

그런데 오피오이드의 중요한 점은 그걸 사용한다고 해서 자동적으로 중독으로 이어지지는 않는다는 것이다. 통증 때문에 오피오이드를 처방받은 사람들의 대부분은 중독자가 되지 않았다는 것을 여러 연구가 실례로 보여줬다. 그들은 불편함에서 해방되는 것을 고마워하고 심지어는 취한 기분을 좋아했을지 모르지만, 질환을 이겨내고 나서는 그걸 섭취하는 것을 쉽게 중단했다. 하지만 학대나 다른 원인의 결과로 만성적인 심리적 통증을 느끼는 사람들은 중독이 되는 경우가 잦다. 오피오이드는 이런 심리적 통증을, 완화하는 게 가능할 거라고 믿지 않았던 통증을 완화해주기 때문이다.

놀이는 보상회로도 활성화시킨다. 유익한 활동이기 때문이다. 엔도르핀이 그랬던 것처럼, 우리가 놀이에 얼마나 깊이 참여할 것인지를 제한하는 천연 규제회로들이 있다. 심리적 균형이 잘 잡힌 건전한 어른들은 놀이를 즐길 테지만, 어느 정도 시간이 지나면 자신들이 하는 게임이 뭐가 됐건 그것에 점차 싫증을 내면서 뭔가 다른 활동을 할 것이다. 하지만 다른 심리적 통증에서 벗어나려고 게임을 사용하는 사람들은 놀이를 중단하지 않을 것이다. 놀이를 중단하면 통증과 불안감이 다시 몰려올 것이다.

그러므로 이런 탈출을 제공하는 흥분과 쾌감은 신체적·사회적·감정적·인지적으로 재앙 같은 결과를 동반하는 중독성을 띨 수 있다. 내가 인터뷰했던 청소년기 말기의 골수 게이머들은 가상과 현실을 구분하는 것이 정말로 어렵다고 밝힌다. 그들은 게임을 하지 않는 사람들하고는 질이 다른 의식의 흐름을 경험한다. 게임을 하지 않는 사람은 내면의 삶의 가상의 측면을 즐기는 게 보통이지만, 그것을 구체적인 현실과 쉽게 구분할 수 있다. 그런데 중독된 게이머는 그렇게 하지 못한다.

더불어, 사람들은 내면 깊숙이 자리 잡은 심리적 욕구를 다루기 위해 그런 종류의 놀이에 중독된다. 컴퓨터게임에 중독된 사람들 중 다수가 삶이 제기하는 다양하고 모호한 난제들을 대면하면 편안한 감정을 느끼지 못한다. 실생활에서는 우리가 '승리'했는지 '패배'했는지가 명백하지 않은 경우가 잦다. 게임은 승패가 모호하지 않고 명확한 잘 통제된 세계를 제공한다. 일본과 한국에 게임 중독이 널리 퍼진 이유 중 일부는, 그 나라들이 대단히 구체적이고 경직된 커리어 패스(career path)를 밟으면서 고도의 성취를 이루라고 젊은이들을 강하게 압박하는, 그러면서 각자가 나름의 추구하는 바를 규정할 수 있는 기회를 젊은이들에게 거의 제공하지 않는 사회들이기 때문일 것이다.

다른 놀이 형태는 어떨까? 하워드(Howard)는 도박 중독에 시달리는 사람이었다. 그는 슬롯머신에서 최초의 잭팟을 터뜨리고는 주위에 있는 사람들에게 술을 돌렸을 때가 무제한적인 즐거움을 처음으로 한껏 경험한 때였다고 내게 말했다. 그는 힘을 주체하지 못할 것 같다고, 자신이 사람들을 통제하고 사람들에게 사랑을 받는다고 느꼈는데, 이전에는 자신이 그럴 자격이 있는 사람이라고 느낀 적이 전혀 없었다. 그는 그 최초의 대박을 터뜨린 이후로는 또 다른 대박에 대한 환상을 품는 것을 중단할 수가 없었고, 그 기분을 다시 경험하기 위해 도박을 계속했다. 비디오게임에 중독된 (대부분의) 젊은 남성들은 자신에게 어른들의 세계가 요구하는 것을 충족시킬 능력이 있는지에 대해 불안감을 느끼는 게 보통이다. 그들의 사교 기술은 잘 다듬어지지 않았고, 그들은 기질적으로 부끄럼이 많은 사람인 경우가 잦다. 그리고 그들은 사람들이 자신들에게 거는 기대감을 잘 느끼는데, 자신들이 그 기대감을 충족시킬 수 있을 거라고는 생각하지 않는다. 그런데 온라인게임이나 비디오게임은 그들에게 성공할 **수 있는** 세계를 제공한다. 그들은 성공에 대한 보상을 신속하게 받고, 실패할 경우에는 쉽게 상황을 뒤집을 수 있다.

게임 중독은 비만이 음식의 '어두운 면'을 대표하는 만큼만 놀이의 '어두운 면'을 대표한다. 전체적으로, 3차원적인 육체적 놀이와 사회적 놀이는 '더 나은' 놀이 형태다. 균형 잡힌 식단이 설탕이 가득한 식단보다 더 뛰어난 것처럼 말이다. 후자는 더 즉각적인 만족감을 제공하지만, 장기적으로는 피해를 준다. 건강을 유지하기 위해서는 놀이와 음식이 다 필요하다. 우리가 그걸 지나치게 과용할 경우, 책임은 놀이나 음식이 아니라 우리 자신에게 있다. 실제로, 놀이에 지나치게 집착하게 되는 것은 우리가 인생의 다른 측면들에서 심리적 간극(psychological gaps)에 직면했다는 것을 보여주는 중요한 지표가 될 수 있다. 40대의 어느 시점에, 나는 러닝(running)을 많이 하면서, 더 장거리를 뛰고 개인적인 최고 기록을 경신하는 데 몰두해서는 러닝에 지나치게 많은 시간을 쓰고 있었다. 당시에도 놀이에 대해 많은 지식을 갖고 있었음에도, 이런 말을 하는 건 유감스럽지만, 그 시기의 나는 러닝을 향한 충동이 내 개인적인 생활과 직업적인 생활을 무척 심하게 덮쳤다는 것을 깨닫지 못했다.

개인적인 삶의 위기를 겪고서야 상황을 자세히 살펴본 나는 정기적으로 하는 참된 놀이가 인생에 중요하다는 것을 각성했다. 일과 '놀이'에 지나치게 심하게 내몰리면서, 직업과 가족, 신체적 운동에 지나치게 몰두하면서, 나는 진정한 놀이가 제공하는, 활력을 강화해주는 보상들을 잃은 상태였다. 내가 가끔씩 생기를 되찾게 해주는 휴가를 떠나거나 활발한 놀이를 하지 않았다는 말을 하는 게 아니다. 그렇게 했는데도 내 전반적인 생활은 심한 압박을 받았고, 업무 지향적이었으며, 수면을 줄이거나 개인적인 놀이를 하고픈 사적인 욕구를 경시하는 일 없이 달성할 수 있는 수준 이상의 것을 꾸준히 요구하고 있었다.

돌이켜보면, 내가 달리했어야 하는 일은 직업적인 생활에 놀이를 더 일찍, 더 일관성 있게 통합시키는 것이라는 게, 그리고 지나치게 열심히 일하는 것에 대한 명확한 경계선을 그어주는 것이라는 게 보인다. 당시의 나는 마음속에서 일과 놀이를 인위적으로 분리했었다고 생각한다. 그런데 그것은 큰 실수였다. 가족과 함께하는 상황에서 아이들의 숙제를 돕는 과정에 놀이를 더 많이 통합시키고, 집 주위에서 행해야 하는 일에 더 유쾌한 분위기를 불어넣으려 노력했어야 했다. 그런데 나는 직업적인 생활에서 지나치게 많은 것을 성취하려는 충동에 내몰렸고, 집에도 그런 분위기를 불어넣었다. 놀이를 탐구하며 보낸 지난 21년은 내가 개인적인 변화를 겪은 기간으로, 그 기간은 이 책의 감정적인 기반이 된 직접적인 경험을 제공했다.

규칙 깨기

놀이는 항상 좋은 것이고 놀이에 부정적인 점은 없다고 믿는 놀이이론가들이 일부 있다. 나는 놀이를 **항상** 달콤하고 명랑한 것이라고 보지는 않는다. 놀이는 위험한 것일 수 있다. 사람들은 상처를 입는다. 거친 신체 놀이는 인간을 비롯한 청소년기에 있는 모든 포유류에게 전형적인 놀이다. 거친 신체 놀이를 하던 중에 누군가가 선을 약간 넘는 짓을 하는 것은 그 놀이의 일부분이다. 개의 경우, 상처를 입은 개가 비명을 지르며 재빨리 몸을 옮기는 것을 볼 수 있다. 아이들의 경우에는 한 아이가 "야, 정말로 아프잖아!"라고 소리를 치면서 주먹을 날릴 수도 있다. 놀이가 싸움으로 변하는 것은 대부분의 공공 놀이터에서 주기적으로 볼 수 있는 일이다. 건전한 상황이라면 아이들은 하던 행동을 잠깐 멈추고, 그러는 동안 상처를 입힌 아이는 그런 의도가 아니었다는 것을 상처 입은 아이에게 (아마도 말은 하지 않으면서 보복으로 날린 주먹을 맞거나 걱정된다는 표정을 보여주는 것을 통해) 알려준다. 그리고는 놀이를 재개한다. 양쪽 다 자신들이 갈 수 있는 한계가 어디인지에 대한 교훈을 배웠다. 이건 역설적으로 보일지도 모르지만, 이런 에피소드들은 아이들이 더 가까워지게, 심지어는 노는 중에 더 자유로워지게 만들어준다. 자신들의 한계선이 어디에 그어져 있는지를 알게 된 지금은 특히 더 그렇다.

내가 거친 신체 놀이 얘기를 하면 대부분의 사람들은 사내아이들을 상상한다. 사내아이들이 여자아이들보다 신체적 놀이에 더 자주 참여하는 것은 사실이다. 그런데 여자아이들도 강력한 심리적 요소를 가진 거친 신체 놀이의 일종에 참여하는 일이 잦다. 이건 역할 놀이, 뒷담화, 못살게 괴롭히기, 또는 다른 아이들을 따돌리는 파벌 형성과 더 관련이 깊을 수 있다. 심리적 협박과 배제에 기초한 행위를 하는 '못된' 여자아이는 약한 아이를 괴롭히는 사내아이하고 대등한 존재인데, 둘 다 놀이의 흐름을 방해한다. 몸을 쓰는 거친 신체 놀이에서처럼, 아이들은 상처를 입는다. 그런데 건전한 상황에서, 여자아이들은 지나치게 멀리 가는 행위를 구성하는 것이 무엇인지를 배우고 그 결과로 더 가까워진다.

두 사례 모두에서, 나는 우리 어른들이 그런 놀이를 중단시키려고 지나치게 빨리 상황에 개입한다고 생각한다. 우리는 작은 상처를 입을 가능성을 보고, 통제력이 상실된 것처럼 들리는 꺄악 소리와 끙끙거리는 소리를 듣는다. 그러면 우리는 레슬러들에게 그만하라고 강요한다. 우리는 아이들이 험담을 주고받는 것을 불편해하고, 아이들이 공정하게 행동하도록 무조건반사처럼 개입한다. 그렇게 함으로써, 아이들이 스스로, 또는 서로서로 배우는 걸 못하게 막는다. 물론, (멍이 들거나 찰과상을 당하는 수준을 넘는) 심각한 신체적 부상을 입거나 영원히 남을 심리적 피해를 입을 리스크가 있는 게 명백할 경우에는 부모로서 책임을, 또는 놀이터 감독자로서 책임을 실행에 옮겨야 한다. 그런데 대부분의 경우에는 상황이 저절로 풀리게 놔두는 편이 훨씬 나을 것이다. 상황이 잘 풀리지 않으면, 나중에 아이들에게로 돌아가 감정적이거나 신체적으로 벌어진 난장판에 대한 기분은 괜찮으냐고 물어볼 수 있다. 그러면 아이들은 실마리를 제공하는 게 보통이다. 진짜 거친 신체 놀이에서, 참가자들은 비명을 지르고 미소를 짓고 깔깔거리면서 서로를 때리고 몸을 날리고 레슬링을 하고 추격전을 벌이고 야유를 퍼붓는다. 그러고는 한바탕 놀이가 끝난 뒤에도 친구로 남는다.

내가 우리의 미래에 건전한 놀이를 더 많이 도입하는 것과 관련해서 품은 희망 하나는, 미국놀이연구원이 이른 나이에 하는 거친 신체 놀이에 대한 건전하고 유용한 정보를 유치원 선생님들에게 제공하는 것을 돕게 만드는 것이다. 혼란스럽고 소란하고 통제가 안 되는 것처럼 보인다는 이유로 거친 신체 놀이를 억누르면, 그 놀이에 따르는 이득은 얻지 못하게 될 것이다. 아이들에게는 이 놀이가 어느 정도 필요하다. 그래야 발달의 나중 단계들이 더 매끄럽게 진행될 것이다. 한편, 약한 아이 괴롭히기와 정도가 지나친 따돌림의 경우는, 유치원 상황에서 싹을 제거할 수 있다면, 미연에 방지할 수 있다. 선생님과 부모들은 무엇이 정상이고 무엇이 그렇지 않은지를 이해해야 한다.

거친 신체 놀이가 성인기에도 계속될 수 있다는 것을, 건전한 인간관계에 필수적일 수도 있다는 것을 깨닫지 못하는 사람이 많다. 우리는 더 이상은 서로를 붙들고 씨름을 하거나 주먹을 날리지 않는다. 그렇지만 우리는 괴롭히기(teasing)와 놀리기, 농담하기, 장난치기라고 부르는 가짜 레슬링에 참여한다. 괴롭히기는 문화마다, 개인의 성격마다 다양하지만, 일부 형태는 세상 어디에나 존재한다. 사람들이 감정적으로 가까운 사이일 때는 특히 더 그렇다. 앞장에서 언급했듯, 괴롭히기는 사람들이 경계선 끄트머리와 그 바로 너머까지 가서 대놓고 말할 경우 상처가 될 수도 있고 그렇지 않을 수도 있는 말을 하는 것을, 지나치게 멀리까지 선을 넘었을 경우에는 모든 당사자에게 탈출구를 제공하는 것을 허용한다. 그런 괴롭히기는 문화적으로 이해되는 경계선과 더불어, 놀이를 통해 학습하는 사회적 기술이다. 상대를 괴롭히고 농담을 하는 것의 의도가 상대를 이해시키거나 순전히 재미삼아 하려는 거였다면, 괴롭히기와 농담은 사회적 유대감을 형성하게 해주는 빼어난 요소들이다. 그런 행위의 밑바탕에 깔린 동기가 그 행위의 대상을 바보로 만들거나 망신을 주려는 것이라면 그것은 건전한 행위가 아니다.

캐서린 헵번(Katharine Hepburn)과 스펜서 트레이시(Spencer Tracy)는 함께 출연한 많은 영화에서 상대를 놀려대는 농담을 두 사람 사이의 권력 문제를 안전하게 탐구하는 도구로 사용한다. 영화 〈굿 윌 헌팅(Good Will Hunting)〉에는 애정이 담긴 놀려먹기의 근사한 사례가 있다. 친구 사이인 윌(맷 데이먼)과 처키(벤 애플렉)는 자신의 기분을 에두르지 않고 직설적으로 표현한다.

처키: 야, 왕재수.
윌: 왜, 쌍놈아?
처키: 생일 축하한다.

우리 가족은 놀려먹기 분야의 챔피언들 집합소다. 쉰두 살인 사촌 앨은 아직도 훌륭한 몸매로 하키를 하면서 코치도 겸한다. 그런데 우리는 만나기만 하면 칼날 같은 말을 상대에게 날리기 시작한다.

나: 너, 머리 다 빠졌다.

앨: 흐음, 네 똥배는 정말로 인상적인데.

나: 너, 아혼 살쯤 돼 보여.

앨: 네가 아직도 살아있는 걸 보고 정말 놀랐어.

이런 대화는 가끔은 약간 불쾌하지만, 이런 짓을 하면서 함께 노는 법을 배우면 이런 짓에 대비하는 법을 배우게 된다. 그리고 나는 그 모든 짓의 밑바닥에는 애정이라는 토대가 깔려 있다는 것을 안다. 외모를 소재로 놀려먹는 것은 사실은 "네 외모는 네 나이를 생각하면 썩 괜찮아 보여."라는 말을 하는 방식이다. 상대가 죽음을 앞두고 누워 있을 경우, 나는 상대의 외모를 갖고 놀려대지는 않을 것이다. 상대가 내가 자기를 놀려먹을 거라는 걸 알고 있을 경우에는 그를 놀려먹을 것이다. 그렇게 놀려먹지 않으면 상대는 자기 모습이 실제로 썩 안 좋게 보인다는 사실을 걱정하게 될 테니 말이다. 이것이 놀려먹기의 복잡한 본질이다. 이것은 놀려먹는 사람이 상대와 감정적으로 가까운 사이라는 것을, 그들은 놀려먹기를 얼마나 멀리까지 진행해도 괜찮은지를 잘 알 정도로 서로를 잘 아는 사이라는 것을 보여주는 대단히 복잡한 신호다.

놀이는, 본질상, 약간 무질서하다. 놀이는 평범한 생활의 밖으로 벗어나 평범한 패턴을 깨뜨리는 것이다. 사고하는 규칙을, 행위하는 규칙을, 행동하는 규칙을 비트는 것이다. 일부 사람들은 놀이의 이런 특징을 남들을 가학적이거나 잔인하게 대하기 위한 핑곗거리로 활용한다. 그들은 상대에게 말할 것이다. "아, 장난 쯤 친 것도 못

참겠냐? 대체 뭐가 문제냐?" 이것은 놀이의 어두운 면이 아니다. 그것은 놀이가 아니기 때문이다. 이것은 거짓된 깃발을 내걸고 가하는 공격이다. 우리가 문화적으로 세운, 놀이는 위협적이지 않다는 추정(assumption)의 방어벽 뒤에 몸을 숨기고는 상대를 지배하거나 비하하거나 통제하려는 시도다.

우리는 정상적인 놀이를 할 때도 이런 사회적 규칙을 지나치게 많이 비트는 바람에 상대에게 상처를 줄 수 있다. 아이들은 자신이 가진 능력의 역량을 안전하게 탐구하려고 놀이를 사용하다 상대를 지배하는 결과를 낳을 수도 있다. 어른들은 약간 지나치게 개인적인 소재에 대한 농담을 할 수도 있다. 그러나 우리의 교류가 배려에 기초하고 있다면, 이런 상처들은 바로잡힐 것이고, 미래에는 회피될 것이다. 규칙을 비틀면서 한계를 돌파하는 것은 놀이의 영역 내부에서 행해져야 옳다. 그것들은 놀이의 어두운 면이 아니다. 놀이의 본질이다.

8장

놀이하는
세계

나한테는 놀라운 기억이 있다. 나는 세렝게티 평원에서 사자 무리를 지켜보고 있다. 놈들 대부분은 푸짐한 식사를 즐긴 후에 불룩해진 배로 잠을 자거나 하품을 하고 있다. 갑자기, 씨름을 하면서 함께 나뒹굴던 청소년기의 암컷 두 마리가 격한 발레를 시작한다. 처음에는 싸우는 모습처럼 보였지만, 나는 그것이 놀이 본능이 안무한, 신체를 거칠게 놀려대는 춤이라는 것을 확인한다. 부드러운 곡선을 그리는 몸놀림과 네 발로 땅을 쾅쾅 두드리는 동작이 지배하는 리드미컬하고 아름다운 춤이다. 상대를 공격하겠다는 신호는 전혀 없다. 놈들은 '부드러운' 눈빛을 교환하고, 털은 곧추서 있는 게 아니라 부드럽게 흩날리며, 발톱은 살속에 들어가 있고 송곳니는 입술에 덮여 있다. 놈들은 이 행동에 특화된 소리를, 오로지 이 행동에만 특화된 소리를, 즐거움이 담긴 낮은 소리를 낸다. 그 순간의 복잡한 양상을 포착하려면 슬로모션을 찍는 카메라가 필요하다는 생각이 들 정도다. 나는 내면 깊숙한 곳에서 어떤 감정을 느꼈다. 순수하고 원시적인,

본능적인 스릴을. 내 직선적인 생각들은 이 순간이 안겨주는 통찰에 압도당한다. 참으로 근사한 사자들에게 신성한 정신이 깃든 것처럼 보인다. 육체라는 형태에 담긴 크나큰 기쁨. 반사적으로 취하는 행동의 수준을 넘어선, 본질적으로 창조적인 그 무엇이다. 헤밍웨이의 『노인과 바다(The Old Man and the Sea)』를, 소설 속의 노인이 커다란 청새치와 싸우며 인내력의 한계에 다다랐을 때를 떠올린다. 폭풍과 물고기, 여자들, 그리고 싸움들에 대한 산티아고의 모든 꿈이 사라지면서, 황혼녘의 고양이들처럼 바닷가에서 노는 사자들의 꿈만 남는다. 이것이 꿈의 본질적인 본성이다. 그것은 그 외의 것 대부분의 중요성이 사라졌을 때도 그 자리에 남아 있다.

나는 사자들을 관찰했던 그 지점에서 몇 킬로미터 떨어진 곳에서, 그리고 100만 년 떨어진 시점에서 그 이유를 찾아낼 수 있다. 아프리카의 대평원은 현대 인류의 발생지이기도 하다. 우리가 화석 기록과 분자생물학, 동물 행동 연구를 통해 알아낸 내용은 흥미로운 이야기를 들려준다. 우림(雨林)이 건조해지면서 사바나가 되자, 선행인류(prehominid)는 나무에서 내려와 직립보행을 시작했다. 돌멩이와 몽둥이를 다루는 것으로, 그리고 어른들의 보호를 받는 청소년으로서 함께 노는 것을 통해 세렝게티의 혹독한 기후 변화를 이겨내고 살아남은 선행인류는 손을 더 잘 놀리고 색(色)을 더 잘 구분하며 더 똑바른 자세로 서는 동물을 낳았다. 그런데 뇌 안에서 일어난 일은 한층 더 중요했다. 우리의 영장류 선조들은 상상을 하기 시작했다. 처음에는 활기에 찬 제스처를 취하는 동안, 그런 후에는 사냥감을 사냥하고 먹어도 되는 동물의 시체나 영양분이 많은 초목을 찾아나서는 동안 머릿속의 생각들을 목소리를 통해 밝히기 시작했다. 시간이 흐르면서, 이 영장류들은 어린 시절의 놀이 기간이 연장된 결과로 지배하고 싸우려는 경향을 통제하는 법을 배웠고, 화해하며 서로를 보살

피는 능력을 갖기 시작했다. 그들은 이렇게 지혜와 생존기술을 습득했다. 놀이를 할 기회를 놓친 이들은 우리 편과 다른 편을 구분할 수 없었고, 상대의 제스처를 오해했으며, 잠재적인 짝들에게 거부당하고는 어쩔 줄 몰라 당황해했다. 놀이꾼이 아닌 이들은 생존하지 못했다. 놀이를 한 이들은 살아남고 적응하면서 그들의 선조들은 결코 상상하지 못했던 기술과 역량을 발전시켰다.

　바로 이것이 내가 전쟁과 고통, 앙갚음, 빈곤, 대재앙이 존재하는 세계에서도 **희망**을 찾는 이유다. 놀이는 항상 적응과 생존의 비결이었고, 나는 그것이 미래에도 그렇게 남아 있을 거라고 믿는다. 어느

방송국 기자는 우리가 놀이를 통해 행동을 바꾸고 지구온난화에 더 잘 대처할 수 있는 길을 찾아낼 공산이 크다고 생각한다. 실제로, 여러 나라가 놀이를 하는 우리 인간의 진화적 특권을 존중하는 각국의 능력을 바탕으로 흥하거나 망할 것이다.

왜 이런 말을 하는 거냐고? 사회적, 경제적, 개인적인 이유가 있다.

놀이는 협동적 사회화를 위한 무대를 마련해준다. 신뢰와 공감, 보살핌, 공유의 뿌리에 영양분을 공급한다. 우리가 괴로워하는 다른 인간을 볼 때, 그가 느끼는 괴로움은 우리의 괴로움이 된다. 아이들끼리 하는 게임과 스포츠, 자유로운 놀이는 우리에게 공정함과 정의를 이해할 수 있는 토대를 제공한다. 친구들과 내가 시카고 길거리에서 했던 것처럼, 아이들은 페어플레이의 규칙에 대해 입씨름을 벌이면서 조만간 벌일 게임에 적절한 규칙들이 어떤 것인지를 놓고 협상한다. 스포츠와 게임이 마땅히 진행돼야 할 방식대로 진행되면, 게임의 재미를 위해 조직된 방식대로 진행되면, 아이들은 부정행위는 나쁜 짓이라는 것을, 그리고 최선을 다해 게임을 하는 것이 중요하다는 것을 배운다(빈스 롬바르디(Vince Lombardi, 미국의 미식축구 선수이자 감독-옮긴이)의 다음과 같은 격언에 따라 행동하는 코치가 많을 테지만 말이다. "승리는 전부가 아니다. 유일한 것이다.")

놀이는 사회에서 폭력의 수준을 낮추고 커뮤니케이션을 증대시킨다. 예를 들어, 사람들은 그들 사이에 사회적 격차나 경제적 격차가 존재할 때조차도 지역 스포츠 팀에 대한 얘기를 나누면서 공통점을 찾아낼 수 있을 때가 잦다. 충돌하는 다양한 민족 집단이나 문화적 집단들을 잘 달래서 함께 놀게 만들 수 있다면, 그에 따른 긍정적인 효과는 인상적인 수준이 될 수 있다.

이 책의 앞부분에서 소개했던 네이트 존스는 전 세계의 으뜸가는 경주용 차량 드라이버들이 모시려 드는 롱비치의 정비의 달인이다. 소외된 아이들에게 애정을 가진 (그리고 그런 아이들을 위한 재단을 설립한) 사람인 그는 아이들이 마음을 열고 서로서로 협조하게 만들기 위해 놀이 테크닉을 활용한다. 그는 한 번은 심각한 청소년 범죄를 저지른 아이들을 수용하는 로스앤젤레스소년원에 초대받았다. 아이들의 마음을 얻을 만한 말솜씨는 없는 그는 직접 설계한 어린이용 조립 경주용 차량(soapbox derby racer)을 가져가 여러 패거리를 구성해서 모여든 아이들 앞에서 조립했다. 각각의 무리는 쌀쌀맞은 태도를, 학교 다니는 아이들이라고 보기에는 지나치게 냉담한 태도를 취하고 있었다. 아이들 중 일부가 그가 하는 작업을 유심히 지켜보기 시작했다. 반짝거리는 기계들이 눈앞에 나타나자 슬그머니 모여든 아이들은 무슨 작업을 하는 중이냐고 물었다. 아이들은 오래지 않아 그의 작업을 거들었다. 결국, 자동차가 완성됐다. 네이트는 제일 덩치가 작은 히스패닉 아이를 운전석에 앉혔다. 그러고는 덩치가 보통 정도인 민첩해 보이는 백인 아이와 흑인 아이를 푸셔(pusher)로 선발했다.

그들은 즐거운 시간을 보냈다. 목이 부러질 정도까지는 아닌 적당한 스피드로 폭주하는 상태에 빠져들었다. 교도관들은 너무 놀라 할 말을 잊었다. 그 시간을 마친 후, 교도관들은 그가 아이들이 서로서로 협조하게 만들었다는 사실을 믿을 수가 없었노라고 네이트에게 말했다. 그들 말에 따르면, 서로 다른 인종 집단들은 말조차 섞지 않는 게 보통이었다. 아이들이 교류하는 유일한 때는 싸울 때였다. 이런 경험을 해본 네이트는 다음에도 아이들을 위해 조립하고 경주할 다른 차들을 가져가기에 이르렀다. 북극곰과 허스키가 그랬던 것처럼, 놀이의 본질은 무척이나 적대적인 차원의 텃세를 압도했고, 긴장감이 엄청나게 팽배한, 언제 깨질지 모를 소년원의 역학관계를 바꿔놓았다. 조금 있으면 석방될 어느 아이는 다음번에 할 자동차 조립과 경주에 참여할 수 있도록 석방일이 지난 뒤에도 소년원에 있게 해달라고 요청하기까지 했다.

놀이는 어른들의 세상에서도 우리 문화의 구조에 계속 편입된다. 대체로, 놀이는 우리의 문화다. 음악과 드라마, 소설, 무용, 기념행사, 축제의 형태를 띤 문화다. 놀이는 우리가 보유한 보편적인 인간성을 우리에게 보여준다. 남들과 함께 살아갈 수 있도록 해주는 사회 구조 내에서 우리가 어떻게 하면 자유로울 수 있는지를 보여준다. 혁신의 기원으로, 항상 변화하는 세상에 우리가 대처할 수 있게 해준다.

경제적으로 볼 때, 사람들이 생존의 차원을 넘어선 높은 생활 수준을 누리는 선진국들은 놀이를 얼마나 잘 이해하고 제도로 도입하느냐에 따라 흥망이 결정될 것이다. 지식 경제(knowledge economy)라고 불리는 것이 창조적인 경제(creative economy)에 추월당하고 있기 때문이다. 20세기 초입에, 기업들은 고차원적인 사고를 할 수 있는 노동자를 원하지 않았다. 기업은 조립 라인에서 같은 동작들을 효율적으로 반복하는 것을 잘할 수 있는 사람들을 원했다. 다른 나라들이 그런 공장을 유치할 능력을 습득하자, '산업화된' 나라들은 지금의 생활 수준을 유지하려면 더 열심히 일하거나 더 영리하게 일해야 할 것이라는 걸 깨달았다. 일주일에 엿새를 24시간 일하는 것은 높은 생활 수준의 일부분이 아니다. 그래서 대부분의 사람들은 더 영리하게 일하는 쪽을 좋아할 것이다. 지식 경제는 그 나라의 강력한 교육 시스템과 컴퓨팅 능력, 분석 능력 같은 장점에 기초한다. 그런데 이거 아나? 많은 개발도상국도 꽤나 영리한 사람들을 엄청나게 배출하고 있는 것으로 밝혀졌다. 제품 디자인, 소프트웨어 코딩, 컴퓨터 프로세서 제작, 시장 분석은 해외의 나라들로 옮겨놓을 수 있는 역량들이다.

미국, 영국, 프랑스, 독일, 스칸디나비아국가들, 일본 같은 나라들이 보유한 장점은 발명하는 능력, 사람들이 자신이 갖고 있다는 것조차 모르는 문제에 대한 해법을 꿈꾸는 능력이다. 경제적 강대국으로 남은 나라들은 지적 재산(intellectual property)을, 그리고 상당 부분이 놀이의 능력에서 비롯되는 혁신하는 능력을 창조할 수 있는 나라들이다.

지난 몇 년간, 나는 내 놀이 활동의 일환으로 하이테크 기업들이 놀이를 통해 더 많은 혁신을 해내는 걸 돕는 컨설팅을 해왔다. 그런 기업들 중 한 곳이 해외에 R&D 센터와 다른 창조적인 엔지니어링 실험실들을 갖고 있었다. 최근에 미국과 체코공화국, 중국에 실험실을 가진 세계적인 엔지니어링 기업의 임원과 얘기를 나눈 적이 있다. 그는 고도의 훈련을 받은 중국의 엔지니어링 인력들이 새로운 아이디어나 테크닉, 기술을 그리 많이 내놓지 않는 문제로 고심하고 있었다. 미국과 체코의 팀들은 좋은 성과를 내고 있었는데, 미국이 선두였다. 놀이와 혁신은 불가분의 관계라는 것을 납득한 결과, 그는 중국의 인력들이 중국 해안에서 조금 떨어진 섬에서 '놀이 주간(play week)'을 갖도록 해주는 제도를 만들고, 체코에도 비슷한 '캠프'를 설치했다. 이후로 중국 엔지니어들은 드높은 사기와 생산성을 보여줬고, 그 결과 상상력이 발휘된 혁신을 위한 게임과 자유 시간이 주중 업무시간에 통합됐다. 엔지니어들은 함께 수행하는 작업을 더 잘 해냈을뿐더러, 더 효과적으로 작업할 방법들과 디자인 문제들을 해결할 더 독창적인 해법들도 내놓았다. 흥미로운 점은, 체코 엔지니어들은 본업을 제외한 별도의 활동은 하지 않았다는 것이다. 그들에게는 이미 즐기고 있는 레크리에이션 활동이 있었고, 일터 외부에서 행해지는 집단 활동은 무엇이 됐건 그런 레크리에이션 활동을 폄훼하는 것이기만 했다.

좋은 삶

세상에는 놀이가 필요하다. 놀이는 각각의 사람들이 좋은 삶을 영위할 수 있게 해주기 때문이다. 내 말은 무슨 뜻일까? 우리 인생을 의미 있고 성취감이 충만하며 가치 있는 인생으로 만드는 데에는 무엇이 필요할까? 이것은 여러 시대를 거쳐 오는 동안 철학자와 예술가, 종교지도자, 일반 대중의 사고를 지배해 온 의문이다. 그들이 내놓은 충고와 법규, 처방, 금지는 무엇을 입고 먹고 말하고 생각하고 숭배해야 하는지에 대한 지침을 제공한다. 심지어 어떻게 죽어야 하는지에 대한 지침도 알려주었다.

이제부터 이에 대한 내 견해를 밝히려 한다.

좋은 삶을 영위하는 방법에 대한 내 조언은 그리 구체적이지는 않다. 나는 당신이 행하거나 생각하거나 느껴도 되는 것과 그래서는 안 되는 것을 정확히 말해주지는 않으려 한다. 내 입장에서, 성취감이 느껴지는 인생은 우리가 세계와 조화를 이루는 우리의 진정한 자아와, 핵심적인 자아와 어우러져서 살아가고 성장하는 인생이다. 성공한 인생은 자신의 기본적인 욕구들을 충족시키고 자신의 것을 남들에게 베풀 수 있는 인생이다. 사람은 널리 아우르는 인생을, 우리가 우리 자신보다 더 위대한 무엇인가에 참여하고 있다는 것을, 사랑하는 커플의, 우정의, 가족의, 지적이거나 사회적이거나 영적인 커뮤니티의 일부분으로서 그런 관계에 적극적으로 참여하고 있다는 것을 잘 인식하는 삶을 살 수 있을 때 행복하다.

생물학과 진화론, 심리학, 개인적인 경험의 렌즈를 통해 인생에 대한 거시적인 관점을 택할 때, 그리고 현자들이 여러 세대에 걸쳐 표명한 관점을 택할 때, 나는 활기차게 노는 사람이 되는 것이 우리 인생의 모든 영역에서 중요한 역할을 수행하는 걸 본다. 앞선 장들에서 보여준 것처럼, 우리는 선천적으로 놀이를 통해 무척 많이 성장하고 발달하도록 설계된 존재다. 우리에게 음식과 안식처, 수면, 애정이 필요하다는 것은 당연한 말이지만, 설령 우리가 단순히 생존과 번식에만 신경을 쓴다 하더라도, 놀이는 우리가 더 고차원적인 삶을 살게 해주고 새로운 차원의 통달과 상상력, 문화를 획득하게 해준다.

우리가 놀이를 **제대로** 하게 된다면, 우리 삶의 모든 영역이 나아질 것이다. 우리는 놀이를 무시할 때 문제를 떠안기 시작한다. 자신들의 삶에 놀이의 요소를 유지하지 못하는 사람들의 핵심적인 존재는 명랑함을 느끼지 못할 것이다. 놀이는 역설과 모호함, 운명론을 다룰 수 있도록 우리에게 아이러니를 제공한다. 그게 없으면, 우리는 〈애니 홀(Annie Hall)〉에서 우디 앨런(Woody Allen)이 연기한 캐릭터와 비슷한 존재가 된다. 그 캐릭터는 이렇게 말한다. "그래봐야 무슨 소용이 있어? 어쨌든 태양은 50억 년 있으면 폭발해버릴 텐데."

하지만 노는 인생(a life of play)을 산다는 것이 항상 지극히 즐겁거나 재미있는 인생 행로를 선택한다는 뜻은 아니다. 모든 문화와 시대에 걸친 사람들이 본질적으로 어떻게 보편적인 신화(神話)에 의한 삶을 살고 있는지를 기록한 빼어난 학자인 조지프 캠벨(Joseph Campbell)이 유명해진 것은 "당신의 희열을 따르라(follow your bliss)"라는 조언을 한 덕일 테지만, 그는 그 조언을 더 명확하게 가다듬었어야 옳았다. 그 조언을 즐겁지 못하거나 불쾌한 일은 무엇이건 포기해도 좋다는 뜻으로 받아들이는 사람들이 일부 있기 때문이다. 나는 캠벨과 몇 년간 밀접하게 작업한 적이 있는데, 그때 벌인 선구적인 활동은 그가 PBS에서 만든 많은 시리즈로 이어졌다. 그가 믿은 것은, 사람은 영혼에 에너지를 제공하는 인생 행로를, 마음속 깊은 곳에 말을 거는 인생 행로를 찾아내야 옳다는 것이다. 그런데 캠벨은 이 행로가 때로는 밟기 힘든 길이라는 것도 보여줬다. "당신이 얻으려는 희열이 그저 재미나 짜릿함일 뿐이라면, 당신은 그릇된 경로에 있는 것이다." 그는 말하고는 했다. "때로는 고통이 희열이다."

내 친구는 정말로 가슴 깊이 와닿는 경험을 했다. 그는 어느 쌀쌀한 아침에 가이드를 따라 스쿠버 다이빙을 하는 곳으로 갔다. 보트는 파도가 거칠게 일렁이는 바다를 요란하게 가르고 나가는 동안 요동을 쳤고, 하늘은 폭풍우가 곧 몰아칠 듯 보였다. 친구는 춥고 변덕스럽고 습한 날씨에 대해 툴툴거리면서 이런 것들 하나하나에 대해 투덜거리고 있었다. 마침내 가이드가 입을 열었다. "있잖아요, 조시(Josh), 자신에게 어느 정도의 불편을 겪는 걸 허용하지 않으면 당신은 결코 절정의 경험을 하지 못할 거예요." 그 순간, 그는 불만 토로를 중단하고는 상황을 다르게 보기 시작했다. 맞다, 바다는 출렁거리고 있었다. 그런데 그 바다에는 어마어마하게 좋은 특징도 있었다. 자그마한 보트를 내동댕이치는 방식에서 드러나는 웅장한 힘 같은 것 말이다. 구름이 뒤덮은 답답한 환경에서, 그는 햇빛이 구름을 뚫고 쏟아지는 곳에서 빛과 어둠의 근사한 명암대비가 이뤄지는 걸 볼 수 있었다. 그들은 그곳에서 예정했던 활동을 했다. 두 사람은 자연에 에워싸인 가운데, 어떤 사람도 가볼 권리를 갖지 못한, 100톤의 바닷물이 짓누르는 수면 18미터 아래에서 호흡을 했다. 그는 끝내주는 다이빙을 경험했다.

내 경우, 내가 겪은 제일 좋은 경험 중 일부는 아버지와 삼촌들과 함께 10월 말의 동트기 전 새벽에 네브래스카의 플랫강(Platte River) 강변에서 오리 사냥을 한 거였다. 녹아내리는 얼음이 흐르는 강에서 오리와 거위를 유인하는 데 쓰는 모형들을 맨손으로 고정시키는 귀찮은 일을 맡은 열두 살짜리 소년에게 그건 몹시도 고통스러운 일이었다. 그런데 오리의 눈을 피해 몸을 숨긴 곳에서 핫초코를 마실 거라는 예상은, 오리의 날개들이 처음으로 바스락거리는 소리를 들을 거라는 예상은, 동트기를 기다리는 동안 과거에 했던 사냥과 가족이 벌인 모험에 대한 이야기를 들을 거라는 예상은 그때도, 그리고 지금도 여전히 현실에서 비롯된 행복감을 불러일으켰다. 나 자신의 세계와 나머지 세계가 다 바뀌었다. 나는 더 이상은 사냥을 즐기지 않지만, 아직도 남아있는 그때의 감정은 나한테 즐거움을 안겨준다. 캐나다 거위(Canada geese)가 1년 내내 카멜강(Carmel River)을 따라 조금의 위협도 느끼지 않고 신나게 뛰어다니며 내는 끼루룩거리는 소리가 들려오기만 해도, 나는 절벽에 부딪힌 그 소리가 메아리로 돌아오는 사이에 다시 열두 살로 돌아간다.

지금 내가 정기적으로 갖는 놀이 시간에 하는 활동 하나가 집에서 가까운 곳에 있는 가파르고 굽이진 도로에서 자전거를 타는 것이다. 시카고 남부의 도시지역에서 자란 나는 내가 일흔여섯 살의 나이에 삼나무와 월계수, 참나무, 소나무, 만발한 수풀에 에워싸인 산악도로에서 페달을 밟고 있을 거라는 상상은 꿈에도 해본 적이 없었다. 환경 자체가 이렇게 새롭기 때문에, 내게는 이것이 희열이다. 그런데 오르막길을 오르는 시간은 끝없이 느리게 계속되는 신체적 고역으로, 통증에 몸부림치는 내 허벅지와 폐는 제발 쉬게 해달라고 애원한다. 나는 어린애가 아니다. 그런데 숨을 거칠게 헐떡거리면서 (내 노쇠한 육체가 아니라) 브레이크가 나를 잡아당기고 있는 것은 아닌지 의아해하며 오르막을 오르노라면 이상하게도 감정이 고양된다. 산 꼭대기가 손짓해 부르는 순간, 나는 갑자기 숲에서 벗어나 있다. 도로는 바다와 삼림지대가 이뤄낸 파노라마를 내 앞에 훤히 펼쳐놓는다. 자전거를 탈 때마다 쏟아지는 빛이 다르고, 페달을 밟는 행동은 그럴만한 가치가 있으며, 집으로 미끄러져 돌아오는 동안 내 영혼은 육체와 자연과 하나가 되면서 또렷해지고 행복감에 젖는다.

신경과학 문헌을 몰두해서 읽다 REM 수면과 놀이가 뇌간 진화의 유사한 생물학적 패턴을 공유한다는 것을 깨달으며 "아하!(aha)" 탄성을 내뱉을 때와 비슷한 순간적인 감정을 느낀다. 따라서 신체를 움직이며 로빈슨 캐니언(Robinson Canyon)을 오르는 것과 앉아서 하는 활동인 독서를 하다 깨달음을 얻는 것은 내게는 동일한 놀이 '상태'에 가깝다. 그것이 놀이의 희열이다.

아이들에게 가르치기 제일 힘든 일 중 하나가 재미를 찾기 위해 어렵거나 지루한 단계를 통과하게 만드는 법이다. "하이킹은 따분해요." 비디오게임을 무척 좋아하는 아홉 살짜리 손자가 말했다. 그런데 어쨌든 우리가 하이킹을 계속하자, 아이는 속도를 늦추면서 세세한 것을 인지하기 시작했다. 네잎 클로버, 몸부림치는 뱀을 낚아채 하늘 높이 올라가는 매, 약간 강한 산들바람이 나무들을 흔드는 소리. 참신함과 경이로움으로 흔들어 깨운 놀이 감정을 갖춘 자연을 아이들의 성정과 타고난 호기심에 적합하도록 재단해서 아이들을 몰입시킬 수 있다면, 아이들에게 자연의 진가를 이해시킬 수 있다. 자전거 여행에 나섰다가 언덕을 살펴본 아이들은 "저걸 올라가고 싶지는 않아요. 너무 힘들어 보여요."라고 말할지도 모른다. 아이들이 알지 못하는 것은, 언덕 저편에는 정말로 빠르고 재미있게 자전거를 타고 내려갈 수 있는 내리막길이 있다는 것이다. 우리는 전에도 이런 일을 했었다. 그래서 우리는 오르막을 오르는 노고가 다른 쪽에서 보상을 받게 될 거라는 것을 안다. 그런데 아이들이 아는 것은 어려움이 전부다. 일을 하는 데에도 같은 방식이 적용된다. 사람들은 어려움을 이해하지만, 어떤 일을 정말로 잘 해내는 것이 얼마나 만족스러운 것인지를 이해하기에 충분할 정도로 오래도록 그 일을 고수하지는 않는다. 재미를 찾으려면 불쾌한 단계를 통과해야 한다. 진정한 놀이는 이것보다 한 단계 더 나아간 곳에 있다.

인생 전체를 놀이 행위로 만드는 것은, 놀이에는 어느 정도의 불쾌함이 있다는 것을, 그리고 모든 경험에는 쾌감과 고통이 다 있다는 것을 인식하고 받아들일 때 가능해진다. 고초를 겪는 것이 희열이라는 말은 아니다. 내 말은, 당신의 희열을 따르는 것은 어렵고 힘들며 불편하고 때로는 지루한 일일 수 있지만, 정말로 고통스러운 일은 아니라는 것이다. 결국, 우리에게 남겨지는 좋은 느낌들은, 자전거 타기나 오리 사냥에 대한 내 기억처럼, 우리가 노는 동안 맞닥뜨리는 어떤 어려움보다도 훨씬 더 크다. 고급 수준의 놀이는, 놀이의 검정벨트는 우리가 이것을 인식하고 실행에 옮길 때 찾아온다. 우리가 우리의 핵심적인 진실에 따라 활동하고 있다면, 그에 따른 결과는 긍정적일 것이다.

우리가 이 정신(ethos)을 완전히 내재화하면, 우리의 일은 우리의 놀이가 되고 우리의 놀이는 우리의 일이 될 것이다. 그리고 미치너가 썼듯, 그것들을 구분하는 법을 알아내려면 힘든 시간을 보내게 될 것이다.

놀이 계속하기

이쯤이면 당신이 놀이의 중요성을 납득했기를 바란다. 이제 당신이 해야 할 유일한 '과업'은 삶에 더 많은 놀이를 되찾아오는 것이다. 당신의 삶에 '되찾아' 온다고 말한 것은 우리들 거의 대부분이 어렸을 때는 극도로 놀이에 몰두한 사람들이었기 때문이다. 당신은 항상 내면에 존재하고 있었던 땔감에 불을 댕기기만 하면 된다. 어떻게 그렇게 할 수 있을까? 내가 사람들에게서 자주 받는 질문이다. 나는 놀이를 위한 규칙을 제시하는 걸 싫어하지만, 몇 가지 가이드라인을 내놓으려 한다.

1. 당신의 놀이 이력을 적어보라

놀이 이력을 확보하는 것의 주된 목적은 우리 모두가 인생의 어느 시점에 경험했던 즐거움을 다시 접할 수 있도록 해주는 것이다. 과거에 느꼈던 그 즐거움을 찾아내면 현재의 삶에서 다시 그 즐거움을 찾아내는 법을 배운다는 목표를 중간쯤은 달성한 것이다. 이런 작업은 휴면기에 들어가거나 간과하고 묻어뒀던 타고난 재능을 식별하는 것을 통해 자유로이 흘러 다니는 자율적인 권한을 거머쥐는 쪽으로 우리를 안내하는 길잡이가 될 수도 있다.

여기에서 당신의 놀이 이력을 취하는 것과 관련해서 검토할 내용은 온라인으로 입수 가능한 더 완전한 놀이 이력을 확보하기 위한 **시동장치**로서만 제공된다. 이 입문서가 놀이의 세계의 더 먼 곳까지 나아가는 데 필요한 통찰과 동기를 당신에게 제공할 수 있기를 바란다. 사는 동안 놀이를 더 많이 경험하기를 원하는 개인들을 인터뷰한 경험을 바탕으로, 나는 긍정적인 결과를 얻으려면 이 과제에 집중하는 시간이, 감정적으로 솔직하면서 급박하게 쫓기지는 않는 시간이 적어도 90분은 필요한 게 보통이라는 걸 발견했다.

이것은 퀴즈가 아니다. 시험이 아니다. 놀이 이력은 당신의 과거와 현재를 관통하는 여정이다. 타임머신이고, 당신이 결코 명확하게 본 적이 없었을지도 모르는 것들을 보여줄, 또는 오래 전에 잊었던 것들을 상기시켜 줄 스크린이다. 이런 작업이 내놓은 해답보다 더 많은 질문을 제기한다고 생각하는 사람이 많다. 이 활동의 목표 중 하나는 당신의 놀이 태도의 전반적인 정신적 그림을 그려내는 것, 그리고 그것들을 감정이 가득 실린 신(scene)들로 채색하는 것이다. 당신이 사람들과 사물들, 활동들에 대해 현재 느끼는 감정들은 예전에 경험했지만 어린 시절의 삶에 대한 기억을 지워버리는 선천적인 기억상실증 때문에 망각했던 감정들에 뿌리를 두고 있다.

어렸을 때 당신을 정말로 흥분시켰던 일을 떠올리면서, 당신을 진정으로 즐겁게 만들어준 일을 떠올리면서 약간의 시간을 보내는 것으로 이 훈련을 시작하라. 그것은 만화책 읽기였나? 트리하우스 짓기였나? 엄마나 아빠와 함께 물건 만들기였나? 그걸 다른 사람들과 같이 하는 것을 좋아했나, 혼자 하는 것을 좋아했나? 아니면 양쪽 다였나? 당신에게 정신적으로나 육체적으로 더 많은 기운을 불어넣어준 일이 있었나? 당신이 느꼈던 감정을 기억하려 애써보고, 그걸 다시 포착하라. 기억을 떠올리는 이런 작업의 일환으로 시각적 이미지가 심안(心眼)에 떠오르면, 그것들을 확대한 후, 당신의 연상 능력이 그것과 함께 흘러가게 놔둬라. 당신이 느낀 순수한 느낌은 무엇과, 또는 누구와 결부되나?

자신이 놀이를 위해 무슨 일을 했는지를 기억해내느라 힘든 시간을 보내는 사람들이 일부 있다. 그 놀이가 줬던 느낌을 생생하게 다시 경험할 수 있을 정도로 충분히 상세하게 그 활동을 기억하는 데 어려움을 겪는 사람은 더 많다. 그건 쉬운 일이 아니지만, 그렇게 하는 데 시간을 쓰는 건 그만한 가치가 있는 일이다. 당신의 독특한 놀이 기질이 무엇인지를, 그리고 당신이 성숙해짐에 따라 그것들이 어떻게 분명하게 드러났는지를 이해하라. 그러고는 현재 영위하는 생활에서 할 수 있는, 그 활기찬 느낌을 재창출할 수 있게 해줄지도 모를 일을 식별해 보기 시작하라. 문화적 규범과 당신의 놀이 성격에 적합한 활동들을 식별하라.

이 연습을 진행하는 동안에는 판단을 내리기 위한 생각이나 회의적인 생각은 버려라. 놀이를 바라보는 눈으로 당신의 인생 전체를 목록으로 정리하고, 즐거움을 강조할 방안들을 구하라. 다음은 최초에 던질 몇 가지 질문이다.

- 희망하는 일을 선택하고 그런 사람이 될 수 있다는 자유를 느낀 것은 언제인가?
- 그것은 지금 당신이 영위하는 삶의 일부인가? 그렇지 않다면, 이유는 무엇인가?
- 당신이 개인적인 자유를 누리기 위한 시간을 마련하는 것을 훼방 놓는 것은 무엇인가?

- 지금, 자신이 제일 열심히 참여했던 일을 거의 힘들이지 않고 해낸다는 기분을 느낄 수 있나? 그렇지 않다면, 그런 기분을 경험할 수 있었던 시기를 기억할 수 있나? 그 시기와 경험을 묘사하라. 그런 종류의 참여를 허용하는 상황을 상상해 보라.

- 살아오는 동안 최선을 다했던 시기에 대한 기억을 뒤져보라. (이것들은 진정한 놀이 시간인 게 보통으로, 현재의 놀이를 경험하기 위해 찾아가야 할 곳에 대한 실마리를 제공한다.)

- 당신의 인생에서 놀이를 가로막은 장애물은 무엇, 무엇이었나?

- 당신의 레퍼토리에서 일정 종류의 놀이들은 어떻게 사라졌고 왜 사라졌나?

- 현재의 삶에 긍정적인 효력을 발휘할, 당신이 상실한 놀이를 다시 시작할 방법을 발견했나?

- 제일 바라는 것들이, 그리고 즐기는 것들이 당신이 마땅히 가져야 하는 것이라는 것을 상상하고 느낄 수 있나? 그렇다면, 왜 그런가? 아니라면, 왜 그러지 못하는가?

- 지금 당신은 배우자나 가족과 함께 얼마나 자유로이 놀 수 있나? 당신은 그들을 의무감에서 비롯된 책임감의 연장선상에 있는 존재로 대하는가?

당신의 직업과 그중의 어떤 부분이 당신 본연의 모습과 딱 맞아떨어지는지 살펴보라. 일이 만족스럽지 않거나 직업에 큰 변화를 줄 것인지를 심사숙고하고 있다면, 그것이 당신에게 알맞은 것인지에 대해 솔직해져라. 지금과는 다른 상황에서 더 즐겁게 활동하는 자신의 모습을 상상할 수 있나? 이 탐구에는 즉각적인 실행 가능성이나 현실성이 필요하지 않다. 결국, 어렸을 때 우리가 품은 환상과 가상의 의식의 흐름은 우리가 가진 정신적 레퍼토리를 더욱 풍부하게 만들어준다. 우리는 그와 동일한 메커니즘을 여전히 활성화할 수 있다. 그리고 당신의 뇌는, 결국에는, 상상력이 빚어낸 이런 허황된 생각을 실제로 실행이 가능한 일에 적합한 형태로 빚어내는 것을 도와줄 것이다. 그런데 놀이 '상태'와 결부된 감정이 없으면 그런 일은 일어나지 않는다.

다음은 내 친구 두 명의 삶에서 얻은, 놀이 이력의 활성화를 보여주는 사례다.

내가 아는 의사인 로이드(Lloyd)는 그가 가진 제일 행복한 기억은 어머니와 함께 주방에서 일하던 기억이라는 걸 깨달았다. 그는 일반개업의로 바쁘게 지내고 있었음에도 부업으로 빵을 굽기 시작했고, 그러면서 자신이 그 일을 정말로 좋아한다는 것을, 더욱 더 복잡한 제빵 레시피를 만들어내는 일에 매력을 느낀다는 걸 알게 됐다. 그는 자신의 '취미'를 제일 친한 친구 중 한 명인, 지역 고등학교의 선생님으로 역시 제빵을 좋아하는 미구엘(Miguel)과 공유했다. 두 사람은 그의 지하실에 고급 스토브를 설치하고는 친구들의 현관문 앞에 갓 구워낸 빵을 남겨두기 시작했다. 친구들은 황홀해했다. 친구들이 지역의 커피숍들에, 다음으로는 레스토랑들에 열광적으로 입소문을 내면서, 오래지 않아 그 지하실은 사업체가 됐다. 지역의 업체들은 빵을 납품해달라고 성화를 부리기 시작했다.

로이드와 미구엘은 본업을 관두고 트럭을 구입한 후, 본격적으로 제빵사업을 시작했다. 로이드는 어느 이른 아침에 있었던 인상적인 순간을 이야기한다. 페블 비치 로지에 배달을 가려고 빵 트럭을 운전하던 그는 회진을 하려고 출근하는 의사 동료를 보고는 그 옆에 차를 세웠다. 로이드는 그 친구의 얼굴에 어린 엄청나게 놀란 표정을 생각하면 지금도 큰소리로 웃게 된다고 말했다. 그의 취미는 프랜차이즈가 됐고, 창립자들은 자신들의 놀이 충동이 충족되자 회사를 매각했다. 그 후, 로이드는 놀이에 기초한 다른 꿈을 추구하는 일을 레저로 삼았다. 오래도록 세상에 정체를 드러내지 않은 유전학 학자로 지냈던 그는 나름의 연구 어젠다를 선택할 수 있는, 대학에 기반을 두고 독학을 한 연구 과학자가 됐다. 자전거 레이싱 애호가였던 미구엘은 그 취미를 추구해서 지금은 젊은 레이싱 유망주들의 멘토가 됐다. 각자는 감정적으로, 경제적으로, 육체적으로 큰 권한을 갖게 해준 일에 뛰어들었다.

2. 자신을 놀이에 노출시켜라

놀이를 찾아낼 기회는 세상천지에 항상 존재한다. 반려견을 위해 테니스공 던지기, 새끼고양이 앞에서 줄 당기기, 서점에서 책 훑어보기. 다음은 오래된 탓에 진부하게 들리기는 하지만 참된 조언이다. 걸음을 멈추고 꽃향기를 맡아보라.

세상에는 심미적인 평가를 할 수 있는 유머와 아이러니, 즐길 거리, 물건이 가득하다. 요령은, 어떤 상황에 처하더라도 웃음 지을 거리를 알아볼 수 있도록 당신에게 영향을 주는 그런 요소들에 문을 활짝 열어젖히는 것이다. 사람들은 항상 진지한 모습을 보여야 마땅하다고, 항상 생산적인 사람이 돼야 옳다고 느끼기 시작하면서부터 놀이와 담을 쌓기 시작한다. (결국, 우리는 어른이다!) 그런 사람들은 오래지 않아 명랑한 태도를 취하거나 심미적인 가치를 간단하게 인정할 수 있는 기회를 감지조차 못하게 된다. 게임이나 골프처럼 놀이로 여겨야 당연한 활동을 자기계발 프로그램 대하듯 할 수도 있고, 여러 면에서 남들보다 앞서 나갈 수 있는 기회로 간주할 수도 있다. 폭풍우가 지나간 뒤에 안도의 한숨을 쉬거나 낙엽더미에 발길질을 하는 간단한 행위도 개인적으로 갖는 사소한 놀이의 순간이 될 수 있다. 더욱 강력한 순간들은, 아이와 함께 블록을 갖고 놀려고 바닥에 앉는 것처럼 놀이 상태 안으로 우리를 제대로 끌어들이는 활동들이 빚어낸 순간들이다. 내 지인인 프레드 도널드슨(Fred Donaldson) 박사는 자신이 가르치는 학생들이 인생의 어느 시점에 학습하려는 욕망을 상실하는 것인지를 이해하고 싶은 교수의 입장에서 연구를 했다. 결국 그는 유아원과 '개방형' 유치원 환경에도 여전히 존재하던 이런 학습 열의가 얼마 가지 않아 억압을 당한다는 것을 발견했다. 이 발견은 그의 인생을 바꿔놓았다. 그는 교수직을 사직하고는 놀이와 학습을 이해하는 작업에 인생을 쏟았고, 이 작업은 그가 '오리지널 플레이(original play)' 워크숍을 통해 많은 기여를 하는 것으로 이어졌다.

그가 진행하는 '플레이숍(playshops)'의 내용은 관객에 따라 달라진다. 남아프리카공화국에서 아파르트헤이트(apartheid, 남아프리카공화국에서 시행됐던 인종차별정책-옮긴이)가 종식되기 전, 그는 백인 경찰들을 소웨토(Soweto) 출신의 흑인 아이들과 어울려서 놀게 만들었고, 그 결과 흑백 인종이 섞여 구성된 팀들이 스포츠와 게임에 참여했다. 놀이를 동력원으로 삼는 이런 활동은 그 시기에는 파격적인 행보였다. 그는 기존의 방식에 따라 인종별로 팀을 구성한 더욱 평범한 집단들을 위해서는 놀이 신호에 서서히 집중하도록 만드는 테크닉들을 고안했고, 그러면서 낯선 이들로 구성된 집단이 그들의 놀이 파트너가 되도록 만들었다. 훈련의 시작을 알린 것은 보통은 '부드러운' 눈빛 교환이었다. 그리고 거기에 춤 동작이 곁들여졌다. 손과 팔로 곡선을 그리는 제스처와 활기차게 뛰노는 폭포수 같은 동작에는 왁자지껄한 웃음소리가 동반됐다. (북극곰과 썰매개의 놀이를 소개할 때 했던 곡선을 그리는 순간에 대한 묘사나 거친 신체 놀이의 다른 묘사를 기억하나?) 도널드슨은 요양원과 학교, 분위기가 울적하거나 협동이 결여된 환경에 놀이 '상태'를 도입하는 정말로 독창적인 재주를 가진 사람이다. 다른 사람들을 '오리지널 플레이'에 빠져들도록 안내하는 그의 지도는 많은 사람의 인생을 바꿔놓았다.

3. 자신에게 활기차게 놀아도 괜찮다는, 초심자가 돼도 괜찮다는 허가를 내줘라

어른들이 노는 것을 막는 제일 큰 바리케이드는 진정한 놀이에 빠져드는 자신을 방치할 경우 남들이 자신을 유치하고 채신머리없거나 멍청한 사람으로 볼 거라는 걱정일 것이다. 아니면, 정기적으로 놀이에 빠져드는 것은 무책임하고 미성숙하며 유치한 짓이라고 여기는 생각일 것이다. 난센스와 어리석음은 아이에게는 자연스러운 특징이다. 그런데 사회적 규범은 그것들을 체통을 떨어뜨리는 '경박한 짓'이라며 질타한다. 부모나 교육시스템이 설정한 성과 기준을 바탕으로 가치를 평가받아 왔거나, 철저하게 내면화된 까닭에 더 이상은 의문의 대상이 되지 않는 다른 문화적 규범을 바탕으로 측정을 받아 온 사람들은 이런 성향이 특히 더 강하다. 남들 눈에 항상 존경스럽고 유능하며 박식한 사람으로 비쳐야 한다고 걱정하며 성인기의 삶을 보내는 사람의 경우에는 가끔씩 그런 규범에서 해방돼 육체적으로나 감정적으로 자유로워지는 것이 힘든 일일 수 있다. 문제는 이것이다. 당신은 자신에게 즉흥적인 행동을 해도 좋다는 허가를, 무엇인가를 흉내 내도 좋다는 허가를, 오랫동안 감춰둔 정체성을 드러내도 좋다는 허가를 내줘야 한다. 자연으로부터 배웠지만 오랫동안 억눌렀던 가르침들에 당신의 몸이 반응하게 놔둬라. 활동에 따르는 즐거움을 원동력 삼아 자신을 표출하는 새로운 방법들을 테스트할 때 편안한 기분이 들지 않는다면, 당신은 자발적으로 하는 활동에 진정으로 마음의 문을 열지는 못하는 사람이다. 놀이는 **탐험**(exploration)이다. 놀이를 하면 전에는 가본 적이 없는 곳들을 가보게 될 거라는 뜻이다.

30년간 스키를 탄 내 친구 다니엘(Daniel)은 스키를 썩 잘 탄다. 그런데 어느 순간부터 그는 스키 타기가 약간 진부하고 뻔하게 느껴졌다. 스키를 타면서 예전에 느끼고는 했던 스릴이 느껴지지 않았다. 많은 사람이 그러는 것처럼, 그는 스노보드를 타 보기로 했다. 역시 많은 사람이 그러는 것처럼, 그는 첫날에 채 10미터도 가지 못하고는 모서리를 붙잡아야 했고, 잘 손질된 눈밭 위에서 엉덩방아를 찧어댔다. 그는 인간의 척추가 정말로 심한 충격을 받고서도 여전히 제기능을 할 수 있다는 사실에 크게 놀란 것을 기억한다. 그 와중에도 보드를 탄 아이들이 그의 옆을 날아가듯 지나갔다. 이 시점에서, 이런 상황에 처한 많은 사람이 스노보드를 포기하고 스키로 돌아갔을 것이다. 그런데 다니엘은 보드를 계속 탔다. 계속 넘어지면서도 자신이 우스꽝스러운 꼴을 보였다는 사실을 떠올리며 계속 폭소를 터뜨렸다. 눈에 확 들어오는 멍이 들었을 때조차 폭소를 터뜨렸다. 첫날이 저물 무렵, 그는 보드 타는 요령을 익혔다. 셋째 날에는 보드를 썩 잘 타게 됐다. 슬로프가 안겨주던 스릴과 도전 의식도 되찾았다.

"다시 초짜가 된 기분은 엿 같았어." 그는 내게 말했다. "그런데 기꺼이 그렇게 하지 않는 한, 우리 자신이 그 어색한 단계를 거치는 것을 기분 좋게 느끼려고 들지 않는 한, 우리는 성장하지 못해. 우리는 항상 과거에 묶여 살게 될 거야."

4. 재미는 당신의 북극성이지만, 당신이 항상 북쪽을 향해야만 하는 것은 아니다

앞서도 지적했듯, 겉모습은 보는 사람을 현혹시킬 수 있다. 테니스를 치는 사람들은 각각의 포인트에 목숨을 걸면서 형편없는 샷이나 전략에 대해 심사숙고할 것이다. 그들은 승리에만 몰두한다. 이기지 못하면 자신들을 '패자(loser)'로 볼 것이다. 이것이 놀이로 하는 테니스 게임이 아닌 것은 분명하다. 어떤 사람은 테라스를 설치하기 위해 기초를 파느라고 비지땀을 흘리며 앓는 소리를 낼 수도 있다. 그런데 진실은, 이런 종류의 주택 개조는 그 사람이 제일 좋아하는 일이라는 것이다. 자신에게 정말로 효과가 좋은 놀이를 찾아내려고 들 때, 그렇게 하는 제일 쉬운 방법은 재미있는 경험을 찾아보는 것이다.

요령은, 물론, 사람을 변화시키는 놀이 행위 중 일부는 순전히 재미만 안겨주는 것은 아니라는 것이다. 캠핑을 하려면, 여행을 위한 짐을 꾸리고 캠핑을 마친 후에 짐을 푸는 작업이 필요하다. 항해를 하려면 보트를 유지 보수해야 하고, 때로는 바다 위에서 쫄딱 젖어 추위에 떠는 일도 겪어야 한다. 예술적 창작과정에는 언제나 실망스러운 순간들이 포함된다. 앞서 언급했듯, 조지프 캠벨은 '당신의 희열을 따르는 것'의 중요성을 상세히 설명했지만, 그가 한 말은 손쉽게 얻어지는 재미만 안겨주는 일만 해야 옳다는 뜻이 아니다. 만약에 그렇게 한다면, 그건 당신 자신을 속이는 짓이 될 것이다.

5. 적극적인 사람이 돼라

멈춰 있던 놀이에 다시 시동을 거는 제일 빠른 방법 중 하나가 몸을 쓰는 활동을 하는 것이다. 그냥 **몸을 움직여라**(move). 산책을 하고, 팔 벌려 뛰기를 하고, 개에게 물어오라며 공을 던져라(이 놀이는 이중 二重의 효과를 낸다). 운동은 제일 기본적인 놀이 형태일 것이다. 우리는 태내에 있을 때 몸을 놀리기 시작하도록 설계됐다. 신나서 방긋방긋 웃는 젖먹이가 당신의 발등에 올라 몸을 세울 때, 당신은 그 아이의 얼굴에서 몸을 세우는 데 성공했다는 약간의 의기양양함이 섞인 순수한 기쁨을 볼 수 있다. 멍게를 기억하나? 멍게는 시간과 공간을 가로지르며 움직이고 있을 때만 뇌가 필요하다. 우리에게 그런 움직임은 본질적으로 즐거운 일이다. 우리는 몸을 놀리고 있을 때 **살아있다**(alive).

신경과학 연구는 지각과 인지, 운농의 기본원직들이 대단히 밀섭

하게 연결돼 있다는 것을, 계획을 세우고 미래에 취할 행동이 낳을 결과를 인식하는 것 같은 고차원적 기능들을 위한 회로들에 운동이 필요하다는 것을 보여주고 있다. 장거리달리기를 통해 우울증을 성공적으로 치유한 여성들에 대한 내 연구는 그 점을 실례로 보여줬다. 이 연구는 내가 놀이에 초점을 맞춰 연구에 몰두한 시기보다 이전에 진행된 것이지만, 돌이켜 생각해보면 이 연구는 고통받는 마음을 달래주고 채워주는 측면에서 운동과 놀이가 가진 힘을 확인해줬다. 이 여성들은 달리기를 통해, 지적인 연구를 많이 하지 않고서도 활력과 자신감의 원천을 발견했다. 신체적인 놀이는 인지적인 장애물을 우회하면서 행복으로 이어지는 새로운 신경 경로를 만들어냈다.

6. 두려움을 버려라

두려움과 놀이는 공존할 수 없다. 당신이 처한 환경에서 안전하지 않은 곳이 어디인지를 잘 살펴보라. 당신은 위험이 꾸준히 존재하는 환경에서 일을 하고 있나? 특정한 상황에서 몸이 뻣뻣해지거나 긴장하는지 확인해보라. 배우자나 파트너가 취하는 태도 중에, 당신이 그런 모습을 보는 순간 어서 빨리 그 자리를 떠야겠다는 생각을 항상 하게 만드는 결정적인 태도가 있나? 상사의 보복이 두렵거나 당신 자신이 불안감이 많은 사람으로 타고났다면, 안전한 안식처를 찾아낼 방법들을 모색하라. 미국놀이연구원 고문이자 아이들이 하는 놀이를 전공하는 교수이자 전문가인 리즈 굿이너프(Liz Goodenough)는, 발달 측면에서, 우리 모두에게는 '비밀 공간(secret spaces)'이 필요하다고 말한다. 비밀 공간이란, 홀로 안전하게 있으면서, 많은 어려움을 안겨주는 세상에 적응하는 데 필요한 환상에 몰두할 수 있는 곳을 가리킨다. 당신의 비밀 공간을 찾아내라. 당신을 에워싼 환경에 있는 요소들 중에서, 놀이가 스스로 모습을 나타내는 것을 허용해줄 신뢰감과 웰빙의 감각을 저해하는 요소가 무엇인지를 밝혀내라. 이것이 항상 간단하거나 쉬운 과업인 것은 아니다. 그런데 영향을 주는 이런 요소들을 검토하고 변화시키지 않는 한, 당신의 활력은 궁지에 간힐 것이다. 당신의 놀이를 찾아내는 것은 가치 있는 일이다. 놀이하는 능력은 우리 모두에게 있고, 우리가 다시 발견해낸 그것은 우리를 지금과는 다른 사람으로 탈바꿈시킨다.

7. 당신의 놀이 모드를 발전시키고, 역시 그런 모드를 발전시키는 사람들과 함께하라

놀이를 생활화하라. 자신이 어떤 유형의 놀이꾼인지를 이해하고 놀이에 빠져들 방법들을 찾아내라. 그런 일이 저절로 일어나지는 않을 것이다. 실제로 당신이 노는 습관에서 벗어날 경우, 당신이 놀지 못하도록 막는 온갖 종류의 습관적인 저항과 장애물이 등장할 것이다. 놀이는 우리를 살찌우는 영양분이다. 그런데 우리는 하던 일을 잠시 중단해야만 놀 수 있다. 식사를 하려면 하던 일을 잠시 중단해야 하는 것처럼 말이다. 놀이를 하는 것이 패스트푸드와 비슷한 행위라는 말이 아니다. 텔레비전 시트콤은 우리의 삶에 그다지 중요하지 않은 게 보통이다. 당신이 한동안 배꼽을 잡고 웃어본 적이 없는 한에는 말이다. 놀이의 결여를 영양실조 비슷한 현상으로 대해야 옳다. 그것은 당신의 몸과 정신의 건강을 위협하는 위험 요소다.

놀이를 말살하는 요소(play killer)들이 무엇인지를 파악하라. 당신의 놀이를 발전시키는 작업의 일환은 당신 자신이 놀이를 뒷받침하고 장려하는 환경에 자리를 잡는 것이다. 앞서 언급했던 것처럼, 당신이 인간관계에서나 직장에서 학대를 당하거나 두려움에 떠는 상황에 처해 있다면, 이 교훈은 지극히 명백하다. 어쩌다 보니 누군가가 처한 곤경에 대한 얘기를 자주 하게 되거나, 상대방의 이야기에 귀를 기울이기는 하지만 상황을 바꾸기 위해 실행할 수 있는 일이 그리 많지 않은 보조적인 역할을 맡고 있다면, 그것도 역시 놀이를 말살하는 요소다. 당신이 당신의 관심사와 아이디어를 심각하게 받아들이지 않거나 제대로 인정하지 않는 관계를 맺고 있다면, 그것도 역시 놀이를 말살하는 요소다. 주위에 있는 사람들이 놀이를 하려는 당신의 욕구를 이해하는 법을 배우지 못한다면, 그걸 이해하는 사람들을 찾아내도록 하라.

당신의 영혼에 영양분을 제공하는 놀이를 찾아내고, 당신의 욕구를 이해하는 사람들과 함께 하는 환경을 구축하라. 그리고 지금 있는 그 자리에서 벗어나 놀이에 영양분을 제공하는 상태를 계속 유지하는 것을 최우선 과제로 삼도록 하라.

세상에서 놀기

의사인 보웬 화이트(Bowen White)는 저명한 스트레스 의학 선구자다. 그의 삶이 달라진 계기는 의사 친구인 패치 애덤스가 내놓은 뜻밖의 제안이었다. 화이트가 전쟁이 끝난 후의 사라예보에 구급 임무를 받아 파견됐을 때, 패치는 부상을 당하고 고아가 된 아이들을 보살피는 그에게 광대 의상을 입혔다. 보살핌이 필요한 아이들뿐 아니라 다른 전문직 청중을 상대로도 인도주의적 진실에 기초한 의학적 소견을 밝히고 강연을 하는 것이 자신의 본연의 모습을 자연스럽게 표출하는 창구라는 것을 발견한 것은 화이트 자신도 깜짝 놀란 일이었다. 그는 활발하게 놀던 대학 시절 이후로 내면에 휴면상태로 누워 있던 놀이 성격을 발견했다.

화이트는 그가 세운 인도주의적 목표를 추구하는 것과 더불어, 의료인으로 구성된 청중을 겨냥한 연출 프로그램을 만들어 폭넓은 전문직 청중을 확보하기 시작했다. 그는 스트레스가 생리작용에 끼치는 영향에 대한 격식을 갖춘 프레젠테이션을 시작한 후 응급상황 때문에 "호출을 당했다." 그런데 이 응급상황은 컨퍼런스 기획자가 연출한 거였다. 잠시 후, 그는 기이한 광대 의상 차림의 저코 박사(Dr. Jerko, "예르코yerko라고 불러, 이 멍청이들아."-Jerko는 '얼간이'라는 뜻이 있는 Jerk를 변형시킨 단어다-옮긴이)로 변신해서는 따분한 분위기의 컨퍼런스에 불쑥 나타났다. 저코 박사로 변신한 그의 모습에서 앞서 강연을 했던 전문직 의사의 모습은 전혀 찾아볼 수 없었다. 화이트는 이런 모습으로 꾸몄을 때 사람들이 겪는 생활환경에 대한 진실을 제일 강렬하게 전달하는 재능이 있다. 그리고 그 과정에서 그는 전하려는 메시지의 진실을 청중의 마음속에 고정시키는, 전혀 예상하지 못한 놀이 신(scene)들을 빚어낸다.

화이트는 비즈니스 킨퍼런스에서 이런 종류의 강연을 하는 강연료로 수천 달러를 청구하지만, 세계 곳곳에 있는 어려움에 처한 아이들을 위한 자선활동도 정기적으로 수행하고 있다. 최근에, 화이트는 패치와 함께 엘살바도르에 있는 고아원과 부속 아동병원을 방문했다. 그곳은 많은 면에서 서글픈 장소였다. 버림받은 아픈 아이들을 모아놓았지만, 운영비가 부족한 탓에 아이들을 방치하다시피 한 집합소였으니 말이다. 화이트와 패치는 처음에는 의사로서 의료 활동을 했다. 그러고는 마술 공연을 했다. 아이들은 커다란 빨간 코를 달고 튀는 의상을 입은 두 미국인 의사와 광대 노릇을 하는 간호사 무리를 향해 박수를 치며 깔깔거렸다. 아이들은 영어를 몰랐지만, 광대들은 스페인어를 구사할 필요가 없었다. 그들은 코미디와 놀이가 모든 문화권에 속한 모든 연령의 사람들에게 다가갈 수 있게 해주는 보편적인 언어라는 것을 발견했다. 그날이 저물 무렵에는 모두가 서로의 심금을 울렸다는 게 명백해졌다.

병원을 겸한 고아원에서 이벤트를 벌이던 그날의 어느 순간, 화이트는 젖먹이를 안고 뽀뽀를 하고 있었다. 어떤 계기로 여기에 오게 됐느냐고 묻자, 그는 나를 쳐다보면서 나한테 항상 강한 울림을 안겨주는 말을 했다.

"내가 이러는 건 정말로 이기적인 이유들 때문이에요." 그가 말했다. "나는 이런 종류의 유대관계가 필요해요. 그렇다고 그걸 경험하려고 산살바도르에 올 필요까지는 없어요. 놀이와 사랑은 세상 어디에나 있어요. 사람들은 마음속 지극히 깊은 곳에서 사람들과 관계를 맺죠. 놀이는 내가 이런 상황에 들어갈 수 있게 해줘요. 우리가 세상에서 목격하는 심각한 고통이나 불공정함, 이런저런 문제들을 놀이가 모두 해결해주는 것은 아니지만, 놀이를 경험하면, 특히 아이들과 함께 경험하면 마음의 문이 열리고 그 안에 무엇이 있는지를 볼 수 있어요. 놀이는 우리가 동심(童心)을 되찾는 걸, 그리고 우리 모두가 직면하는 큰 문제들과 난점들을 더 잘 다루는 걸 도와줘요."

그가 한 말은 내게는 그 문제의 정곡을 찌른 말로 들린다. 놀이는 우리가 만들어진 방법이고, 우리가 발달하면서 변화에 적응하는 방법이다. 놀이는 혁신을 발전시키면서 수십 억 달러의 재산을 일궈내는 결과로 우리를 안내할 수 있다. 그런데 결국에 제일 큰 의미가 있는 놀이의 측면은, 놀이가 우리로 하여금 즐거움을 표출하게 해주고 우리의 내면에 있는 최상의 것들과, 그리고 타인들의 내면에 있는 최상의 것들과 무척 깊은 관계를 맺게 해준다는 것이다. 당신의 삶이 황량해졌다면, 놀이는 거기에 다시 활력을 불어넣어 줄 것이다. 맞다, 프로이드가 말했듯, 인생에서 중요한 것은 사랑과 일이다. 그런데 놀이는 이런 것들을 초월하고, 그것들에 활력을 주입하며, 화살처럼 날아가는 시간을 정지시킨다. 놀이는 사랑을 드러내는 지극히 순수한 표현이다.

충분히 많은 사람이 놀이를 우리의 생활에서 누려야 마땅한 경지에 올려놓을 때, 우리는 더 나은 세상을 보게 될 것이다.

놀이는 어마어마하게 복잡하고 논란 많은 주제다. 그렇기에 필생의 업적을 통해 지속적으로 영감을 주고 이끌어주는, 세계 곳곳에 있는 놀이의 선구자들과 고립된 존재가 되기 일쑤인 놀이학자들에게 아무리 많은 감사를 드리더라도 그들이 받아 마땅한 적절한 정도의 사의(謝意)를 표하지는 못할 것 같다. 이 책은 주로 임상 관찰에서, 많은 인생이 그린 궤적에 대한 내 체계적인 검토에서 비롯됐다. 그리고 지금껏 진화해 온 놀이 행동을, 평생 동안 놀라운 다양성을 보여주는 놀이 행동의 본성과 중요성을 보여주는 늘어가는 객관적 증거와 통합시키려는 내 노력에서 비롯됐다. 나를 여기까지 인도해준 분들이 기여한 바를 검토하면서, 진면목을 알아봤으면서도 이 책에서 언급하지는 못한 분들에 대한 사과의 말씀과 함께, 다음과 같은 분들께 감사드린다:

메이요 클리닉에 재직했던 의학박사 고(故) 하워드 롬(Howard Rome)은 개인들 각자의 일생이라는 총체적 맥락에서 인간의 생활환경과 그 환경의 병리학에 대한 진단을 살펴보라며 나를 격려했다.

베일러의과대학 정신의학과 과장을 역임한 이후 하버드 매클린 병원에서 수석 정신과의사로 재직 중인 서버트 프레이지어(Shervert Frazier). 그는 영감을 주는 멘토로, 나를 위해 살인과 놀이 결핍을 전문적으로 연구할 수 있는 문을 열어줬고, 나중에는 내가 방문연구원으로서 독자적으로 연구할 수 있는 시간을 가질 수 있게 해줬다. 이 선물들 덕에, 놀이의 과학은 서서히 내 일생의 소명이 됐다.

브라이언 스윔(Brian Swimme)과 조지프 미커(Joseph Meeker)의 우주론적이고 역사적이며 문학적인 전문성은 우리가 사는 우주가 비극적 차원과 희극적 차원이 있는, 놀이의 정신이 가득한 활기찬 우주라는 관념에 신빙성을 부여했다.

하워드 수버(Howard Suber)와 빌 프리(Bill Free), 로잔 맥(Rozanne Mack)의 유머와 오랜 우정, 현명한 성원에 기쁜 마음으로 감사드린다.

영장류 동물학자 제인 구달(Jane Goodall)과 내셔널지오그래픽협회의 편집자 메리 스미스(Mary Smith)는 동물 놀이의 세계에 입문하라며 나를 독려했고, 내가 동물 놀이 전문가들과 야생에서 노는 동물들을 만나는 특권을 누릴 수 있게 해줬다.

밥 페이건(Bob Fagen)은 동물 놀이 분야에서 수행한 엄청난 연구를 통해 얻은 통찰을 너그러이 제공했다. 알래스카 불곰이 하는 놀이는 그와 함께 살펴본 덕에 더욱 더 생생해졌다.

걸어 다니는 백과사전 같은 놀이이론가 브라이언 서튼 스미스(Brian Sutton-Smith)의 저술과 개인적인 담론은 내가 놀이의 모호성과 복잡성에 눈을 뜰 수 있게 해줬고, 뻔뻔하게 놀이를 옹호하는 사람이 되는 것이 내 숙명이라는 사실을 확신하게 해줬다.

터치 더 퓨처 재단(Touch the Future Foundation)의 창립자 마이클 멘디자(Michael Mendizza)는 내가 처음으로 놀이를 일련의 행동이 아니라 '상태(state)'로 논의했던 논의 상대였다.

마크 베코프(Marc Bekoff)는 통찰력과 감수성이 뛰어나고 우수한 놀이꾼이자 놀이학자로, 동물들의 (그리고 우리의) 활기찬 놀이 행동을 공정성과 도덕성의 근원으로 바라보는 틀을 잡았다.

PBS 시리즈〈놀이의 약속(The Promise of Play)〉의 프로듀서인 데이비드 케너드(David Kennard)의 유머와 솔직함, 놀이에 접근하는 진지한 접근방식은 놀이 성격이라는 개념을 명확하게 가다듬어 줬다.

스트롱 미국놀이박물관(Strong National Museum of Play)의 스콧 에버를(Scott Eberle)이 택한, 놀이에 다가가는 역사적이고 현상학적인 접근방식은 놀이를 더 잘 이해할 수 있는 체계를 확립했다.

래니 빈센트(Lanny Vincent)와 아이비 로스(Ivy Ross)는 내가 아는 그대로의 놀이를 세계에 통합시키려는 활동을 실행에 옮겼다.

미국놀이연구원(National Institute for Play)의 이사진과 전임 회장 웨르너 섀어(Werner Schaer)는 세상에서 하는 놀이에 대한 비전을 성장시키는 작업을 지속적으로 성원했다.

크리스 본(Chris Vaughan)은 하마터면 1,000페이지 분량의 책이 됐을지도 모르는 내 장황한 글들을 솜씨 좋게 축약하고 우리가 가진 대화들을 걸러내 이 정도 분량의 책으로 만들어줬다.

에이전트 하워드 윤(Howard Yoon)과 게일 로스(Gail Ross)는 이것이 가치 있는 프로젝트라는 믿음을 끈질기게 고수해줬다.

쾌활하고 명쾌한 편집자 루시아 왓슨(Lucia Watson)은 항상 나를 격려하면서 인내심을 보여줬다.

그리고 내가 지난 35년 동안 인터뷰했던, 온갖 직업을 망라한 6,000명 가까운 분들에게도 심심한 사의를 표한다. 그분들은 자신들의 놀이 인생에 대한 세세한 정보를 제공했고, 그분들이 제공한 일화들은 유용한 연구 데이터가 됐다. 이 책에 실린 놀이 사연 중 일부의 경우에는 무척이나 관대하고 허심탄회했던 분들의 프라이버시를 보호하기 위해 인명이나 세부 정보를 수정했다.

2008년 9월 7일

카멜 밸리(Carmel Valley)에서